新文科·传播学创新教材
胡正荣 主编

媒介融合教程

Media Convergence Course

王润珏 陈玥 编著

清华大学出版社
北京

版权所有，侵权必究。举报：010-62782989，beiqinquan@tup.tsinghua.edu.cn。

图书在版编目(CIP)数据

媒介融合教程/王润珏，陈玥编著. —北京：清华大学出版社，2023.1
新文科·传播学创新教材
ISBN 978-7-302-60579-9

Ⅰ.①媒… Ⅱ.①王… ②陈… Ⅲ.①传播媒介－高等学校－教材 Ⅳ.①G206.2

中国版本图书馆CIP数据核字(2022)第064257号

责任编辑：纪海虹
封面设计：崔浩原
责任校对：王荣静
责任印制：朱雨萌

出版发行：清华大学出版社
网　　址：http://www.tup.com.cn，http://www.wqbook.com
地　　址：北京清华大学学研大厦A座　　　邮　　编：100084
社 总 机：010-83470000　　　　　　　　　邮　　购：010-62786544
投稿与读者服务：010-62776969，c-service@tup.tsinghua.edu.cn
质量反馈：010-62772015，zhiliang@tup.tsinghua.edu.cn
印 装 者：三河市东方印刷有限公司
经　　销：全国新华书店
开　　本：188mm×260mm　　　印　张：14　　　字　数：309千字
版　　次：2023年3月第1版　　　　　　　　印　次：2023年3月第1次印刷
定　　价：48.00元

产品编号：091721-01

序 Foreword

中国传播学，面向未来再出发

对于中国的传播学来说，2022 年是具有重要意义的一年。这不仅体现在历时性意义上，也体现在共时性意义上。特别是当我们不忘本来，吸收外来，面向未来，迎来后疫情时代、后全球化时代的同时，也需要开启中国传播学再出发的新时代。

20 世纪五六十年代，复旦大学等高校的学者就曾介绍和翻译过海外新闻学与传播学的新思潮、新研究，但当时的活动多是自发的、零星的，而中国新闻学界跟西方传播学者进行的第一次正式交流和直接对话是在 1982 年 4 月至 5 月。在这期间，美国传播学代表人物之一施拉姆在他学生的陪同下访问中国，并在人民日报社主楼顶层的大礼堂做了一次与传播学相关的学术报告，参加报告会的主要是中国社会科学院新闻与传播研究所（时称新闻研究所）的研究人员和部分高校教师，还有媒体从业人员等数百人。报告结束后，施拉姆等学者与现场听众进行了交流与讨论。这次西方传播学者的正式报告和交流被认为是中国新闻学界第一次正式而直接地与西方传播学者进行学术对话。

1982 年 11 月，中国社会科学院新闻研究所在北京召开了第一次西方传播学座谈会，这次会议后来被学界称为"第一次全国传播学研讨会"。与会者讨论并确立了中国传播学发展的"十六字方针"，即"系统了解，分析研究，批判吸收，自主创造"，既体现出中国传播学建设所亟须具备的改革开放、兼容并包的胸怀，更表现出中国传播学领域的专家、学者对学科本土化的强烈学术自觉和学术自主。1983 年 9 月，中国社会科学院新闻研究所世界新闻研究室组织研究人员撰写了 13 篇研究文章并结集出版《传播学简介》一书，这是第一本在中国大陆出版的比较正式的传播学著作。1984 年，施拉姆与波特合著的《传播学概论》由新华出版社出版。随后，一批由我国学者撰写的传播学著作相继出现，传播学研究团队逐渐形成，研究领域不断拓宽，与国际传播学界的交往也逐步增强，这一系列的学术制度化建设在 20 世纪 80 年代基本建立成形。1997 年，国务院学位委员会在《授予博士、硕士学位和培养研究生的学科、专业目录》(1997 年颁布）中将新闻传播学列为一级学科，将新闻学、传播学列为下设的二级学科。

回望40年的发展历程,中国传播学界做了大量卓有成效的工作,体现在以下三个方面:首先是不忘本来。中国学者在吸收、引介海外传播学成果的同时,也对中国悠久而优秀的文化传统中的传播问题、传播现象、传播规律、传播实践等内容给予密切关注,并做了大量研究。其次是吸收外来。在中国传播学的发展建设中,我们没有闭门造车,也没有自话自说和自娱自乐。40年来,中国传播学者的研究越来越多地从一种内向的或是自在的研究范式,转向外向的或是开放性的研究范式,中国学者成为参与传播学国际学术平台交流的主力军之一。最后是面向未来。改革开放40多年来,中国新闻传播界取得了巨大成绩,如此丰富而具有开拓性的实践,为中国新闻传播学创新提供了丰富的滋养。

面向未来,如何构建中国特色传播学学科体系、学术体系、话语体系,必将成为传播学界面临的紧迫任务。当下,中国传播学处在转型、升级、迭代时期,之所以得出这样的结论,主要有两个方面的考量:

一个是历史考量,即历史范式在转型。我们习以为常的工业化带来的全球化体系,以及被人们普遍接受的工业社会全球化框架之内的理论、法则、定律都正在被改变着。2016年5月17日,习近平总书记在哲学社会科学工作座谈会上指出,"要按照立足中国、借鉴国外,挖掘历史、把握当代,关怀人类、面向未来的思路,着力构建中国特色哲学社会科学,在指导思想、学科体系、学术体系、话语体系等方面充分体现中国特色、中国风格、中国气派"。对于中国的传播学来说,更亟须打造融通中外的新概念、新范畴、新表述。这是我们构建中国特色传播学三大体系,即"学科体系、学术体系和话语体系"需要坚持的思路。

另一个是历史背后的逻辑考量,即理论与实践范式转型。透过上面说的历史范式在转型,可以清晰地看到支撑这种历史重构的逻辑、理念、方式、方法以及制度安排与操作,都已经或者正在发生着根本性的变化。这是历史的必然,也是支撑这个历史范式转型的必然。随着互联网3.0时代的到来,网络与平台社会的去中心化与中心化,或者再中心化是并存的;扁平化与再层级化也可能是共生的;共同体与族群或者圈层分化也是同在的。与诸多力量关系、价值逻辑变化相伴随的是政治秩序、经济模式、社会建构与文化形态的重塑与重建。因此,理论和实践范式的转型也必然在全球范围内广泛发生。

习近平总书记在2021年5月31日中共中央政治局第三十次集体学习时,在我国国际传播能力建设方面,指出要看到"西强我弱"中"东升西降"。这种认识放在中国传播学发展中也是适用的。上述理论和实践范式的转型升级原因就在于我们现在这个社会从底层逻辑来讲已经不是工业时代,急迫需要学界将我们丰富的新闻传播现象、经验与实践进行概念化、范畴化,然后把它架构化,最终普遍化,这样传播学可能就既具有中国特色,也具有全球普遍性。虽然西强我弱的大格局还没有根本改变,当前的概念体系、范畴体系和研究方法,包括表述的方式仍然不少是"西强我弱"的,但是要看到东升西降趋势非常明显,学术界、业界都要避免自话自说、自娱自乐。

基于过去40的引进、吸收、消化以及自主研究的开发、深入与拓展,我们的传播学研究需要突破模仿的、复制的、对已有理论的中国实践的重新证明,以及自发的、零散的、表象的、经验的、先验的研究,需要立足我们的实践,放在全球传播生态的格局变化中,基于迭代升级的基础逻辑转化,进行我们的研究。立足当下,面向未来,植根中国实践,中国传播学也需要关注真现象、研究真问题、解释真原理、发现真规律、提出真方案、厘清真方向、构建真格局、创新真体系。目的是构建中国特色传播学的学科体系、学术体系、话语体系，作出具有当代价值和世界意义的学术贡献。

党的二十大已经胜利闭幕，如何以党的二十大精神为指引，尽快推动中国传播学的高质量发展，历经40年发展的中国传播学在新时代肩负重要职责和使命。在此背景下，清华大学出版社策划出版这套"新文科·传播学创新教材"，选题定位着眼于当前传播学学科的建设重点和人才培养的现实需求，内容设计兼顾了系统性与前沿性的平衡、全球视野与中国特色结合，作者团队集合了全国范围内长期从事传播学教学科研工作的优秀学者和教师力量。由衷敬佩海鸿老师团队为中国传播学发展思虑之深远、用心之良苦。

历经40年发展的中国传播学在新时代肩负重要职责使命，基于学界对未来的期待，需要提出中国传播学发展的新"十六字方针"——"守正创新、融通中外、根植实践、引领时代"。期待新"十六字方针"成为面向未来的中国传播学发展指向，或者是一种价值取向。期待中国传播学面向下一个40年再出发，以中国传播学的创新发展迎接全新面貌和全新时代。

胡正荣　教授
中国社会科学院新闻与传播研究所所长
中国社会科学院大学新闻传播学院院长
2022年11月29日

前言 Preface

媒介融合现象初现于 20 世纪 70 年代,随后在全球范围内广泛发生。在四十余年的融合发展过程中,传播技术、媒介形态、传播方式、传输介质、媒介终端、传播规律、用户偏好发生巨大改变,也因此导致了传媒业主体构成、生产方式、组织结构、盈利模式、产业格局、制度体系以及媒介与社会关系的全面变革。随着《中华人民共和国国民经济和社会发展第十四个五年规划和 2035 年远景目标纲要》中明确提出"推进媒体深度融合,做强新型主流媒体"的发展目标,"媒介融合"还将在今后相当长一段时间内成为我国国家传播体系建设的重要内容。

本书在结构设计上,充分考虑对历史与现在、中国与世界、理论与实践、分析与反思的观照,在对全球媒介融合进程、格局进行系统梳理和提炼的基础上,就重点问题、关键问题进行深入探讨。

本书在内容编写上,大量借鉴了传播学、社会学、产业经济学、组织行为学、发展心理学和技术哲学的理论和研究成果,以期为读者建构一个较为宽阔的媒介融合思维框架,提供更加丰富的媒介融合分析视角和研究方法,提供深入探讨具体问题的路径指引。这也是本书的特色所在。

本书由王润珏副研究员负责统筹和审定,陈玥副教授承担第一、第二、第三、第七章的撰写,王润珏副研究员承担第四、第五、第六、第八章的撰写,研究生王夕冉、张帆、辛安怡、马丽、丁娜、刘文怡、周梦真、曾兴、闫庆文、罗弛、李清贵参加了前期资料的收集和整理工作。感谢所有参与者为本书作出的贡献,感谢清华大学出版社纪海虹老师对编写工作的大力支持。

本书可供新闻传播相关专业高年级本科生、研究生的课堂教学使用,亦可为相关政府部门决策者、行业从业者和有兴趣了解媒介融合的读者提供参考。本书在编写的过程中,力求紧跟行业发展前沿,集纳多学科研究进展;但媒介融合所涉范围之广泛、内容之丰富、变化之迅速、研究领域之多元,都让编者深感实现这一目标的困难,当在后续版本中不断更新、完善。若有不足和错漏之处,恳请诸君不吝赐教。

编 者

2021 年 6 月 11 日

目 录 Contents

第一章 媒介融合研究的对象与基本问题 …………………………… 1
  第一节 媒介融合研究的对象 ………………………………………… 1
    一、媒介融合的概念与内涵 ……………………………………… 1
    二、媒介融合的主体 ……………………………………………… 3
    三、马克思主义发展观与媒介融合 ……………………………… 4
  第二节 媒介融合研究的基本问题 …………………………………… 5
    一、媒介融合的基本规律 ………………………………………… 5
    二、媒介融合的核心逻辑 ………………………………………… 6
    三、媒介融合与社会发展 ………………………………………… 8
  第三节 媒介融合研究的时代背景 …………………………………… 9
    一、从数字化到智能化 …………………………………………… 9
    二、从放松管制到重回管制 …………………………………… 10
    三、从全球化到后全球化 ……………………………………… 12
  思考题 …………………………………………………………………… 13
  主要参考文献 …………………………………………………………… 14

第二章 媒介融合的历史进路 …………………………………………… 15
  第一节 数字化阶段 …………………………………………………… 15
    一、数字技术的诞生与应用 …………………………………… 15
    二、传媒行业的数字化实践 …………………………………… 17
    三、数字化进程中的相关研究 ………………………………… 19
  第二节 网络化阶段 …………………………………………………… 22
    一、互联网技术的诞生与应用 ………………………………… 22
    二、传媒行业的网络化实践 …………………………………… 25
    三、网络化进程中的代表性研究 ……………………………… 28
  第三节 移动互联阶段 ………………………………………………… 30
    一、移动互联技术的诞生与应用 ……………………………… 30
    二、传媒行业的移动互联实践 ………………………………… 34
    三、移动互联阶段的代表性研究 ……………………………… 37
  第四节 万物互联与智能化阶段 ……………………………………… 39

一、大数据与网络技术、智能技术的诞生与应用 …………………… 39
　　二、传媒行业的万物互联与智能化实践 ………………………………… 42
　　三、万物互联与智能化阶段的代表性研究 ……………………………… 45
思考题 ………………………………………………………………………………… 47
主要参考文献 ………………………………………………………………………… 47

第三章　媒介融合的主要维度 …………………………………………… 49
第一节　媒介形态的变迁 ………………………………………………… 49
　　一、传统媒介形态的演进 …………………………………………………… 49
　　二、新兴媒介形态的诞生 …………………………………………………… 51
　　三、媒介形态的融合化发展与创新 ………………………………………… 53
　　四、媒介形态变迁的规律 …………………………………………………… 55
第二节　媒介业务的融合 ………………………………………………… 56
　　一、业务内容的变化 ………………………………………………………… 56
　　二、业务流程的融合 ………………………………………………………… 60
　　三、业务运营方式的转变 …………………………………………………… 63
　　四、媒介业务融合的发展特征 ……………………………………………… 65
第三节　传媒产业内部的融合 …………………………………………… 66
　　一、传媒产业运作基础的转变 ……………………………………………… 66
　　二、传媒产业市场结构的调整 ……………………………………………… 68
　　三、传媒产业的融合与重构 ………………………………………………… 69
第四节　走向产业融合 …………………………………………………… 71
　　一、产业融合的发生 ………………………………………………………… 71
　　二、作为信息产业组成部分的传媒业 ……………………………………… 72
　　三、传媒产业融合的发展趋势 ……………………………………………… 75
思考题 ………………………………………………………………………………… 78
主要参考文献 ………………………………………………………………………… 78

第四章　媒介融合的机构实践策略 ……………………………………… 80
第一节　产品的调整与创新 ……………………………………………… 80
　　一、媒介产品的调适 ………………………………………………………… 80
　　二、新产品的研发 …………………………………………………………… 82
　　三、产品体系的建立 ………………………………………………………… 84
第二节　业务流程的再造 ………………………………………………… 86
　　一、业务流程再造理论及其演进 …………………………………………… 86
　　二、媒体机构业务流程再造 ………………………………………………… 87
　　三、内容生产流程再造 ……………………………………………………… 89

    四、广告经营流程再造 ······ 91
  第三节　组织结构调整 ······ 92
    一、关于"组织"的核心概念与命题 ······ 92
    二、媒体机构组织结构形式调整 ······ 94
    三、媒体机构组织中权力关系调整 ······ 97
    四、面向未来的组织形态 ······ 100
  第四节　组织间关系的调整与设计 ······ 102
    一、网络思维的建立与应用 ······ 102
    二、组织间网络关系的变化与调整 ······ 104
    三、技术的结构化 ······ 106
  思考题 ······ 107
  主要参考文献 ······ 108

第五章　媒介融合的区域国别模式（上） ······ 110
  第一节　美国的媒介融合模式 ······ 110
    一、美国媒介融合的制度环境与国家规划 ······ 110
    二、美国媒介融合的行业实践 ······ 112
    三、美国媒介融合的未来趋势 ······ 116
  第二节　英国的媒介融合模式 ······ 118
    一、英国媒介融合的制度环境与国家规划 ······ 118
    二、英国媒介融合的行业实践 ······ 120
    三、英国媒介融合的未来趋势 ······ 124
  第三节　俄罗斯的媒介融合模式 ······ 125
    一、俄罗斯媒介融合的制度环境与国家规划 ······ 125
    二、俄罗斯媒介融合的行业实践 ······ 127
    三、俄罗斯媒介融合的未来趋势 ······ 130
  思考题 ······ 132
  主要参考文献 ······ 132

第六章　媒介融合的区域国别模式（下） ······ 134
  第一节　中国的媒介融合模式 ······ 134
    一、中国媒介融合的制度环境与国家规划 ······ 134
    二、中国媒介融合的行业实践 ······ 137
    三、中国媒介融合的未来趋势 ······ 140
  第二节　日本的媒介融合模式 ······ 142
    一、日本媒介融合的制度环境与国家规划 ······ 142

二、日本媒介融合的行业实践 ······················· 145
　　三、日本媒介融合的未来趋势 ······················· 149
第三节　新加坡的媒介融合模式 ························· 150
　　一、新加坡媒介融合的制度环境与国家规划 ··············· 150
　　二、新加坡媒介融合的行业实践 ····················· 152
　　三、新加坡媒介融合的未来趋势 ····················· 155
思考题 ·· 157
主要参考文献 ···································· 157

第七章　媒介融合与社会发展 ·························· 159
第一节　媒介融合与个人成长 ··························· 159
　　一、毕生发展的研究取向 ························· 159
　　二、媒介融合与未成年人发展 ······················· 160
　　三、媒介融合与成年人发展 ························ 162
第二节　媒介融合与社会变迁 ··························· 166
　　一、媒介融合与社会互动 ························· 166
　　二、媒介融合与社会结构 ························· 167
　　三、媒介融合与社会治理 ························· 169
第三节　媒介融合相关社会问题 ························· 171
　　一、信息茧房与回声室效应 ························ 171
　　二、虚假信息泛滥与信息治理 ······················· 173
　　三、平台资本主义与数字劳工 ······················· 176
　　四、信息资源配置失衡与数字鸿沟 ···················· 180
思考题 ·· 183
主要参考文献 ···································· 183

第八章　媒介融合的未来指向 ·························· 185
第一节　媒介融合与技术 ····························· 185
　　一、媒介融合与技术演进 ························· 185
　　二、技术研究的历史主义与媒介融合 ··················· 187
　　三、技术研究的整体主义与媒介融合 ··················· 190
第二节　媒介融合与认知 ····························· 193
　　一、认知科学与认知技术 ························· 193
　　二、媒介系统与人类认知 ························· 194
　　三、媒介融合与认知发展 ························· 195
　　四、智能传播时代的到来 ························· 197

第三节　媒介融合相关的伦理问题 …………………………………… 200
　　　一、内容规制的伦理问题 ………………………………………… 200
　　　二、知识产权的伦理问题 ………………………………………… 202
　　　三、有关隐私的伦理问题 ………………………………………… 204
　思考题 ……………………………………………………………………… 207
　主要参考文献 ……………………………………………………………… 207

CHAPTER 1 第一章

媒介融合研究的对象与基本问题

第一节 媒介融合研究的对象

一、媒介融合的概念与内涵

自1978年麻省理工学院的尼古拉·尼葛洛庞帝（Nicholas Negroponte）教授绘制了分别代表广播电影产业（Broadcast and Motion Picture Industry）、计算机产业（Computer Industry）、印刷出版产业（Print and Publishing Industry）三个相互交叉的圆环，并提出了"这三个产业正在走向融合这一聚合过程"[1]起，关于媒介融合（Media Convergence）的研究就逐渐走进全世界相关领域学者的视野中。

Convergence一词最早出现在科学领域，如1713年英国科学家谈到光线的汇聚或发散（Convergences and Divergences of the Rays）时使用到它[2]，随后运用到了其他学科。1983年，普尔（Ithiel de Sola Pool）在《自由的科技》（*Technologies of Freedom*）一书中详细阐述了"融合模式"（the Convergence of Models）这一概念，并让融合（Convergence）这个话题受到更多人的关注。他认为由电子技术（Electronic Technology）带来的传播革命正在进行中，这是一种历史上、法律上以及技术上的融合，电子技术将原有的所有传播模式融为一个大系统（One Grand System）[3]。尤菲（David. B. Yoffie）认为融合是"运用数字技术，将原来不同产品的功能统一起来"[4]。有学者提出"融合是至少电话、电

---

[1] Brand S. *The Media Lab: Inventing the Future at MIT*[M]. New York: Viking Penguin, 1987: 11.
[2] 宋昭勋. 新闻传播学中Convergence一词溯源及内涵[J]. 现代传播（中国传媒大学学报）, 2006(01): 51-53.
[3] Pool I D S. *Technologies of Freedom*[M]. Cambridge: Harvard University, 1983.
[4] Yoffie D B. Competing in the Age of Digital Convergence[J]. *California Management Review*, 1996, 38(4): 31-53.

视和电脑这三种重要技术的互补"[①]。在尼葛洛庞帝和普尔等人的研究基础上,在传媒、计算机、电子通信产业中,业界人士也逐渐接受、慢慢实现着融合这一现象。直至20世纪90年代中后期,"媒介融合"(Media Convergence)这一概念被明确提出。

随着对媒介融合研究的深入,学者们发现媒介融合不仅是技术上的融合,更是产业、受众、市场等方面的深度融合。詹金斯(Henry Jenkins)强调媒介融合不是简单地使用电子检索信息,它是从技术、经济、社会、全球化以及文化五个方面产生的融合[②]。斯多伯(Rudolf Stober)也提到新兴媒体的产生不是技术发明的结果,它是发明(Invention)、创新(Innovation)以及制度化(Institutionalization)的结果。他认为技术、文化、政治以及经济因素决定了新商业模式的形成。埃里森等人(Allison, A. W. Ⅲ, DeSonne, M. L. Rutenbeck, J. & Yadon, R. E.)则将媒介融合看成一种商业趋势(Business Trend),这一趋势"将原来独立的产业通过兼并收购、合作、战略联盟等方式融合在一起"[③]。2001年,美国新闻学会媒介研究中心(The Media Center of the American Press Institute)主任纳迟森(Andrew Nachison)把媒介融合定义为"印刷、音频、视频和交互数字媒体服务和组织间的战略层面、运作层面、生产层面以及文化层面的整合"[④]。高登(Rich Gordon)从产业层面、管理层面、运作层面和实际操作层面不同维度出发,把媒介融合分为五种形式:所有权融合(Ownership Convergence)、策略性融合(Tractical Convergence)、结构性融合(Structural Convergence)、信息采集方式融合(Information-Gathering Convergence)、新闻表述形式融合(Storytelling Convergence)[⑤]。

国内关于媒介融合的讨论,自21世纪初期就有学者涉入。2006年,宋昭勋就新闻传播学中的Convergence一词做了溯源,并对国外相关研究进行梳理。由于有西方早前相关研究可以借鉴,我国学者对媒介融合概念的探索更多是对媒介实践的呼应与引导。彭兰认为媒介融合应将媒介产品"从信息产品向全方位产品延展、从单边产品向双边产品延展、从大众化产品向个性化产品延展",实现"信息终端的变革"以实现媒介融合中的"支点设置"[⑥]。支庭荣指出在数字化背景下,传统媒体可通过"战略联盟、技术研发以及并购与

---

① Bolter J D, Grusin R. Remediation: Understanding New Media [J]. *Corporate Communications: An International Journal*, 1999, 4(4): 208-209.
② Jenkins H. *Convergence Culture: Where Old and New Media Collide* [M]. 2nd ed. New York: New York University Press, 2008.
③ Lugmayr A, Zotto C D. *Media Convergence Handbook-Vol. 1 & 2* [M]. Berlin: Springer Berlin Heidelberg, 2015.
④ Nachison A. Good Business or Good Journalism? Lessons from the Bleeding Edge [Z]. Hong Kong, A presentation to the World Editors' Forum, 2001.
⑤ Gorden R. The Meanings and Implication of Convergence [G]//Kevin Kawamoto. *Digital Journalism: Emerging Media and the Changing Horizons of Journalism*. Lanham: Rowman & Littlefield Publishers, 2003, 57-74.
⑥ 彭兰.媒介融合三部曲解析[J].新闻与写作,2010(02):17-20.

投资的方式"①实现融合,从而进入新媒体市场。相关研究同样提出传媒产业融合经历了技术融合、业务融合到产业融合或市场融合的过程②。

通过梳理发现,媒介融合是基于传统传媒产业中各种媒介相对分立的状态而发生的一种产业融合发展的过程。传统传媒产业中,一种媒介产品拥有一个特定的生产环境和运营平台,不同媒介之间很难进行联合生产与共同运作。随着互联网技术与数字技术不断发展与成熟,最终可通过数字技术将不同媒介内容呈现形式(文字、图片、声音、视频)进行数字化转化,成为新的数字媒介产品,从而打破了原有的不同媒介间的边界,使得媒介融合得以实现。

因此,媒介融合应是一个涵盖了微观、中观与宏观层面的产业发展实践活动,是在网络化、数字化背景下进行的媒介形态、媒介内容生产流程、媒介运营机制和媒介产业结构之间的融合行为,是通过技术创新、机制创新、制度创新实现的传媒产业升级发展的过程。这一变化过程也带来了媒介与社会关系的变化,以及对媒介发展未来指向的重新思考。

二、媒介融合的主体

主体是与客体相对应的概念,马克思在描述两者关系时提到:"主体是人,客体是自然"③,而实践是连接主客体、并使其相互作用的基础。在多种实践活动中,具有创造性和创新性的实践活动是更具有能动性的,是判断主体性的一条重要标准。除了实践维度外,在讨论主体性时也应关注其价值维度和社会维度的意义④。在实践过程中,主体应通过实践活动满足自己的需求,从而实现其价值;并应从社会角度来看待主体与客体、主体与主体之间的关系和自身的发展。

在媒介融合这一实践过程中,其"主体"应具有以下特质:(1)是实践活动的主动者;(2)其实践活动具有创造性和创新性;(3)对实践活动的开展有自我目的和价值判断;(4)其实践活动与社会利益紧密相关。

媒介融合作为一个传媒产业升级发展的过程,参与到这项实践活动的主体主要包括:

(1)传统媒体机构。面对互联网的出现,以报刊、广播、电视为代表的传统媒体机构主动进行了数字化、网络化转型。它们对原有产品进行升级,创造出了一系列新的媒介产品;在传播内容、传播渠道上不断创新,在内容生产、组织结构、所有权形式等方面不断寻找新模式、探索新路径;面对传媒产业生存环境,寻找和重新定位其自我价值,重新思考其与受众、社会之间的关系,调整发展逻辑。

(2)通信与互联网企业。20世纪70年代,随着通信技术与计算机技术革命,学者们展开了通信、传媒、计算机产业间的产业融合畅想。进入20世纪90年代,基于互联网、数字化技术的持续发展、产业边界不断模糊,通信与互联网企业成为媒介融合的另一主体。

---

① 支庭荣.新媒体不是传统媒体的延伸——融合背景下"转型媒体"的跨界壁垒与策略选择[J].国际新闻界,2011,33(12):6-10.
② 肖叶飞,刘祥平.传媒产业融合的动因、路径与效应[J].现代传播(中国传媒大学学报),2014,36(01):68-71.
③ 中共中央马克思恩格斯列宁斯大林著作编译局.马克思恩格斯选集:第2卷[M].北京:人民出版社,1995:10.
④ 骆郁廷.马克思主义主体性理论的三个维度[J].武汉大学学报(人文科学版),2009,62(01):5-10.

它们在技术进步与市场需求的双重作用下,基于对自身发展的满足,推动了媒介产品在传播渠道、产品形态、生产流程上的革新,并在数据的挖掘和运用上实现突破,充分发挥数据价值、拓展了传媒产业更多的价值维度。在技术上的引领地位也为媒介融合的未来发展开启了更多可能性。在通信与互联网企业不断发展的过程中,如何更好地服务受众、寻找自身在社会中的价值是推动它们进行实践活动的主要动力。

(3)受众/用户。互联网带来的技术赋权使得受众在媒介融合过程中成为具有主动性、创新性、创造性的实践主体。受众的需求是推动媒介融合的一大动因,在很大程度上决定了媒介产品与服务的发展方向。在媒介融合进程中,受众不仅转变为用户,亦成为媒介产品与服务的生产者,他们为传媒机构生产了大量的有价值的内容,成为传媒业生产环节中不可缺失的一环。

(4)政府。媒介融合是依靠技术创新而形成的产业发展的实践活动。在这样的活动过程中,在技术的运用程度、技术普及推广力度、产业政策调控、行业间相互合作等方面,都需要政府进行宏观调控,通过制度设计、颁布法案等方式对媒介融合和传媒产业发展进行引导,实现企业利益、产业利益与社会利益之间的平衡,创造更大的社会福利。

三、马克思主义发展观与媒介融合

发展观是对什么是发展、应该怎样发展、为了谁去发展等重要问题所进行的理性化思考。马克思主义的发展观解释并说明了社会基本矛盾运动规律、人民群众的历史主体地位、社会发展的客观历史过程及其未来理想社会等基本问题。当我们对媒介融合问题进行思考时也会发现,马克思主义发展观对于指导、引领媒介融合实践有着十分重要的价值。

(一)媒介融合中什么是发展的问题

马克思将技术的产生和发展置于当时的生产关系和现实历史文化背景中去思考,认为技术不是独立于社会的存在,它是社会发展中不可或缺的部分,它产生于社会生产和生活的需求。而机器的使用带来的最大作用在于对社会分工和协作的根本改变,对社会管理方式和组织方式引发的巨大变迁[①]。马克思提到社会是一个由政治、经济、文化、生态以及其他多个领域相互相联系而组成的有机体,是一个自身不断发展中的活的有机体[②]。整体性原则是马克思主义发展观观察和解决发展问题的首要方法,其认为发展必须是社会的各个领域各个组成部分的全面发展。

媒介融合的进程,就是技术作用于媒介产品革新、生产流程、组织制度和产业结构的过程,是传媒产业升级发展的过程,其中同样必须思考整个产业从微观到宏观的各层面、从受众到社会各相关角色的发展问题。媒介融合本身,亦是关系着经济、政治、文化、社会发展的方方面面的实践活动。因此,坚持整体性原则是思考和解决媒介融合问题的基础。

---

① 乔瑞金.马克思技术哲学纲要[M].北京:人民出版社,2002:31.
② 中共中央马克思恩格斯列宁斯大林著作编译局.列宁选集:第1卷[M].北京:人民出版社,1972:32.

(二) 媒介融合中应怎样发展的问题

马克思强调技术对社会文明发展有着巨大推动作用。无论是社会分工的产生还是国家的出现，本质上都是技术或工业在社会生产中应用的结果。① 马克思主义发展观指出，社会发展的最终决定力量是生产力，生产力是人类物质生产活动的产物，生产力的发展程度决定着社会关系、社会形态、社会制度以及社会意识。技术则是人类活动的一种最基本、最重要的实践活动，是人的本质力量对象化的产物，是人类征服和改造自然的劳动手段，是一种生产力。② 技术在人类社会进步和文明发展中具有首要地位。它直接根植于人与自然的能动关系，直接存在于人类生活和生产过程中，直接作用于人类生活关系的形成、存在和发展。③

媒介技术本身也是一种对人、对社会发展很重要的生产力。创新则是生产力发展最强推动力，是发展的核心动力。创新是推动媒介融合进程的首要力量。由于数字技术发展所引起的传统媒体困境、传媒产业发展等问题，需要依靠技术创新、流程创新、制度创新作为解决工具，需要不断思考如何进行创新活动以提高传媒产业生产率，实现产业的更好发展。因此，也应将媒介融合当作社会中的一股创新力量，思考其如何作用于社会各环节。

(三) 媒介融合中为谁发展的问题

在回答发展本质的问题时，马克思在《资本论》中提到"以每个人的全面而自由的发展为基本原则的社会形式"是未来理想社会的基本特质。因此实现人的全面自由发展是马克思主义发展观的核心问题和最高价值，发展最终是人的发展。

媒介融合过程中，无论是内容生产的创新还是媒介价值的重构，同样应是一个强化人人参与、人人尽力、人人享有的过程。推进媒介融合进程、讨论媒介融合议题，亦应坚持以人民为中心的原则，其最终目的同样是解决如何实现个人全面自由发展的问题。

因此，媒介融合实践活动是符合马克思主义发展观的实践活动；对其的思考与设计，也需要以马克思主义发展观作为指引。

第二节　媒介融合研究的基本问题

一、媒介融合的基本规律

通过上一节对媒介融合的概念梳理可发现，媒介融合实践主要从以下几个层面展开：

(1) 微观层面。这里的媒介融合主要强调以技术改革作为主要作用手段，在媒介产品形态上进行的产品调整与产品创新行为，即依靠数字技术和互联网、大数据、虚拟现实

---

① 乔瑞金.马克思技术哲学纲要[M].北京：人民出版社，2002：37.
② 乔瑞金.马克思技术哲学纲要[M].北京：人民出版社，2002：24-25.
③ 中共中央马克思恩格斯列宁斯大林著作编译局.资本论：第1卷[M].北京：人民出版社，1956：448.

等技术,改革现有媒介产品、开发多媒体媒介产品、寻找产品发展方向、打造产品体系。

(2) 中观层面。这里的媒介融合主要强调在产品创新的基础上,从业务流程、组织结构等方面进行制度创新、体系重构、所有权改革等,以适应新技术环境下的媒介发展规律,是操作性、流程性、战略性的融合实践。

(3) 宏观层面。这部分的融合实践活动分为两个角度。一个是从媒介融合的主体出发所进行的传媒产业、电信产业、计算机产业、互联网产业等与媒介融合相关的产业结构调整和产业间的融合行为。另一个是从社会发展的角度对媒介融合实践活动进行监管和规制的行为。相关部门和机构在衡量媒介融合所产生的经济价值和社会价值后,就相关法律设立、制度安排进行宏观调控和管理。

因此,媒介融合作为一种由技术创新引发的产业发展实践,具有以下基本规律:

(1) 创造性是基本推动力。媒介融合就是把新技术应用于传媒机构生产经营活动中的一个过程,其本质是一个具有很强的创造性和创新性的构思和决策过程。技术的进步需要生产活动中各层面相互协作、共同努力将技术创新转化为生产力。创造性是决定技术运用、产品创新、生产效益提高、社会福利改善的基本推动力。

(2) 连续性是基础保障。从产业发展来看,任何创新和改革活动都是以前人的成功为基础的,而其价值也体现在后继的经营成果中。在媒介融合的各个阶段、各个环节、各个层面都有着内在联系,都表现出整体性和连贯性。连续性是确保媒介融合可持续进行的基础保障。

(3) 跳跃性是显著特征。媒介融合是一项依靠技术创新驱动的实践活动,技术的本质改变会使技术机构和生产效益得到质的飞跃。这种跳跃性往往导致技术升级,从而形成以产品升级、结构调整、价值重构为表现的产业发展的阶段性呈现。跳跃性是媒介融合实践中传媒机构所呈现的显著特征。

(4) 规模性是经济基础。媒介融合作为一种技术创新与生产经营相互渗透和交叉的实践活动,其投入的各类资源必须达到一定规模,才可能产生有效率的成果输出;同时,成果的有效利用也必须达到一定规模才能产生经济效益。规模性是传媒产业能有效推进媒介融合的经济基础。

(5) 效益性是根本目的。技术创新是促进媒介融合的基本推动力,对推动传媒产业升级发展具有非常大的作用,会大幅提高传媒机构的经济效益。因此无论是传统媒体还是新媒体,都试图通过媒介融合获取更高经济利益。同时,由于传媒产业具有很强的公共性质,合理进行媒介融合实践活动可提升正外部性,增加社会福利。对效益性的追求是媒介融合实践活动的最终目的。

二、媒介融合的核心逻辑

在本书第一节对媒介融合的概念进行梳理时,追溯到1978年麻省理工学院教授尼葛洛庞帝所描述的由于数字技术的出现而导致计算、印刷和广播三个产业将出现相互交叉的状况,这不仅是我们对于媒介融合较早的认知,也是学者们开始思考产业融合这一概念的起点。根据欧洲委员会"绿皮书"(Green Paper)的定义,融合是指"产业联盟的合并、技术网络平台和市场三个角度的融合"[1]。技术革新与放松管制被认为是产业融合的主要原因之一。而传媒产业作为产业融合发生的前沿领域，兼具产业属性和公共属性。媒介融合实践开展的核心逻辑可归纳为：

（一）技术创新是媒介融合的内在驱动力

技术创新带来的具有替代性或关联性的信息传播与传输技术、传媒产品，通过渗透、扩散的方式改变原有传媒内容生产的技术路线，或者丰富了原有产业内的经营内容和形式，使不同传媒机构、媒介平台之间具有相似的技术基础与共同的技术平台，从而出现技术融合。而新旧技术的融合与碰撞又促成进一步的技术革新与融合。

在技术融合推动下，传媒机构、传媒产业以及相关产业为追求利益最大化调整原有业务、整合各种资源，积极发展与技术融合相适应的新业务，产生业务融合。技术融合与业务融合的双重着力，又给原有传媒产业带来了新的市场空间。随着技术创新的不断发展与深化，它会在传媒产业与相关产业间形成扩散，最终导致产业间的边界模糊，媒介融合实践不断拓展。

（二）市场的需求与竞争是媒介融合的外在动因

随着社会经济的发展，人的需求不断提高。现代社会中，人们追求更加方便、快捷、高效的信息传输与交流方式，这种需求使得个体、企业、政府都会持续进行创新实践活动。而技术创新又改变了市场的需求结构和特征，传媒机构为了追求更大的利益、实现更高的价值又进一步开展产品创新和业务融合，媒介融合实践由此实现不断深化。

传媒机构间、传媒产业与其他相关产业间愈发激烈的竞争和它们对于利润以及保持竞争优势的不懈追求，也推动着媒介融合实践。竞争突破了不同媒介、不同平台间的分割，加强了相互的竞争合作；竞争减少了不同媒介间、产业间的进入壁垒，降低交易成本，让传媒机构从产品形态到自身结构都发生了革新，为保有竞争优势而不断追求多元化经营和多产品经营，以实现规模经济与范围经济。

（三）制度供给是媒介融合的催化剂

制度的本质是协调经济利益关系的规制，它通过提供一系列规则界定人们的选择空间，约束人们之间的相互关系，从而减少环境中的不确定性，减少交易费用，保护产权，促进生产性活动。这一系列规则由社会认可的非正式约束、国家规定的正式约束和实施机制构成。[2] 媒介融合可以在技术创新与市场需求和竞争的双向拉动下前进，但制度是保障前进速度、明确前进方向的必要条件。

制度经济管制理论认为，市场中的垄断者缺乏增强竞争力和降低成本的动力，这会使得垄断产业效率日益低下。因此，政府为了避免这一情况的出现会推动管制的放松，引入新的竞争者。这样的制度供给就增加了市场竞争，传媒机构或相关产业中的企业为了保

---

[1] 马健.产业融合理论研究评述[J].经济学动态，2002(05)：78-81.
[2] 卢现祥.西方新制度经济学[M].北京：中国发展出版社，2003：38.

障自身的竞争优势必然会更重视创新活动下的技术融合、业务融合与市场融合,从而也加快了媒介融合的步伐;由于市场需求的变化以及技术带来的可能性,垄断的基础也会变得薄弱,不同产业之间的竞争使得原有产业内部的规制失去意义。新的制度供给会使得产业门槛降低、产业竞争力增加,从而促进媒介融合进度。

三、媒介融合与社会发展

传播与社会的互动逻辑是媒介研究的重要内容。1959 年,美国社会学者赖利夫妇(Riley & Riley)在《大众传播与社会系统》一文中提出传播系统模式(图 1.1)。该模式不仅清晰地呈现了传播活动本身的系统性特征,而且强调传播活动是在更大的社会结构和总体社会中进行的,与社会的政治、经济、文化、意识形态等宏观环境之间呈现持续互动和相互作用的关系。1963 年,德国学者马莱兹克(Maletezke)在《大众传播心理学》中提出大众传播过程的系统模式,将大众传播视为包含社会心理因素在内的、各种社会影响力交互作用的"场"。尽管两种传播系统模式研究的视角有所差异,但二者共同揭示了社会系统视域下媒介研究的重要性,以及传播与社会互动过程的复杂性。

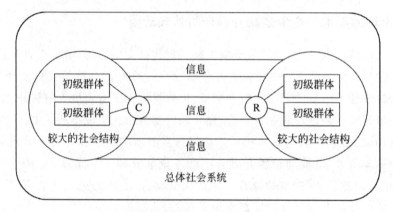

C=传播者 R=受传者

图 1.1 赖利夫妇的传播系统模式图①

新技术的应用和媒介融合的发展不断创新着媒介形态、传播模式,进一步拓展了媒介系统与社会系统关联互动的深度和广度。社会发展视域下的媒介研究传统话题不仅仍然具有生命力,而且延展出新的、更具时代性的理论意义和现实意义,包括但不限于传播与社会民主、社会公平、公共领域,媒介发展中的全球化与地方性,媒介与女性主义,媒介生产中的商业主义与专业主义、文化生产、媒介伦理,媒介使用与社会行为、社会关系等。在这些宏大议题之下,对一些因人类社会的信息化进程和媒介系统演进交织而产生的新话题、新问题的观照和讨论尤其具有现实迫切性,例如数字鸿沟、数字遗民、数字伦理、平台资本主义、网络霸权、个人隐私保护、未成年人保护等。

2018 年 12 月,世界经济论坛发布题为《我们共享的数字化未来:建立一个包容、可

---

① 郭庆光.传播学教程(第二版)[M].北京:中国人民大学出版社,2011:55.

信、可持续发展的数字社会》(*Our Shared Digital Future Building an Inclusive, Trustworthy and Sustainable Digital Society*)的深度研究报告。该报告指出：一个由大数据、人工智能、物联网、移动互联和云计算驱动的新世界正深刻改变着我们的生活、工作和互动方式。当世界正朝着实现一切事物"在线化"的方向发展时，我们必须确保我们正在走向一个使所有人受益的数字化未来。我们必须加倍努力，以确保全球剩下的50％人口能够接入互联网。每个人都对这个全球性、包容性的社会负有管理责任。① 数字化媒介系统是数字社会建设的关键内容，也是其他社会子系统数字化的重要驱动力量，在数字社会的运行中的基础性作用日益凸显。将媒介融合置于整体社会系统之中进行考察，就是要把握融合过程中媒介系统与政治、经济、文化系统关联交互方式的变化，理解媒介规制思路、媒介自律原则、媒介治理逻辑的变化取向，进一步思考媒介融合的核心目标、媒介融合的未来走向、媒介系统的社会功能、媒介系统在社会系统中的角色定位等深层问题。

第三节　媒介融合研究的时代背景

一、从数字化到智能化

回顾传媒发展的历史，每一次重大的变革都与技术更新密不可分。"媒介融合"嵌套于人类社会数字化、信息化的整体发展进程之中，是以技术为核心驱动的媒介发展阶段。作为媒介融合的原动力之一，信息技术普及之快、发展之速，远非此前任何一种技术所能比拟；其影响之深，至今仍难以准确估量。尽管，我们尽量避免陷入"技术近视"②，但媒介系统内部基础性技术、媒介形态、组织结构、产业形态的变化，系统外部生存环境、产业关联、竞争关系等诸种转变都在提示日益增强的技术逻辑。

20世纪七八十年代以来，数字技术、信息技术的诞生、创新与应用带来了媒介系统基础性技术的全面变革。从广播、电视、报纸、杂志的内容格式数字化，到门户网站、手机报、网络视频的发展，再到数字电视、移动互联网的普及，社交媒体的兴起，算法分发，机器人写作、AI主播的深度运用，过去数十年中，媒介系统经历了从内容格式、媒介形态、传播逻辑到媒介系统的整体结构和运作方式的全面变革。因此，把握技术演进的脉络和技术环境变迁的态势是理解媒介融合现象、探讨媒介融合话题最为重要的时代背景。

总体来看，全球范围内的媒介融合，随着基础性技术的创新和迭代，大致沿着相同的路径展开，大致可分为四个阶段：

第一阶段，在数字技术的影响下，媒介内容融合首先发生，以传统媒体内容格式、存储

---

① World Economic Forum. *Our Shared Digital Future: Building an Inclusive, Trustworthy and Sustainable Digital Society* [EB/OL]. (2018-12-10) [2021-05-13]. https://www.weforum.org/reports/our-shared-digital-future-building-an-inclusive-trustworthy-and-sustainable-digital-society.

② [美]罗杰·费德勒. 媒介形态变化——认识新媒介[M]. 明安香，译. 北京：华夏出版社，2000：9. "技术近视"最早由美国学者萨弗(Saffo)提出，是指我们过高估计一项新技术在短期内的潜在影响；当世界未能认同我们夸大了的预期以后，我们就走向反面并低估其长期影响。我们先是行动过火，然后又行动不足。

方式的数字化为开端,数码相机、数码摄像机、计算机编辑排版系统等一系列硬件和软件的应用使媒介内容生产和编辑从电子时代步入数字时代。内容格式标准的统一使不同媒体之间内容的分享、共用成为可能;数字化存储的实现则是海量信息时代来临的前奏。

第二阶段,互联网技术的发展带来了新的媒介形式——"网络媒体"和新的传播方式——"网络传播",新闻网站和传统媒体网络版也成为最早的具有"融合"意义的媒介实践尝试。由此开始,媒介形态、传播方式进入创新、更迭的快车道,"新媒体"不再指涉某一种具体的媒介形态,而是一个整合了新的媒介形式、传播方式、传输网络、接收终端以及运营模式等多维度的复杂概念。

第三阶段,随着4G技术的商用,移动智能终端和移动互联网的普及促使手机网民的数量大幅增加,信息的传播与接收呈现出移动化、碎片化、社交化的新特征。不同形态的媒体逐渐从"你中有我、我中有你"的跨界融合走向"你就是我、我就是你"的共生态势。同时,以微信为代表的集社交、通讯、媒体、生活服务、金融消费等功能于一体的移动客户端功能的出现,也使得"媒体"内涵更加宽泛、边界更加模糊。

第四阶段,5G、大数据、人工智能、物联网等技术的叠加演进进一步拓展媒介系统变革的深度和广度。一方面,算法、人工智能等新技术被应用于信息获取、生产、分发、反馈的各个环节,媒介系统的运作效率大幅提高,技术逻辑被更加深刻地嵌入传播过程之中。另一方面,万物互联时代的来临进一步拓展了媒介融合的深度和广度,"融合"不仅发生于媒介系统、信息系统内部。基于互联网、移动互联网、物联网等基础平台的非专用性特征,媒介系统在更大范围内与农业、工业、商业、教育、医疗、交通、安防等非直接相关领域发生交叉、融合。这一阶段,媒介融合已由媒介系统内部内容、形态、运作方式之间的融合重塑,发展至媒介系统与社会系统关联方式和互动逻辑的多维度融合重塑。

值得关注的是,随着新技术的应用和媒介融合的深入,新的挑战也相伴而生。例如,网络化和数字化加大了媒介内容版权保护的难度;移动化和社交化的发展导致了用户隐私泄露、有害内容对儿童的伤害、数据安全等风险加大;新技术、新媒体在赋予用户更多主动权的同时,也使得假新闻、网络谣言、网络暴力等现象日渐频繁。知识鸿沟、信息公平等涉及媒介公共服务均等化的传统问题还未解决,又进一步催生了数字鸿沟、平台霸权、算法黑箱等新的问题。因此,对媒介融合的讨论不仅应包括技术革新所带来的技术环境的变迁、媒介形态、传播方式、经营模式等媒介系统结构和运行规律的变化,还应对每一次技术更迭和新技术的应用所带来的风险与挑战给予充分观照。

二、从放松管制到重回管制

在学术传统上,"制度"主要是政治学的研究对象。20世纪80年代以来,以科斯(Ronald Coase)和诺思(Douglass North)为代表的学者所进行的一系列开创性研究让人们开始重新认识到"制度"对于人类社会发展和经济繁荣的重要意义。

今天,技术革新所引发的媒介传播方式、生产方式、产业构架的变革是全球性的,但在不同国家、不同领域所表现出的变革效用却是存在差异的,其中制度的影响不容忽视。经济学家纳尔森指出"从一个角度看,技术进步在过去的200年里一直是推动经济增长的关键力量,组织变迁处于附属地位。但从另一个角度来看,如果没有能引导和支持制度的变革、并使企业能从这些投资中获利的新组织的发展,我们就不可能获得技术进步"①。

20世纪70年代,发达资本主义国家集体陷入经济滞胀,新自由主义思潮兴起。这些国家迫切需要寻找新的增长点,为国民经济复苏注入动力。此时互联网、通信行业旺盛的生命力正逐渐显现,信息高速公路、三网融合、国家数字化等内容相继进入国家战略规划的视野。一方面,制度体系对这些新兴业务的制约作用日益突出;另一方面,整体经济下行使得以欧洲国家为代表的公共广播体制面临不同程度的运营经费困难。到20世纪90年代,"放松管制、激励竞争"已经成为资本主义国家具有共识性的媒介规制思路。多个国家先后对电信法、通信法进行修改。例如,1996年2月,美国总统克林顿签署《1996年电信法》(Telecommunications Act of 1996),取消通信、传媒等多产业间的界限,放宽对区域市场和企业规模的限制,放松对广播电视业的所有权多元化限制,允许多种市场间的相互渗透,鼓励跨业兼并、强强联合,缩减其公共受托人义务。2001年,日本出台《利用电信服务进行广播电视服务法》和《通信广播电视融合相关技术开发促进法》分别为基础设施共享与融合、融合相关技术的研发提供了制度支持。2003年,英国《2003通信法》(Communications Act 2003)诞生并取代《1984电信法》,成为英国媒介发展和媒介融合的主要法律依据。

在我国,2003年6月27、28日,全国文化体制改革试点工作会议在北京召开,重点研究部署文化体制改革试点工作。此次会议将"文化产业"与"文化事业"作为两个概念区分开来,并明确两者共同构成文化建设的重要组成部分,从而实现了文化产业理论的重大突破。会议确定的第一批文化体制改革的试点单位包括35家新闻出版、公益性文化事业、文艺创作演出、文化企业单位,其中新闻出版系统21家,占总数的60%。12月30日,国务院办公厅出台《关于文化体制改革试点中支持文化产业发展的规定》和《关于文化体制改革试点中经营性质文化事业转制为企业的规定》,这标志着面向媒介融合的中国传媒体制改革在文化体制改革的宏阔背景下拉开序幕。

在宽松的政策环境下,媒介市场化改革席卷整个欧洲,以所有权为核心的跨行业兼并收购成为美国传媒娱乐业、互联网、通信行业实现融合发展主要方式。随着时代华纳、新闻集团、贝塔斯曼等全业务、超大型传媒集团的诞生,以光纤、卫星等传输技术和基础设施连接为物质基础、以资本为纽带的传媒业的产品销售、资源配置和专业化分工开始在全球范围内展开。

宽松的政策环境在释放市场活力的同时,也产生了一系列值得重视的问题。在媒介实践层面,从"布拉格之春"到"法国黄背心运动",庞大的用户群体、高黏性的使用模式及其不断显现的舆论影响和社会动员能力使得社交媒体已成为超越国家边界的特殊社会系统,通过法律修订、政策规划加强对社交媒体平台的监管和约束已成为公众和政府的共识。在学术研究层面,学者们敏锐地指出,西方发达国家借助媒介融合所带来的边界消融,不断通过内容输出、技术输出、资本输出以及制度输出的方式实现持续扩张,重新划定

---

① [美]理查德·R.纳尔森.经济增长的源泉[M].汤光华,译.北京:中国经济出版社,2001:135.

各自在传媒领域的势力范围。而最终的结果是世界媒介的控制权向几个发达国家集中，并成为这些国家干预别国内政的手段之一。普拉迪普·托马斯（Pradip Thomas）在《谁拥有媒介？》（Who Owns the Media?: Global Trends and Local Resistances）一书中指出，美国式的媒介控制和决策模式正迅速地影响世界各地，放松管制模糊了本土与国际的界限，国际资本和跨国公司成为媒介发展的主导，这导致了媒介所有权与公众问责制发展方向的错位。在此情况下，国家和政府在媒介监管、制度供给等方面的功能和权力常常主动或被动地让位于国际组织或跨国资本，从而丧失对本国媒介发展的控制力。西方发达国家主导下的媒介融合影响的广泛性和渗透性将导致亚洲和非洲国家的文化根除（Cultural Up Rootedness）和西方化（Westernization），从而造就后殖民社会（Post-colonial Society）。[1]

正如约翰尼斯·巴多尔（Johannes Bardoel）所指出的，简单地以市场替代政府的管制是幼稚的，现在我们要所需要讨论的是如何更好地"再管制"，而不是"去管制"。从长期来看，建构基于融合后媒介体系的传播特征、运作逻辑的监管体系将是媒介制度研究和媒介治理研究的重点课题。

三、从全球化到后全球化

20世纪下半叶，"全球化"开始成为国内外学界关注的新热点；到20世纪80年代末，"全球化"已成为公认的世界发展的重要趋势之一。全球化是一个多维的概念，涉及经济、文化、制度等多个方面，其中又以经济全球化为核心。经济层面，经济活动所依赖的资本、资源超越国家和区域的界限，实现在全球范围内的流动、配置，与之相对应的是全球范围内的专业分工和产业链分布，以及人才、产品的全球流动；文化层面，全球化强化了不同文明和文化之间的交流、碰撞；制度方面，从微观的企业制度到宏观的政治经济制度，不同类型的制度在不同国家的交流互动中相互影响、相互建构。全球化为全球发展带来的突出变化，是市场经济体制在世界范围获得广泛认可和应用，资源配置和使用效率提高，同时也促进了技术的创新、扩散和运用。

媒介融合的发生发展与世界的全球化进程相叠加，并成为其中重要的构成部分：卫星传输、互联网的发展大幅提高了信息跨国流动的便利度；跨国传媒集团成为推动信息、文化、资金全球流动，促进世界性传媒市场形成的重要力量。更进一步来看，媒介融合及全球化发展的过程包含着生产、交易、社会关系的空间转移，以及资金、信息、权力在全球范围内的流动和扩张，不断降低国家或地区之间的，地理空间或政治空间边界的意义。全球化背景下的媒介融合促进了全球媒介市场的形成，加深了不同国家之间传媒产业、媒介系统的相互依赖，加深了社会系统对媒介系统的依赖，并和多领域的数字化转型一同被纳入更加宏大的人类社会信息化进程之中。

2008年，美国爆发次贷危机并引发资本主义世界新一轮经济危机。全球经济增长乏

---

[1] Holst F. Challenging the Notion of Neutrality-Postcolonial Perspectives on Information-and Communication Technologies[G]//Schneider N C, Gräf B (eds.). *Social Dynamics 2.0: Researching Change in Times of Media Convergence*. Berlin: Frank&Timmep, 2011: 127-144.

力已经引起了对全球化价值理念的质疑和逆全球化思潮的兴起。不同国家、不同利益团体的"全球化"观念出现分歧。一方面,以中国为代表的国家坚信经济全球化是客观现实和历史潮流,应直面经济全球化带来的贫富差距、发展鸿沟等问题,并以全球化的思路探寻解决方案。为此,中国先后提出建设"一带一路"倡议和构建人类命运共同体的发展理念。2017年3月23日,联合国人权理事会第34次会议通过关于"经济、社会、文化权利"和"粮食权"两个决议,"构建人类命运共同体"理念首次载入联合国人权理事会决议。截至2019年3月底,中国政府已与125个国家和29个国际组织签署173份合作文件。共建"一带一路"国家已由亚欧延伸至非洲、拉美、南太平洋等区域。另一方面,以美国为代表的部分国家和政党则呈现出强烈的"逆全球化"取向,包括政治上的民粹主义、经济的贸易保护主义和本土主义、社会治理上的民族主义和反移民政策。英国脱欧、美国退出《巴黎气候协定》、中美贸易摩擦升级等影响全球政治经济格局的重大事件皆发生于这一背景之下。

2020年,新冠肺炎疫情再次重创全球经济,世界银行发布的《全球经济展望2020》指出,疫情及各国防控措施引发的经济停摆将构成第二次世界大战以来最严重的经济衰退局面。到2021年1月,世界银行评估认为虽然全球经济产出正在从新冠肺炎疫情引发的崩溃中恢复,但仍将长期低于疫情前的趋势。疫情大流行加剧了长达十年的全球债务积累浪潮带来的风险,并可能在未来十年加剧预期已久的潜在增长率放缓。[①] 此前,从未有过这么多国家、行业同时陷入衰退,近几十年来因经济快速增长而被掩盖的各类矛盾因此激化,国家间利益分歧凸显。

传媒业在融合化、全球化的发展过程中已经与世界政治、经济体系紧密地连接在一起,传媒业的市场活动也极易被打上政治标签。因此,上述变化也对媒介发展、传媒企业的融合实践、市场实践产生直接影响。多国政府加强了对本土传媒市场的保护,加大媒介市场监管的力度,直接干预日益频繁;越来越多国家和地区的传媒政策趋于收紧,对传媒业相关的跨国资本流动、技术转让、产品销售、信息服务等活动的审查和约束更加严格;社交媒体平台成为各国政府在维护本国信息安全、公共安全时的重点管控对象。例如,2018年,欧盟开始实施《通用数据保护条例》,旨在促进欧盟单一数据市场的建立;2020年,印度政府要求下架的App就超过一百款。因此,在讨论媒介融合的未来走向时,不仅要对技术革新带来的新媒体、新业态给予充分关注,还需要将媒介系统的发展置于世界政治经济的整体格局和变动趋势之中进行考量。

思 考 题

1. 试说明媒介融合的内涵与主体。
2. 请以马克思主义发展观解释一下媒介融合中的发展问题。
3. 如何理解媒介融合的基本规律?请谈谈你的看法。

---

① World Bank Group. Global Economic Prospects, January 2021［EB/OL］.［2021-04-30］https://www.worldbank.org/en/publication/global-economic-prospects.

4. 媒介融合的核心逻辑是什么？
5. 举例说明媒介融合与社会发展的关系。
6. 分析媒介融合研究的时代背景。

主要参考文献

1. [美]罗杰·费德勒.媒介形态变化——认识新媒介[M].明安香,译.北京:华夏出版社,2000:9.
2. 骆郁廷.马克思主义主体性理论的三个维度[J].武汉大学学报(人文科学版),2009,62(01).
3. 马健.产业融合理论研究评述[J].经济学动态,2002(05).
4. 彭兰.媒介融合三部曲解析[J].新闻与写作,2010(02).
5. 乔瑞金.马克思技术哲学纲要[M].北京:人民出版社,2002.
6. 宋昭勋.新闻传播学中 Convergence 一词溯源及内涵[J].现代传播(中国传媒大学学报),2006(01).
7. 许颖.互动·整合·大融合——媒体融合的三个层次[J].国际新闻界,2006(07).
8. 中共中央马克思恩格斯列宁斯大林著作编译局.列宁选集:第1卷[M].北京:人民出版社,1972.
9. 中共中央马克思恩格斯列宁斯大林著作编译局.马克思恩格斯选集:第2卷[M].北京:人民出版社,1995.
10. 支庭荣.新媒体不是传统媒体的延伸——融合背景下"转型媒体"的跨界壁垒与策略选择[J].国际新闻界,2011,33(12).
11. Bolter, J.D.; Grusin, R. *Remediation: Understanding New Media*[M]; MIT Press: Cambridge, MA, USA/London, UK, 1999.
12. Jenkins H. *Convergence Culture: Where Old and New Media Collide*[M].2nd ed.New York: New York University Press,2008.
13. Lugmayr A, Zotto C D. *Media Convergence Handbook-Vol.1 & 2*[M].Berlin: Springer Berlin Heidelberg,2015.
14. Pool I D S. *Technologies of Freedom*[M].Cambridge: Harvard University,1983.
15. Yoffie D B. Competing in the Age of Digital Convergence[J]. *California Management Review*, 1996,38(4): 31-53.

CHAPTER 2 第二章

媒介融合的历史进路

第一节 数字化阶段

一、数字技术的诞生与应用

狭义的数字化(Digitization)指的是借助计算机技术把语言、文字、声音、图像等转换为数字形式进行信息交流的过程。它是一种以二进制代码"0"和"1"为载体、以网络技术为基础,通过计算机的自动符号处理来实现信息交流的方式。广义的数字化是指企业利用创新技术和数据,通过重塑自身资源、与消费者的关系以及提供的服务,提升价值和效率。这一定义可以囊括从电子存储技术的应用到如今智能化媒介转型的各个阶段。数字化技术的普及将信息领域的数字技术向人类生活各个领域全面推进,如将通信领域、大众传播领域内的传播技术手段以数字制式全面替代传统模拟制式[1]。为便于分类描述,本章提到数字化,单指狭义的概念。

1946年,世界上第一台通用数字电子计算机问世,标志着人类进入了数字时代。计算机处理、存储、传送信息的基本单位是"比特"(Bit,Binary Digit 的缩写),即由1和0所组成的二进制数字。数字技术是信息技术的核心,它的诞生解决了字符、声音、语言和图像等信息媒体信息量太小、难以交换和交流等问题[2]。

(一)数字技术的分类

伴随着互联网的发展,数字技术亦在不断突破。具体而言,可将数

---

[1] 闵大洪.数字化时代与数字化传媒[J].新闻实践,2001(11):37-38.
[2] 鲍立泉.技术视野下媒介融合的历史与未来[M].武汉:华中科技大学出版社,2013:8.

字技术分为数字存储技术、数字编辑技术、数字网络技术,以及数字表现技术四项[①]。

1. 数字存储技术

在媒介应用领域,数字存储技术大致可以分为三类:

(1) SCSI 接口技术。SCSI(Small Computer System Interface),即小型计算机系统接口。经过三代协议更新,SCSI 技术广泛应用于非线性编辑、字幕机等制作设备。早期的硬盘播出设备采用该技术构建视音频服务器。高可靠性的大型存储系统通常把 SCSI 技术与其他技术结合来实现故障自恢复,提高安全性。

(2) RAID 技术。RAID(Redundant Arrays of Inexpensive Disks),即由多块磁盘构成的冗余阵列,将多台硬盘通过 RAID 控制器结合成虚拟单台大容量的硬盘来使用,其特色是通过多台硬盘同时读取加快速度及提供容错性。

(3) 数据磁带技术。数据磁带技术可以分为 DAT(Data Digital Audio Tape)技术、LTO(Linear Tape-Open)技术和 DLT(Digital Linear Tape)技术。伴随着数字技术对磁带存储方式的改进,其容量、读写速度、可靠性都迅速提高,在强调存储数据性价比的广播电视等领域,数据流磁带技术拥有极强的竞争力。[②]

2. 数字编辑技术

数字编辑技术是在数字存储技术的基础上发展而来,是媒介内容编辑突破的主要技术动力,在文本版面编辑和音视频编辑领域发挥重要作用。

(1) 在文本版面编辑领域,传统的报刊编辑工具基本被数字化编辑工具取代,计算机加上以"Microsoft Office""飞腾""Adobe InDesign"等为代表的数字编辑软件逐渐成为文本编辑的主要技术配备。数字化的文本编辑系统使文本编辑工作变得简单,提高了编辑工作的效率

(2) 在数字化音频编辑领域,早期的 CD 音频音质效果好,但是 CD 音频的单位时间数据量大,每张光盘只能容纳十来首音乐作品,存储和传播效率不高。随之兴起的 MP3 数字音频文件格式实现了单位数据量的大幅减少,逐渐成为流行的音频格式。

(3) 数字视频编辑技术包括数字视频信号压缩和数字视频文件非线性编辑两个方面。随着数字压缩算法的进步,各种码率小、质量高且能够支持流媒体播放的数字视频格式不断涌现。数字视频文件非线性编辑是广播电视媒介直接使用的关键技术。非线性指用硬盘、磁带、光盘等存储和处理数字视频信息的方式。其特点在于信息存储的位置与接受信息的先后顺序无关。[③]

3. 数字通信技术

数字通信技术是数字网络技术的初步实践,执行数据传输功能。它由信源(数据的发送方)、信宿(数据的接收方)、信道(传送信号的通道)三部分组成,可以传输电报、数据等数字信号,也可以传输经数字化处理的语音和图像等模拟信号。

1937 年,英国人 A.H.里夫斯(Alec Harley Reeves)提出脉码调制,是推动模拟信号数

---

① 鲍立泉.技术视野下媒介融合的历史与未来[M].武汉:华中科技大学出版社,2013:60-69.
② 鲍立泉.技术视野下媒介融合的历史与未来[M].武汉:华中科技大学出版社,2013:60-63.
③ 鲍立泉.技术视野下媒介融合的历史与未来[M].武汉:华中科技大学出版社,2013:64-66.

字化的最早尝试。数字通信技术最早应用于邮件群发、传真收发、短信收发等。相较于模拟通信,数字通信具有明显的优点:

(1) 抗干扰能力强,通信质量不受距离的影响。

(2) 便于采用大规模集成电路,适用于各种通信业务。

(3) 便于实现保密通信和计算机管理。①

4. 数字表现技术

按照人类感官系统划分,数字表现技术可以分为显示技术、音响技术、触觉压力技术以及嗅觉感知技术等。

(1) 显示技术主要针对的是人类的视觉系统,最初的数字显示设备是由模拟显示器发展而来的,主要是一种屏幕式二维显示系统。随后,数字显示系统开始出现三维化趋势,即在二位屏幕中表现三位立体影像。

(2) 音响技术主要针对人类的听觉系统,最初的数字音响系统同样从模拟音响系统经过数字化以后得到,由于早期数字系统数据处理能力有限,最初的音响系统以单声道为主。随后,能够表现立体声效果的多声道产生。

(二) 数字化技术在传媒领域应用

数字化的发展对传媒领域影响深远。传统媒体接受并采纳数字化技术,变革原有的内部结构与生产流程。

就纸质媒体而言,表现为新闻采编系统的应用。新闻采编系统是一种集新闻信息收集、处理、存储、出版印刷及办公自动化于一体的数字化综合信息处理系统,大大提高了纸质媒体的采编、分发效率。就广播电视而言,表现为非线性技术和新闻共享系统的应用。广播正式进入数字音频广播新阶段,电视也全面迈向数字高清晰度电视以及数字压缩卫星直播电视时代。这不但能够保持数字图像的质量,也提高了信息分发的时效性。②

各类数字化的存储、读取、传播工具也层出不穷,如数字照相机、数字摄录机、数码录音笔、PDA、eBook、MP3 播放器、摄像头、扫描仪、DVD、光盘刻录机、3G 手机、PS2 及 XBOX 游戏机等。数字化的进程促使传播格局以及传媒自身发生变革。③

二、传媒行业的数字化实践

数字技术将模拟信号比特化,不仅可以使内容生产统一在以计算机为主体的共同平台上进行,便于信息存储、处理和交换,简化生产,降低成本,同时也为多媒体传播形态和构建综合业务数字网奠定了基础。

(一) 平面媒体数字化实践

当 20 世纪 80 年代计算机技术刚刚开始应用于出版领域时,数字化只是出现在某一

---

① 洪杰文,归伟夏.新媒体技术[M].重庆:西南师范大学出版社,2016:85-86.
② 郑保卫,樊亚平,王静,张薇薇,郭平.数字化技术与传媒的数字化革命[J].国际新闻界,2007(11):5-11.
③ 闵大洪.数字化时代与数字化传媒[J].新闻实践,2001(11):37-38.

生产环节,如激光照排代替铅排;到 20 世纪 90 年代,伴随着相关计算机软件的开发应用,出版行业更多环节的操作得以实现数字化,如采编、库存、销售等。这些应用于局部的数字化软件系统的目的是减轻人工劳动量,提高生产效率。2000 年后,ERP(Enterprise Resource Planning,企业资源计划)系统、CMS(Content Management System,内容管理系统)这类企业全流程管理软件的应用,使传统的编、印、发环节被深刻改变,这便是"流程再造"①。

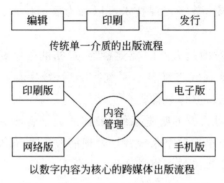

图 2.1　数字化前后出版流程再造图②

从图 2.1 可以看出,出版单位在实行内容管理以后,业务流程由单一介质的线性流程,向跨媒介的辐射状流程过渡。流程再造后,出版单位形成了以内容为核心的业务管理模式,内容编辑成为真正的出版主体。因此,数字化并不是编辑的边缘化,而是编辑主体地位的加强。③

我国平面媒体的数字化实践主要体现在业务和经营两大板块。

业务方面,是指利用数字技术改造报业传统的生产方式,建立新闻综合业务网,由此编辑部门可以对所负责的版面进行全程业务处理,并保留处理记录,还可以进行出版信息电子签发,并通过网络传输到制版印刷部门。1994—2001 年,全国建成采编流程业务系统的报社有近 300 家。如,广州日报报业集团 1999—2002 年投资 1.2 亿元人民币,逐步建立起集新闻采编、组版、报纸出版发行为一体的"广州日报新闻业务综合管理及公众信息服务平台"④。

在新闻业务变革的同时,广告、发行和财务管理也在进行着数字化,并能与新闻综合业务处理系统联网进行综合管理,这使得报业经营管理从经验型、定性分析为主,向以真实的数据分析为基础的定性、定量管理转变。这一阶段的改造给报业集团的新闻业务、新闻管理带来了前所未有的变化。如 2001 年 6 月,广州日报报业集团在全国媒体行业中第一个引进以现代财务为核心的报业集团 ERP 管理工程——广州日报报业集团 SAP 系统,使《广州日报》的各项经营管理业务在集成统一的平台上运行,建立了一个以集团财务

---

① 张立.数字内容管理与出版流程再造[J].出版参考,2007(Z1):28.
② 张立.数字内容管理与出版流程再造[J].出版参考,2007(Z1):28.
③ 张立.数字内容管理与出版流程再造[J].出版参考,2007(Z1):28.
④ 曾凡斌.我国报业集团数字化实践的探索与思考[J].中国编辑,2007(04):6-10.

为核心的企业经营管理系统。①

(二) 广播媒体数字化实践

广播媒体的数字化不仅意味着将模拟信号转变为数字信号,规避了传输过程中信号易衰减和失真的硬伤,还拓展了接收终端的类型,使广播的接受场景更为广泛。广播媒介数字化能够解决其传播模式中最大的桎梏——线性传播与时间的冲突、静态接收与空间的矛盾。②

中国是世界上率先部署数字广播的国家之一,早在1990年前后便于京津地区部署了数字音频广播(Digital Audio Broadcasting,DAB)先导网,在广东佛山建立了DAB广播台。2006年北京建立了DAB广播台后,上海、合肥、广州、大连、杭州等地先后进行过DAB试播。英国推广DAB的做法是利用数字广播节省频率资源的优势,在数字频段内增加节目数。到2014年伦敦地区可以收听到50多个DAB台,而调频(Frequency Modulation,FM)广播只有10多个台。欧洲国家推广DAB的另一个政策是在数字用户达到一定比例时,提出模拟广播转换到数字广播的时间表,使得广播行业和用户不再观望。

(三) 电视媒体数字化实践

从电视信号传输系统的层面看,以频道为初始变革的数字化是全球电视数字化转型最为普遍的方式。21世纪第一个十年是世界广播电视从模拟体制向数字体制全面转换的关键时期,各国政府大力推进广播影视数字化改革。美国在2006年完成有线电视从模拟向数字的过渡。2008年,日本、法国、德国、西班牙和意大利等国的数字电视用户超过总用户数的50%,数字电视新业务成为收入增长的主要来源。③

在我国,广电的数字化、网络化由国家广电总局统筹领导,而节目制作的数字化则由各媒体或媒介集团进行具体操作。早在1995年,中央电视台就在全国率先成规模地引进数字设备,建立起我国第一个数字演播室、后期制作机群和数字播出系统。2002年,全台技术设备数字化改造基本完成。2005年,我国省级以上广播电台、电视台基本实现采、编、播数字化和节目传输、交换网络化。2005年,我国开展数字卫星直播业务,基本实现数字信号代替模拟信号的目标;2008年全面推广地面数字电视盒高清晰度电视播出;2014年,部分运营商开始推广4K高清的网络视频;2015年模拟电视停止播出,数字技术已成为广播电视中的关键技术。

三、数字化进程中的相关研究

美国麻省理工学院教授兼媒体实验室主任尼葛洛庞帝(Negroponte)于1995年出版的《数字化生存》(*Being Digital*)是数字化研究的标志性著作。在书中,尼葛洛庞帝将

---

① 曾凡斌.我国报业集团数字化实践的探索与思考[J].中国编辑,2007(04):6-10.
② 王菲.媒介融合中广告形态的变化[J].国际新闻界,2007(09):17-21.
③ 易绍华.数字化背景下中国电视媒体的网络化生存研究[D].武汉大学,2009:6.

"数字化"提升到前所未有的高度。其贯穿全书的一个核心思想是,作为数字传播介质的比特,正迅速取代原子而成为人类社会的基本要素,以数字技术为代表的"后信息时代"已经悄悄来临。尼葛洛庞帝认为,数字技术鼓励的是信息的双向交互而非过去的单向传播模式,未来即将形成的数字化网络将使得传受双方的界限消失;他坚信,包括报纸、电视、娱乐在内的所有人类体验最终都将数字化,并提出"数字化将决定我们生存"的著名论断。①

仅仅在一年后的 1996 年,托马斯·鲍德温(Thomas Baldwin)在《大汇流:整合媒介信息与传播》(Convergence: Integrating Media, Information and Communication)一书中,将"数字化"的定义进一步细化为"信息能被计算机存储和处理,也可以不失真地被传递,而数据库内的信息和处理程序可以由其他用户访问、传送、直接提用或存储,意味着这个传播系统各个点之间是相连的、同时相互之间是可以得到回应的,因此这种系统是交互式的,整个传输网络被称为网络。而无线、有线通信新技术的融合,使得广播、电视、电信、互联网之间开始前所未有的大融合。"鲍德温认为数字化技术将改变传媒业的生存方式,预测传媒业、娱乐业和电信业在未来将进行融合,传播通信业将整合发展。②

在论及数字化与大众传媒关系时,马克·波斯特(Mark Poster)提出,数字化令大众传媒进入"第二时代"。他在《第二媒介时代》(The Second Media Age)中指出"20 世纪见证了种种传播系统的引入,它们使信息能够从一个地点到另一个地点广泛传输。起初,它们通过对信息的电子化模拟征服时空,继而则通过数字化加以征服""一种替代模式将很有可能促成一种集制作者、销售者、消费者于一体的系统的产生。该系统将是对交往传播关系的一种全新构型,其中制作者、销售者和消费者这三个概念之间的界限将不再泾渭分明。大众媒介的第二个时代正跃入视野"。③

传播政治经济学的代表人物文森特·莫斯可(Vincent Mosco)的《数字化崇拜——迷思、权力与赛博空间》(Digital Sublime: Myth, Power, and Cyberspace)则透过技术迷雾,从颇具批判性的视角分析了数字化技术所带来的种种迷思。他认为与数字化同时发生的还有商品化的过程,也就是将使用价值转变为交换和市场价值。商业力量之所以探索和拓展数字化的进程,原因正在于数字化能够在传播领域扩张商品的形式。从文化或者迷思性的角度来看,赛博空间也许会被看作是历史、地理和政治的终结;但从政治经济学的角度看,赛博空间则是数字化和商品化相互构建的结果。数字化体系的循环本质扩展了整个传播过程的商品化,从而强化了这种力量。④

哥伦比亚大学新闻学院新闻学教授约翰·帕夫利克(John V. Pavlik)找到了数字化改变媒介发展轨迹的逻辑起点。在《新媒体技术:文化和商业前景》(New Media Technology: Culture and Commercial Perspectives)一书中,他将数字化定义为"把模拟

---

① [美]尼葛洛庞帝.数字化生存[M].胡泳,范海燕,译.海口:海南出版社,1997:15.
② [美]托马斯·鲍德温,史蒂文森·麦克沃依,查尔斯·斯坦菲尔德.大汇流:整合媒介信息与传播[M].龙耘,官希明,译.北京:华夏出版社,2000:2.
③ [美]马克·波斯特.第二媒介时代[M].范静晔,译.南京:南京大学出版社,2005:03.
④ [加]文森特·莫斯可.数字化崇拜——迷思、权力与赛博空间[M].黄典林,译.北京:北京大学出版社,2010:146-147.

信息转换成计算机能读取的由 0 和 1 组成的信息。在数字格式中,音频、视频和文本信息能混合在一起并融为一体";帕夫利克认为"伴随着数字化,所有的媒体都可以通过字节互相转化,这使得它们摆脱了自身传统传送方式的限制"。传送方式的改变,成为媒介借助数字化技术突破传统障碍、进行创新发展的起始点。数字化技术为媒介发展注入了新的活力。①

罗伯特·皮卡德(Robert G. Picard)从媒介经济学的视角梳理了数字化对媒介产业的影响。他认为数字化通过简化生产流程削减了 80%～90%的支出。皮卡德指出,数字化的新闻采集减少了对物理传输的需求,模拟过程被省略,新闻和照片的信息采集通过数字技术与编辑、排版无缝衔接。同时,数字化也使得内容分发更为便利,这些都大幅削减了开支。② 有学者认为电子媒介不被时间和距离限制,具备更强的从认知、情感以及行为层面影响受众,乃至改变人们的生活的能力。③

21 世纪之交,伴随着国外一大批优秀译作的出版以及数字化技术的逐步推广,国内学者也开始就媒介的数字化生存进行相关的研究。1998 年,清华大学计算机系的慕岩与杨士强发表了题为《数字化时代的媒体处理与传播技术》的论文,从技术的角度对数字化可能给新闻传播业带来的影响做了综述,他们指出,数字化时代需要新的新闻媒体业务系统。"数字化记者""虚拟编辑部""海量多媒体储存系统"都将成为未来数字新闻业的标配。④ 黄升民认为,"数字化"对于电视媒体有着双重含义,不仅指微观环节上采用的数字技术,还包括宏观层面整个电视媒介领域的所谓"全数字电视广播",他指出电视媒介实现数字化生存的关键法则在于拥抱市场,实现媒介产业化转型。⑤ 唐圣平将数字媒介区分为两种:介质数字媒介和网络数字媒介,并从人对媒介需求的角度出发,论证了数字媒介同传统媒介相比"更能尊重人的需求,在人的心灵需要时送来人们所想要的信息"⑥。

随着媒介数字化实践的展开,学者对实践层面的情况进行梳理和归纳。闵大洪总结出传媒领域在数字化时代发展的两个显著特点:一是各类传统媒体的数字化步伐加快;二是基于数字技术的新媒体新传播工具层出不穷。其结论是:在数字化时代,数字化传媒正在成为传媒主流。⑦ 他认为,随着数字化进程的不断深入,"信息产生的速度、信息的获取和信息的无数用途将会使各国经济发生更具有根本意义的变化。由不同传输媒介如光缆、同轴电缆、卫星、无线电和铜线组成的多用途网络将提供各种各样的电信和信息服务,这些网络将形成发展各国和全球信息基础结构的基础,转而成为必将到来的信息时

---

① [美]约翰·帕夫利克.新媒体技术:文化和商业前景[M].周勇,译.北京:清华大学出版社,2005:125-127.
② Picard R G. Digitization and Media Business Models[R/OL].London:Open Society Foundations,2011[2021-05-13]. https://www.opensocietyfoundations.org/uploads/226aec3a-9d1f-4cc0-b9a1-1ad9ccedda55/digitization-media-business-models-20110721.pdf.
③ Medoff N J, Kaye B K. Electronic Media:Then,Now,and Later[M].3rd ed.New York:Routledge,2016:38.
④ 慕岩,杨士强.数字化时代的媒体处理与传播技术[J].中国新闻科技,1998(12):18-21.
⑤ 黄升民.中国电视媒介的数字化生存[J].现代传播-北京广播学院学报,1999(06):1-9.
⑥ 唐圣平.媒介与人:数字化时代我们需要什么样的媒介?[J].自然辩证法通讯,2001(03):52-57+64.
⑦ 闵大洪.电子传媒的数字化浪潮[J].国际新闻界,1997(04):26-29.

代把世界联在一起的无形的网。"①

第二节　网络化阶段

一、互联网技术的诞生与应用

互联网(Internet)又称为因特网,是计算机交互网络的简称。它是以 TCP/IP 协议进行数据通信,把世界各地的计算机网络连接在一起,进行信息交换和资源共享的网络系统。不同于普通的计算机网络,互联网建立在高度灵活的通信技术之上,是一个跨越地区和国界的全球数字化信息系统。作为一种计算机网络通信系统和一个庞大的技术实体,互联网的诞生和发展促使人类社会从工业社会向信息社会发展。②

(一) 互联网技术的基础

计算机网络是互联网的技术基础。计算机网络指的是多台计算机通过特定的设备与软件连接起来的一种传播媒介。相比于单一的计算机,计算机网络的功用体现在资源共享、数据通信、提高系统可靠性、提高工作效率、分布式处理、集中管理、大众传播等方面。

按照分布范围的大小,计算机网络可分为局域网、城域网和广域网。

(1) 局域网(LAN：Local Area Network),可在小范围内实现,一般为一个单位所有,常用于连接公司、办公室或工厂里的计算机,以便共享资源和交换信息。

(2) 城域网(MAN：Metropolitan Area Network)是一种大型的局域网,一般是在一个城市中的网络连接。由于广域网和局域网功能提高,城域网的地位逐渐被取代。

(3) 广域网(WAN：Wide Area Network),或远程网,其跨越的地理区域可以是一个省、一个国家或一个洲,通常必须架构在电话公司提供的电信数据网络上。传输速度比局域网低。

按照传输技术,计算机网络可以分为广播式网络和点对点网络。

(1) 广播式网络,是用一个共同的通信介质将各个计算机连接起来。以微波、卫星方式传播的广播式网络,适用于广域网。处于本地的较小的网络通常使用广播方式,如有线电视的网络就是广播式网络。

(2) 点对点网络,是以点对点的连接方式,将各台计算机连接起来。为了能从源端到达目的端,该网络中的分组可能要通过一台或若干台中间机器,路由选择算法在点对点网络中起着很重要的作用。一般说来,大型网络通常采用点对点方式。③

(二) 互联网技术的崛起

普遍意义上讲,互联网起源于 1969 年,即美国国防部高级研究计划局(ARPA)建立

---

① 闵大洪.数字化时代与数字化传播[J].新闻与写作,2001(10)：41-42.
② 洪杰文,归伟夏.新媒体技术[M].重庆：西南师范大学出版社,2016：110.
③ 洪杰文,归伟夏.新媒体技术[M].重庆：西南师范大学出版社,2016：110-111.

的阿帕网(ARPAnet)。曼纽尔·卡斯特称"美国国防部高级研究计划局是世界上最具有创造力的研究机构,互联网在20世纪最后30年间的创造和发展,是军事策略、大型科学组织、科技产业,以及反传统文化的创新所衍生的独特混合体"[①]。

从另一个角度来看,互联网也可以说是美苏"冷战"的产物。20世纪60年代,古巴核导弹危机爆发,美苏"冷战"状态升温。同时,越南战争爆发,许多第三世界的国家发生政治危机。人们认为科技上的领先地位影响着战争的胜负。计算机领域被视为国家科学技术发展的基础性领域而得到大力支持。为了防止单一集中的军事指挥中心被原苏联摧毁,美国国防部于1969年开始建立一个命名为ARPAnet的网络,连接多个军事及研究机构。起初,ARPAnet只连接四台主机,既属于美国国防部的高级机密,也不具备对外推广的条件。1972年,ARPAnet网点数已经达到40个。

20世纪80年代,用于异构网络的TCP(Transmission Control Protocol,传输控制协议)和IP(Internet Protocol,国际互联协议)研制成功,该协议在社会上流行起来,从而诞生了真正意义上的互联网。1986年,美国国家科学基金会(National Science Foundation, NSF)利用TCP/IP的通信协议,在5个科研教育服务超级电脑中心的基础上建立了NSFnet广域网。由于美国国家科学基金会的鼓励和资助,很多大学、政府资助的研究机构甚至私营的研究机构纷纷把自己的局域网并入NSFnet中,NSFnet使互联网向全社会开放。

蒂姆·伯纳斯-李(Tim Berners-Lee)在1990年设计制作了第一个网页浏览器World Wide Web(万维网)。此后,以他的思想为基础开发出的各类WWW浏览器,成为人们上网时的主要应用,为互联网实现广域超媒体信息浏览或检索奠定了基础。20世纪90年代初期,互联网的使用不再局限于电脑工作人员,新的使用者发觉互联网能够进行相互间的通信。渐渐地,人们把互联网当作一种通信和交流的工具,但仅限于研究与学术领域,商业性机构由于法规或传统问题的困扰,很难进入互联网。[②]

从20世纪90年代中后期开始,互联网进入了快速发展阶段。WWW的普及使得"Web网站"成为互联网的主要信息获取渠道,网站之间联系密切,能够自由切换。以电子邮件、网络论坛、网络游戏为代表的内容与服务兴起。随之而来的是以谷歌、百度为代表的搜索引擎的应用,满足了人们在爆炸性信息海洋中的搜索需求。Web 1.0时代正式到来,它以内容传播和信息搜索的服务为代表,是以信息总量剧增、全球信息互联、信息综合提供、网络数据检索为主要特征的网络泛传播时代。

21世纪初,互联网开始了新一轮的变革,Web 2.0时代到来。Web 2.0时代是以媒介形态多元、个体传播强化、网际协作普及为主要特征的网络社会形成的时代[③],强调以"人"为中心,具有强烈的交互性与个性化趋势。但在2008年以前,Web 2.0还处在发展的雏形,主要是个人计算机(PC)互联网阶段,通过PC实现信息和资源的共享与互动,人

---

① [美]曼纽尔·卡斯特.网络社会的崛起[M].夏九铸,王志宏,等译.北京:社会科学文献出版社,2001:53.
② 洪杰文,归伟夏.新媒体技术[M].重庆:西南师范大学出版社,2016:110-111.
③ 彭兰.网络传播概论[M].4版.北京:中国人民大学出版社,2017:6.

与人之间真正的互联还很弱。①

互联网从诞生时的军事应用发展到涉及社会生活方方面面的普及型基础应用,经历了大约40年的时间。20世纪90年代至今,互联网经历了难以置信的快速发展,使麦克卢汉的地球村成为现实(图2.2)。互联网的触角遍及世界各地,以美国、英国、法国、德国、

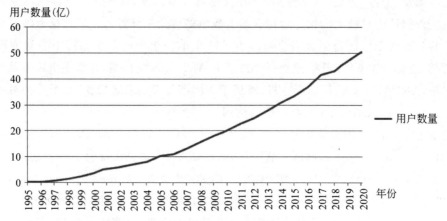

图2.2 全球互联网用户增长情况②

表2.1 全球典型经济体互联网普及率(%)③

年 份	美 国	英 国	法 国	德 国	日 本	韩 国	澳大利亚	中 国
2000	43.1	26.8	14.3	30.2	30	44.7	46.8	1.8
2005	68	70	42.9	68.7	66.9	73.5	63	8.5
2010	71.7	85	77.3	82	78.2	83.7	76	34.3
2011	69.7	85.4	77.8	81.3	79.1	83.8	79.5	38.3
2012	74.7	87.5	81.4	82.4	79.5	84.1	79	42.3
2013	71.4	89.8	81.9	84.2	88.2	84.8	83.5	45.8
2014	73	91.6	83.8	86.2	89.1	87.6	84	47.9
2015	74.6	92	78	87.6	91.1	89.9	84.6	50.3
2016	85.5	94.8	79.3	84.2	93.2	92.8	86.5	53.2
2017	87.3	90.4	80.5	84.4	91.7	95.1	86.6	54.3
2018	88.5	90.7	82	87	91.3	96	87.6	59.2
2019	89.4	92.5	83.3	88.1	92.7	96.2	88.6	64.1
2020	90.9	94.8	84.8	89.8	90.2	96.5	89.6	70.4

---

① 方兴东,陈帅.中国互联网25年[J].现代传播(中国传媒大学学报),2019,41(04):1-10.

② Internet World Stats.Usage and Population Statistics.[EB/OL].(2020-05-21)[2021-05-13]. https://www.internetworldstats.com/emarketing.htm.

③ ITU.Percentage of Individuals using the Internet(excel).[EB/OL].[2022-03-16]. https://www.itu.int/en/ITU-D/Statistics/Documents/statistics/2021/December/PercentIndividualsUsingInternet.xlsx.

日本、韩国、澳大利亚、中国为代表的典型经济体的互联网普及率由快速飙升到稳步发展（表2.1）。互联网技术的诞生与应用，是继电子技术之后的进一步重大变革，遍布全世界的互联网作为一种计算机网络和庞大的技术实体，进一步促进了人类社会从工业化向信息化演进的历程，具有划时代的意义。

二、传媒行业的网络化实践

数字化与网络化紧密关联，数字化是网络或得以实现的前提和基础，网络化给媒介发展、传播和信息服务带来更加多样化的实现方式和更加宽广的想象空间。

（一）纸媒网络化实践

一是独立发行的"网络版"报纸、杂志。如1987年产生了世界第一家网络报纸——美国的《圣何塞水星报》(San Jose Mercury News)。中国国内第一份上网的中文电子杂志是1995年1月12日发行的《神州学人》。1995年10月20日，《中国贸易报·电子版》成为国内首家在互联网上正式发行的电子日报。

二是作为纸质版媒体延展传播平台的媒体网站，对纸质媒体发布内容进行二次筛选和编辑，择优上网，同时根据报刊的侧重点提供相应的信息服务。如美国的《华尔街日报》(The Wall Street Journal)、我国的《广州日报》《中国青年报》《科技日报》等。

三是相对独立的新闻网站，报纸印刷版的内容在其中所占比例不高，更多的是内容丰富多样的信息服务，目标在于建成综合性的信息平台。如美国的《华盛顿邮报》(The Washington Post)、我国的《人民日报》《电脑报》《华声报》和我国台湾地区的《中时电子报》等。

四是多家报纸联合建立大型的新闻网站。如美国的"新世纪网络"(New Century Network)，它由美国九大传媒集团与其下属报纸及200多家出版社在1997年6月建立，各报内容相对独立。我国由《北京日报》和北京电视台等九家媒体共同于2000年成立的"千龙网"（图2.3）也属于这种类型。①

图2.3　千龙网标识②

从手机彩信业务上线，到智能手机普及的这段时间，传媒市场还出现过"手机报"这一新兴媒介形态。2004年7月18日，《中国妇女报》与北京好易时空公司联合推出了国内第一家真正意义上的手机报《中国妇女报彩信版》。③之后几年，全国各大报业集团相继推出手机报。④ 到2008年中，中国移动的手机报用户已超4000万户，大多数党报和都市报都已与运营商合作开办了手机报，手机报全面参与重大事件新闻报道。⑤ 2018年6月30日，中国电信公众类全网彩信增值业务正式下线，手机

---

① 宫承波.媒介融合概论[M].2版.北京：中国广播影视出版社，2016：88.
② 千龙网.关于我们-千龙网·中国首都网[EB/OL].[2021-05-13].http://www.qianlong.com/aboutus.
③ 顾瑞珍.手机报——"中国妇女报彩信版"正式开通[EB/OL].(2004-07-18)[2021-05-13].http://www.cctv.com/news/science/20040718/100922.shtml.
④ 曾凡斌.我国报业集团数字化实践的探索与思考[J].中国编辑，2007(04)：6-10.
⑤ 杨成，肖倩.2008手机媒体：渐入佳境[J].传媒，2008(12)：27-30.

报成为历史。①

(二) 广播媒体网络化实践

网络广播是广播与互联网结合后产生的一种复合型传播形态,是指以网络为传播介质提供音视频服务的广播样式。1995年4月,美国西雅图的"进步网络"(Progressive Networks)在其网页上设置了一个 Real Audio System 的软件以提供"音频点播"(Audio On-demand)服务,这标志着网络广播的诞生。② 随后,BBC、VOA 和 RFI 等世界上主要的国际广播公司纷纷踏入网络。广播网络化和网络化广播既是这两种媒体结合的两个阶段,也是迄今为止网络广播的两种主要形态。③

广播网络化是广播媒体的初期网络化转型,主要是借助互联网技术实现传统广播电台节目的网络化呈现,用户可以通过互联网直播或回放收听传统广播电台的节目。④ 这是传统广播面对新的媒介生态环境,为拓宽收听渠道、强化自身宣传所作的普遍性尝试。1996年12月15日,广东珠江经济广播电台率先开通网上实时广播,成为中国大陆第一家触网的广播电台。⑤ 时至今日,我国大部分广播电台都已开设了网络收听渠道。

网络化广播又称网络电台,是指基于互联网逻辑进行节目制作,并只通过网络平台传播的广播电台。网络化广播在节目内容的丰富度、节目模式的灵活度上较传统广播节目相比有很大的优势。如2005年7月中央人民广播电台"中国广播网"推出的"银河台",2007年4月北京团市委和北京人民广播电台共同创办的青檬音乐台等。

美国在线(AOL)和 XM Satellite Radio 公司于2005年夏季以200个频道的网络广播服务,进入网络电台市场。⑥ 美国的潘多拉网络电台(Pandora Radio)和英国的 Last.fm 等网络电台也紧随互联网 SoLoMo(Social + Local + Mobile)的发展趋势,推动广播媒体逐步摆脱早期的广播向网络延伸发展,按照互联网的理念和规律拓展市场。⑦

(三) 电视媒体网络化实践

电视媒体与互联网的融合以网络电视这种新媒体形式的出现为起点。1995年,以经营网络互动电视为主营业务的 WebTV 在美国成立,1997年被微软以4.25亿美元的价格收购。2000年1月14日,新成立的"美国在线—时代华纳公司"宣布将互动电视确立为新公司的重要业务,向互动电视进军。2000年5月15日,美国门户网站 Lycos 发布消息称,该公司将启动一项名为 Lycos TV 的全新网络电视服务,通过互联网为用户提供丰富

---

① 中国电信股份有限公司上海分公司.中国电信上海公司业务关停公告[EB/OL].[2021-05-13].http://webmail17.189.cn/sh/sy_ycgg/100487.html.
② 余彦君.从受众角度看网络广播[J].当代传播,2000(03):30-32.
③ 姚争.新兴媒体竞合下中国广播现状与发展策略研究[D].上海戏剧学院,2013:27.
④ 赵曙光.从"广播网络化"到"网络化广播":广播媒体的数字化转型[J].传媒,2014(11):45-47.
⑤ 曹亚宁.中国广播电视事业六十年:电波岁月影像缤纷[EB/OL].(2009-09-30)[2021-05-13].http://sjic.hust.edu.cn/info/1042/4381.htm.
⑥ 郭晓峰.AOL 进军网络广播市场 逐渐威胁传统电台[EB/OL].(2005-04-18)[2021-05-13].http://www.enet.com.cn/article/2005/0418/A20050418409032.shtml.
⑦ 赵曙光.从"广播网络化"到"网络化广播":广播媒体的数字化转型[J].传媒,2014(11):45-47.

的电视节目。

同一时期,网络电视在我国也得到了显著发展。中国中央电视台于1996年在国际互联网上申请域名,建立了自己的站点。到1998年年底,中国已有34家电视台上网。1999年6月1日,中国虹桥网开通了网络电视服务,这是中国最早的网络电视。2000年年底,北京中关村地区推出中关村网络电视台,中关村地区的数万户家庭能够使用网络电视。[1]

(四)网络原生媒体

1. 门户网站

门户网站(Portal Site)是指那些将网络上庞大的各种信息资源加以分类、整理,并提供搜索引擎,让不同的使用者能够快速查询信息的网站。[2] 它曾是人们进入互联网的入口。20世纪90年代,雅虎(Yahoo!)从搜索引擎发展成为门户网站,开创了门户时代,集搜索、资讯等于一体的门户网站在当时成为网民上网的必经之地。我国具有代表性的商业门户网站包括新浪网、网易、搜狐网、腾讯网等。

2. 综合类视频网站

视频网站是指在完善的技术平台支持下,让互联网用户在线流畅发布、浏览和分享视频作品的网络媒体。[3] 2004—2005年是我国视频网站发展的初始阶段,它的起点可以以2004年11月我国第一家专业视频网站——乐视网正式上线为标志。仅仅半年时间内,土豆网、56网、PPTV和PPS等专业视频网站相继问世。

2005年美国YouTube网站成立,次年10月被谷歌以16.5亿美元收购。国内外类似的UGC视频网站数量剧增,优酷网、酷6网和爆米花网等便是在此期间出现的。一些门户网站包括搜狐、新浪和网易等也开始涉足这一领域,提供视频服务。

2009年年底,随着央视CNTV及许多实力商业媒体入局,网络视频行业快速发展,形成国有媒体网络电视台、门户网站及商业视频网站相竞争的局面。

2010—2014年网络视频行业市场逐渐饱和,伴随一系列并购和重组,视频网站开始拓展自身业务领域,推出自制节目和自制剧等内容产品。其中较有代表性的是美国视频网站Netflix(图2.4)。

2010年,Netflix开始走出美国,拓宽其在流媒体行业的市场及影响力。2011年其网络电影销量占美国用户在线电影总销量达45%。[4] 凭借自制剧《纸牌屋》,Netflix高调进入原创内容市场,并在之后的时间快速发展。2012年下半年开始,国内互联网企业逐渐深化各自的内容自制战略,在自制领域深耕,形成了"优爱腾"(优酷、爱奇艺和腾讯)(图2.5)三家领跑市场的格局。

图2.4 Netflix标识

---

[1] 宫承波.媒介融合概论[M].2版.北京:中国广播影视出版社,2016:36.
[2] 赵枫,苏惠香.国内门户网站发展过程分析[J].现代情报,2005(12):69-72.
[3] 饶佳艺,徐大为,乔晗,汪寿阳.基于商业模式反馈系统的视频网站商业模式分析——Netflix与爱奇艺案例研究[J].管理评论,2017,29(02):245-254.
[4] Turner N. Netflix Passed Apple in Internet-Movie Revenue in 2011[EB/OL].(2012-06-02)[2021-05-13]. https://www.bloomberg.com/news/articles/2012-06-01/netflix-passed-apple-in-internet-movie-revenue-in-2011.

图 2.5　优酷、爱奇艺和腾讯视频标识

3. 垂直类内容网站

相较于转型后的传统媒体，原生的移动互联网媒体公司往往更精简、更灵活，更能适应消费者快速变化的偏好。例如，Vox Media 是一家成立于 2011 年的美国数字媒体公司，旗下拥有众多媒体品牌，并且多为垂直类媒体，比如体育领域的 SB Nation、科技领域的 The Verge 和 Recode、美食领域的 Eater，以及游戏领域的 Polygon 等（图 2.6）。①

图 2.6　Vox Media 媒体矩阵②

Vox Media、Vice Media 和 Buzzfeed 等独立内容提供商为我们认识未来的数字媒介组织提供了一些指引——这样的组织拥有集中的、数据驱动的基础设施和管理系统（如云服务、数字化内容目录）。围绕这一核心设立的诸多独立的部门可以快速行动，更好地实现跨平台或跨应用的传播。适应时代的媒体应是艺术与科学的完美平衡，兼具创意导向（如设计师和编辑）和数据导向（如工程师和数据分析师），并用"数字原住民"的方式进行思考和表达，以开放性和多样性吸引用户和留住人才。③

三、网络化进程中的代表性研究

互联网技术的发展带来了新的媒介形态——"网络媒体"，和新的传播方式——"网络传播"，新闻网站和传统媒体网络版也成为最早的、具有"融合"意义的媒介实践尝试。用约翰·厄里（John Urry）的说法，"互联网"意味着是一个"高雅的、无等级之分的根茎状全球结构模型"④。如尼尔·波兹曼（Neil Postman）所说，"新传播推涌出一个新的'紧要关头'，这主要不是时常说的多了哪些传播渠道、信息是如何的庞杂、舆论意见的表达是如何

---

① Wikipedia. Vox Media[EB/OL].(2021-04-29)[2021-05-13].https://en.wikipedia.org/wiki/Vox_Media.
② Vox Media. VOXMEDIA[EB/OL].(2019-11-06)[2021-05-13].https://corp.voxmedia.com.
③ World Economic Forum. Building a media enterprise for the digital age[EB/OL].[2021-05-13].http://reports.weforum.org/digital-transformation/building-a-media-enterprise-for-the-digital-age/.
④ [英]约翰·厄里.全球复杂性[M].李冠福，译.北京：北京大学出版社，2009：79-80.

嘈嘈切切，而是发生了传播的'整体的生态变革'。"①由此开始，媒介形态、传播方式进入创新、更迭的快车道，"新媒体"不再指涉某一种具体的媒介形态，而是一个整合了新的媒介形式、传播方式、传输网络、接收终端以及运营模式等多维度的复杂概念。

2000年，新媒体艺术研究者杰伊·波尔特和理查德·格鲁辛（Jay David Bolter, Richard Grusin）提出，今天的网络是兼收并蓄和兼容并包的，并继续借鉴和再造我们可以列举出来的任何视觉和言语媒介。不断变化的是有利于网络再造的各媒体间的比值，而不变的是通过网络传播的灵活性和现场性实现对直接性的承诺。② 在这一阶段，"网络化社会""门户网站""报网融合/互动""台网融合/互动"成为关键词，不少国内外学者就媒介技术融合、媒介组织结构融合、新闻采编技能融合等角度展开研究。

在网络技术成熟之前，就有各领域的学者提出了"网络社会"的一些论点，网络社会论的代表人物、美国的社会学者曼纽尔·卡斯特（Manuel Castells）认为"作为一种历史趋势，信息时代的主要功能和方法均是围绕网络构成的，网络构成了我们社会新的形态，是支配和改变我们社会的源泉"③。在这种新的逻辑中，克劳斯·布劳恩·延森（Klaus Bruhn Jensen）提出了三种不同维度的媒介融合：人的身体的媒介平台、大众媒介平台以及以元技术——数字技术为核心的平台，互相叠加和广延，实现"交流和传播实践跨越不同物质技术和社会机构的开放式迁移"，借此，"人类被纳入了传播平台的范畴"。与前一个"媒体融合"——某一媒介内部综合运用诸种媒体——不同，延森的"媒介融合"，是三种媒介平台交错混杂的网络，在这个网络中，新闻业当然存在，但不过是其中的一个平台或者维度，更彻底地说，不过是这张网络上的一个节点，犹如其他节点一样。④ 这也是在网络化发展中关于媒介融合新的思维。

国内学者从单个或者多个媒介融合的实例（比如网络与报纸、网络与电视、网络与广播）出发，探讨在网络化的进程中，传统媒体如何适应新媒体时代的发展。关于"报纸＋网络化"，国内学者大多从策略、运营方式入手，并借助西方报纸经验提出方案；也有学者站在更加宏观的角度研究报网互动的模式，如蔡雯、陈卓概括了技术应用型、内容复制型等六种报网互动的类型，表明媒体融合发展的水平在不断提高。⑤

关于"电视＋网络化"，学者分别从网络化与电视生存形态、生存路径、内容生产、监管等方面进行研究，视角较为丰富。如徐芳洁认为"电视媒体在新媒体生态中要逐步打造自己的应变能力寻找适合的生存方式和创新方式，并提出多媒体整合传播、立足内容为王、跟进技术三点策略"⑥。关于"广播＋网络化"，胡正荣提出"广播在媒介融合的大潮流当中要想真正抓住机会，就要再造业务流程和重构组织结构"⑦。这一时期，学者们从技术、

---

① [美]尼尔·波兹曼.技术垄断：文化向技术投降.何道宽，译.北京：北京大学出版社，2007：9.
② Bolter J D, Grusin R. *Remediation: Understanding New Media* [M]. Cambridge, Mass: The MIT Press, 2000: 197.
③ [美]曼纽尔·卡斯特.网络社会的崛起[M].夏铸九，王志弘等，译.北京：社会科学文献出版社.2001：406.
④ [丹]克劳斯·布劳恩·延森.媒介融合[M].刘君，译.上海：复旦大学出版社.2012：17-18.
⑤ 蔡雯，陈卓.试论报网互动的基本模式[J].现代传播（中国传媒大学学报），2007(05)：110-112.
⑥ 徐芳洁.网络时代的电视生存[J].中国广播电视学刊，2004(02)：25-26.
⑦ 胡正荣.媒介融合与广播发展的机会[J].中国广播，2009(12)：15-17.

制度、产业、产品内容等方面入手,探讨网络化背景下的媒介融合,以期为传统媒体转型提供思路参考,产出了大量研究成果。但网络化发展不是一蹴而就的,媒介融合是新媒体时代的发展观。在相当长的时期里,新媒体不可能"速胜",传统媒体也不可能像某些学者精算的那样"速亡"。① 学者们就传统媒体与新媒体的共生趋势达成了共识:网络化的数字媒介不会取代旧的媒介,而是把它们一起加入一个复杂的融合环境。②

第三节　移动互联阶段

一、移动互联技术的诞生与应用

移动互联指的是移动通信终端与互联网相结合,用户使用手机、平板电脑或其他无线终端设备,通过 2G、3G、4G、5G 或者 WLAN 等移动网络,在移动状态下随时、随地访问互联网以获取信息,使用商务、娱乐等各种网络服务。移动互联网可以随时随地在高速移动的状态中接入互联网并使用应用服务。③

2007 年 1 月 9 日,乔布斯在旧金山马士孔尼会展中心发布了第一代 iPhone,堪称智能手机发展史上最具革命性的产品,也是全球移动互联网时代开启的最具标志性的事件。④ 移动通信技术是移动互联网最重要的技术推动力。

(一)移动互联技术的发展

移动通信技术的发展经历了一个多世纪的时间。20 世纪初,马可尼发明了越洋远距离无线电报通信,是移动通信技术发展的开端。随后,车载无线电等专用无线系统、射频识别技术、脉冲无线电超宽带技术、无线电通信网络技术问世。1983 年,全球第一个商用移动电话发布。直到 20 世纪 80 年代中期,数字无线移动通信系统才开始在世界各地迅速发展。1987 年 11 月 18 日,我国第一个 TACS 模拟蜂窝移动电话系统建成并投入使用。1991 年,全球首个 GSM 网络建成;1995 年,中国移动的 GSM 和中国联通的 GSM130 数字移动电话网开通。2008 年 5 月,国际电信联盟正式公布第三代移动通信标准,中国提交的 TD-SCDMA 正式成为国际标准,与欧洲 WCDMA、美国 CDMA2000 成为 3G 时代主流的三大技术之一。2013 年 8 月,国务院总理李克强主持召开国务院常务会议,要求提升 3G 网络覆盖和服务质量,推动年内发放 4G 牌照;12 月 4 日正式向三大运营商发布 4G 牌照,中国移动、中国电信和中国联通均获得 TD-LTE 牌照,开启了无线通信的 4G 时代。

移动通信技术从模拟到数字、从窄带到宽带、从语言到数据,历经了 1G、2G、3G、LTE、4G 等多次变迁。现在,5G 技术已进入应用和推广阶段,智能化可穿戴设备、便携超薄电子纸、物联网等新技术、新应用也在 5G 技术环境下展现出显著的市场潜力,并带来信息传播新的变革。移动终端从简单到智能,集成度更高、功能更强、功耗更小。⑤

---

① 郑瑜.媒介融合:新媒体时代的发展观[J].当代传播,2007(03):1.
② 党东耀.媒介再造——媒介融合的本质探析[J].新闻大学,2015(04):100-108.
③ 洪杰文,归伟夏.新媒体技术[M].重庆:西南师范大学出版社,2016:146.
④ 方兴东,陈帅.中国互联网 25 年[J].现代传播(中国传媒大学学报),2019,41(04):1-10.
⑤ 洪杰文,归伟夏.新媒体技术[M].重庆:西南师范大学出版社,2016:146-147.

（二）移动互联的代表性终端

1. 智能手机

智能手机是移动互联的主要终端。它是掌上电脑系统与通话功能的结合。2007 年，苹果公司发布的智能手机 iPhone 成为智能手机的代表性产品。苹果手机的流行对智能手机的普及起到了显著的推动作用。

智能手机的首要特征是具有开放性的操作系统，并且能够接入移动互联网；此外，它具有速度快、人性化、扩展性等特征。国际移动互联网大会将"智能手机"定义为：像个人电脑一样，具有独立的操作系统，可以由用户自行安装软件、游戏等第三方服务商提供的程序，通过此类程序来不断对手机的功能进行扩充，并可以通过移动通信网络来实现无线网络接入的这样一类手机的总称。① 在移动网的支持下，智能手机的功能日趋强大，成为集通话短信、购物消费、信息服务于一体的个人手持终端设备。当前，智能手机市场形成了以苹果自有 iOS 系统为操作系统的 iPhone 手机和以谷歌旗下安卓（Android）系统为操作系统的多品牌手机两大终端产品体系。2019 年 8 月 9 日，华为正式发布面向全场景的分布式操作系统——华为鸿蒙系统（HUAWEI HarmonyOS），打破了美国企业垄断的操作系统格局。

2. 平板电脑

平板电脑是指体形小巧、便携移动的个人电脑。它比笔记本电脑更便携，外接设备的可扩展性较好，比智能手机更便于移动办公。最具代表性的平板电脑产品是苹果公司研发的 iPad。随后，平板电脑逐渐成为功能丰富、富有个性的移动互联网终端。乔布斯称 iPad 为"革命性的移动便携设备"：一方面，它是为阅读、游戏和媒体消费而设计的，改变了对电脑的传统使用方式；另一方面，它提供了一种十分流畅的直观体验，顺应了当前移动占据主导、网络连接随处可见的趋势。②

3. 可穿戴式智能设备

可穿戴式智能设备是应用穿戴式技术对日常穿戴进行智能化设计、开发出可以穿戴的设备的总称，目前流行的可穿戴式设备包括智能手环、智能头盔及谷歌眼镜等。智能手环可对用户的日常活动进行跟踪和记录，并与移动设备同步，对用户健康状况进行判断和提醒。智能头盔分头部动作和脑电波传感两类，能够实现对设备的意念性操控。谷歌眼镜则直接通过语音指令，将通过移动互联网搜寻到的实时信息叠加到用户视野中，利用 AR 技术，加强人机互动。

可穿戴式智能设备的外观形态与应用功能不断更迭，以适应人们的需求变化和技术发展。移动互联网的发展和高性能低功耗处理芯片的推出，使得部分穿戴式设备从概念化走向商用化。可穿戴式智能设备日渐成为个体的一部分，作为媒介连通人与计算机的

---

① 洪杰文,归伟夏.新媒体技术[M].重庆：西南师范大学出版社,2016：165.
② 洪杰文,归伟夏.新媒体技术[M].重庆：西南师范大学出版社,2016：166.

32 媒介融合教程

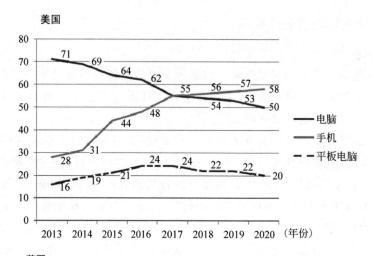

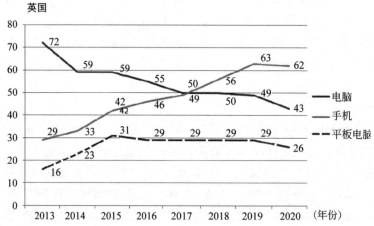

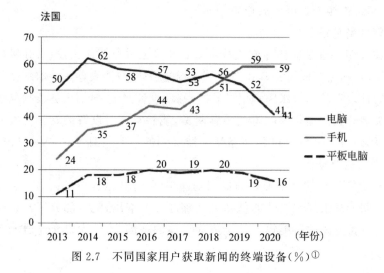

图 2.7　不同国家用户获取新闻的终端设备(%)①

---

① Reuters Institute for the Study of Journalism.Digital News Report 2020[R/OL].Oxford：RISJ，2020.[2021-05-13].https://www.digitalnewsreport.org.

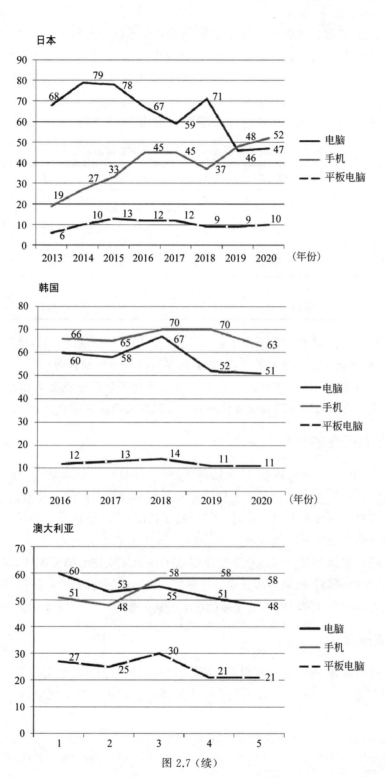

图 2.7（续）

个性化数据渠道,它将推进媒介的具身化实践,并更大地改变人们的生活的方式。[①]

移动互联技术的发展衍生出智能手机、平板电脑等移动设备,拓宽了人们获取信息的途径。一方面,相较于传统的电视、报纸、广播,依托于互联网的平台媒体具有多元化、时效强的特点,成为目前人们获取信息的主要途径。另一方面,社交媒体的触角延伸至人们生活的方方面面,顺应了人们碎片化、便捷化阅读的趋势,成为网上信息的重要来源。

表2.2 2020年4月不同国家用户获取新闻的途径[②]　　　　　　%

	上网(包括社交媒体)	电视	社交媒体	广播	报纸
英国	79	71	47	35	18
美国	73	60	47	21	16
德国	69	72	39	41	26
西班牙	83	71	63	24	28
韩国	85	65	51	14	19
阿根廷	90	77	78	24	30

在传媒领域,从代表性国家近年来获取信息所使用设备的变迁来看,传统电脑的使用趋势下降,平板电脑的使用趋于平稳,智能手机逐渐成为主要设备源(图2.7)。人们从网上获取信息的途径有很多,但通过社交媒体或直接从客户端网站获取信息的最为常见(表2.2),智能手机是人们使用社交媒体和客户端最直接便捷的中介。

二、传媒行业的移动互联实践

截至2021年1月,全球共有46.6亿互联网活跃用户,占全球总人口的59.5%。其中,92.6%(43.2亿人)通过移动设备上网。移动互联网流量占网络总流量的55%以上。[③]世界互联网用户平均每天上网6小时43分钟;在我国,这一数据是5小时50分钟,占据人们清醒时间的三分之一还多,其中的2小时12分钟花在社交媒体上。[④]

庞大的用户群体和突出的用户黏性使得基于移动互联技术的新媒体、新平台如雨后春笋般涌现,互联网创业也从蓝海变成一片深红。作为网络化阶段的升级,移动互联时期的媒介融合可以视为在原有的网络化基础之上转移阵地。

(一)微博客

微博又称微博客,是一种基于用户关系,通过关注机制分享简短实时信息的广播式社交媒体和网络平台,是博客在Web 2.0时代的进化。世界上最早的微博是美国的推特

---

① 洪杰文,归伟夏.新媒体技术[M].重庆:西南师范大学出版社,2016:165-166.

② Reuters Institute for the Study of Journalism.Digital News Report 2020[R/OL].Oxford:RISJ,2020.[2021-05-13].https://www.digitalnewsreport.org.

③ Johnson J. Global digital population as of January 2021[EB/OL].(2021-04-07)[2021-05-13].https://www.statista.com/statistics/617136/digital-population-worldwide.

④ Kemp S. Digital 2020:3.8 billion people use social media[EB/OL].(2020-01-30)(2021-05-13).https://wearesocial.com/blog/2020/01/digital-2020-3-8-billion-people-use-social-media.

(Twitter),它于 2006 年由 Obvious 公司推出。目前推特仍然是世界上最著名的微博网站。借鉴推特的发展模式,新浪推出的微博成为我国最具代表性的微博客产品。

(二) 综合社交媒体平台

脸书(Facebook)是全球最流行的社交媒体平台,它是第一个注册账户超过 10 亿的社交网络,目前每月活跃用户超过 26 亿。大多数用户数超过一亿的头部社交网络平台起源于美国,不过欧洲的 VK、日本的 LINE,以及中国的微信、QQ 和抖音等,也在各自地区获得了相当大市场份额(图 2.8)。[①]

微信(WeChat)是腾讯公司于 2011 年 1 月 21 日推出的一款为智能手机和电脑等智能终端提供即时通信服务的免费应用程序。几经迭代,微信已是一款功能繁多、体量庞大的超级 App,成为互联网的一种底层应用,并逐渐成为其他网络应用的基础性功能。微信公众号平台作为核心功能之一,是一个一对多的信息发布平台,类似报纸杂志刊载新闻信息或娱乐趣事,为媒体和个人提供了一种新的信息传播方式。[②] 微信公众号平台在适应当下碎片化传播模式的同时,呈现出垂直化和精品化的趋势,有望成为网络杂志数字化生存的新阵地。

(三) 新闻客户端

新闻客户端是新闻资讯服务供应方基于智能操作系统提供新闻资讯和服务的移动应用程序,大致可分为门户类、媒体类和聚合类三个主要类别。

门户系是传统门户网站推出的新闻客户端,凭借自身优厚的用户基础和入口导流实现门户内容的移动化转型。代表有腾讯新闻、网易新闻客户端等。

媒体系是指传统媒体为实现融合转型推出的新闻客户端,PGC(专业人士产生内容)是其最大优势,专业的内容生产和信息把关保障了更优质稳定的内容供应。代表有上海报业集团的"澎湃新闻"、四川日报报业集团的"封面新闻"等。

聚合系是互联网公司凭借其强大的技术支撑推出的新闻客户端,它基于用户的行为数据进行挖掘分析,再通过算法提供给用户其可能感兴趣的新闻信息,代表性的产品包括今日头条、一点资讯。AAC(算法推送内容)是其核心竞争力来源,但"侵权""隐私"也成为该模式发展过程中难以摆脱的负面问题。

(四) 移动短视频

移动短视频平台是一种基于移动互联网智能终端,为用户提供短视频拍摄、编辑、上

[①] Tankovska H. Most popular social networks worldwide as of January 2021,ranked by number of active users [EB/OL].(2021-02-09)[2021-05-13]. https://www.statista.com/statistics/272014/global-social-networks-ranked-by-number-of-users.

[②] 腾讯客服.什么是订阅号?[EB/OL].[2021-05-13]. https://kf.qq.com/faq/120911VrYVrA15091832Qzqq.html.

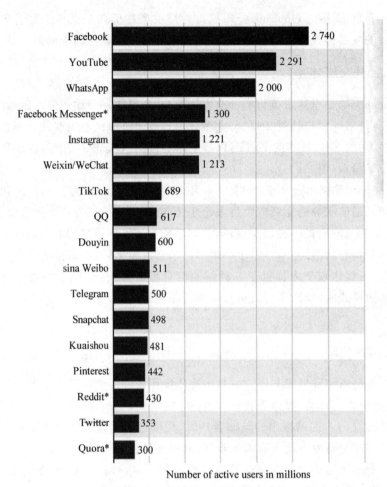

图 2.8　2021 年 1 月全球社交网络平台活跃用户数排名（单位：百万）[①]

传和分享等功能的手机应用。"抖音"和"快手"是我国短视频行业居于领先地位的两个应用，抖音海外版 Tik Tok 在美国、欧洲、东南亚等海外市场也获得了大量用户的喜爱。

短视频凭借着短小精悍、动态展示内容、超强互动等特性，成为许多用户、特别是年轻用户信息获取、日常社交、娱乐休闲的重要平台。"短视频+"已经成为"互联网+"之后的新一轮发展风口，其中"短视频+电商""短视频+内容付费""短视频+城市传播"等模式已经在连接线上线下互动、实现流量变现等方面显现出明显的市场潜力。

（五）播客

播客源自英语的 Podcast 或 Podcasting 的音译，是"iPod"与"广播"（Broadcast）的合成词，指的是一种在互联网上发布音频文件并允许用户订阅和自由选择收听的内容和时

[①] Tankovska H. Most popular social networks worldwide as of January 2021, ranked by number of active users [EB/OL]. (2021-02-09)[2021-05-13]. https：//www.statista.com/statistics/272014/global-social-networks-ranked-by-number-of-users.

间的技术。目前比较流行的播客平台有苹果播客(Apple Podcast)、喜马拉雅、荔枝 FM 和蜻蜓 FM 等。

播客先天带有媒介融合色彩。播客是一种深度亲密媒介,既有伴随性,又具独占性,这种浸入式音频叙述有益于感官氛围建构和深度情感表达。它区别于广播在线流媒体的点播音频产品而独立存在,没有随着 iPod 的停产而销声匿迹,反而在智能手机时代进入一个更为稳定和成熟的发展阶段。[①]

三、移动互联阶段的代表性研究

随着 4G 技术的商用,移动智能终端和移动互联网的普及使手机网民的数量大幅增加,信息的传播与接收呈现出移动化、碎片化、社交化的新特征。格雷厄姆·米克尔和谢尔曼·杨(Graham Meikle, Sherman Young)表示,融合的第一关键层次是媒体内容的数字化,那么第二关键层次就是数字媒体内容及其用户的联网。[②] 朱利安·基尔克(Julian Albert Kilker)探讨了媒体和信息科技带给用户的全新能力,认为媒体和信息技术融合的关键特征是它们提供增强的用户控制功能的能力,这些功能有提供更广泛的驯化可能性[③]。在此阶段的媒介融合将发展为与用户更亲近的关系,"移动互联网""社交媒体"应运而生。以微信为代表的集社交、通信、媒体、生活服务、金融消费等功能于一体的移动客户端的出现,也使得"媒体"内涵更加宽泛、边界更加模糊。

在这一阶段最重要的便是移动智能终端和社会化媒体的介入,手机的出现成为移动互联阶段的开始,保罗·莱文森(Paul Levinson)提出的"补偿性媒介""人性化趋势"至今都是移动媒介研究的热点之一[④];在我国,匡文波主编的《手机媒体概论》是我国第一部有关手机媒体的教材。他认为:手机媒体正在改变现有传播格局,并导致社会控制进一步弱化。[⑤] 这一时期的研究主要关注作为一种新媒体的移动互联网,并从宏观角度探究其传统特点,从而对其传播效果进行预测。

关于社会化媒体,简·基茨曼和克里斯托弗·艾姆肯(Jan H. Kietzmann, Kristopher Hermkens)认为它是"依赖于移动和 Web 技术构建的一个让个人和社区创造、共享、讨论和修改用户生成内容的高度互动的平台"[⑥]。美国传播学者霍华德·莱茵高德(Howard Rheingold)确定了社会化媒体的三大核心特点:首先,社会化媒体有可能使每个人在网络中同时作为内容的生产商、经销商以及消费者。其次,社会化媒体的力

[①] 宋青.播客:音频媒介融合与"新听觉文化"[J].中国广播,2019(04):23-27.
[②] Meikle G, Young S. *Media Convergence: Networked Digital Media in Everyday Life*[M].London:Palgrave Macmillan,2012:16-17.
[③] Kilker J A. Shaping Convergence Media:"Meta-Control" and the Domestication of DVD and Web Technologies[J]. *Convergence*,2003,9(3):20-39.
[④] 参见:[美]保罗·莱文森.手机:挡不住的呼唤[M].何道宽,译.北京:中国人民大学出版社,2004.
[⑤] 匡文波.手机媒体概论[M].北京:中国人民大学出版社,2012:3.
[⑥] Kietzmann J H, Hermkens K, McCarthy I P, et al. Social Media? Get Serious! Understanding the Functional Building Blocks of Social Media[J]. Business Horizons,2011,54(3):241-251.

量来自于它的用户之间的连接。最后，社会化媒体可以让用户自行协调相互之间的活动的规模和速度，这是以前没有可能的。① 可见，社会化媒体本身就是一种媒介融合的形式，为传者与受者之间不同的社会化媒体形式的融合提供了平台，其特征是传者与受者之间的融合。在这样的背景中，彭兰提出社会化媒体开启了"用户为中心"时代，认为社会化媒体影响了新闻生产方式（公民新闻与专业媒体平分秋色）和新闻消费模式（个人门户兴起、大众门户式微），而移动传播则改写了新闻生产的信息消费的时空观。② 她进一步指出社会化媒体对整个传媒业的挑战和它带来的影响。③ 全新的媒介环境直接推动了公民新闻（Citizen Journalism）、参与式新闻（Participatory News）、草根新闻（Grassroots Reporting）的兴起。杰伊·罗森（Jay Rosen）认为公民新闻是之前被称为受众的人们用他们所拥有的媒介形式来传播信息给其他人的行为。④

站在微观的角度看待移动互联化下的媒介融合，有学者以个案研究的方法讨论媒体生存现状。陈昌凤等认为，移动化给传统新闻业带来了巨大的机遇和挑战。手机、汽车、便携笔记本和平板电脑等诸多移动终端，成为整合和呈现新闻信息的新平台。⑤ 也有不少学者将传统媒体与"两微一端"结合，探讨报纸、电视、广播如何在微博、微信等社交平台中进行生产和传播，以实例、具体做法分析新媒体时代下传统媒体的转型。

随着互联网技术的迅猛发展，传统媒体普遍感受到了危机感。特别是在移动互联的环境中，随时随地使用社交媒体已经成为受众习惯。这个阶段业界学界讨论最多的话题便是"报业的生死存亡"，更多的研究指出尽管移动化给传统新闻业带来了巨大的机遇和挑战，但传统媒体依然可以凭借自身优势夺得一席之地。对于媒介融合的探讨主要沿着两个路径展开：一是，站在宏观角度对"媒介融合"概念进一步辨析；二是，在微观角度探索国内外各类媒体如何在移动互联的环境下进行实践，其中包括新闻生产流程（业务）、营销策略、组织制度等，并且在媒体融合快速发展的原因、存在的问题、应对的策略上有了大量的研究成果。由于媒体融合是一个与技术发展紧密相关的概念，所以仍需以发展的眼光看待媒体融合，从更深层次、更加具体的层面进行针对性探索研究。如《纽约时报》2014年所说：新媒体同行在优质新闻生产方面具有更大的热情和资金，传统媒体行业面临残酷变革，"要求我们重新思考我们的传统"，以适应受众向移动平台大转移、社交媒体日益重要以及其他破坏性的趋势，甚至认为要慎用"转型"，因为这个词是危险的，"暗示着从一个固定状态转向另一个，也有终点之意"。变革不是要使传统行业变成"网络第一"新闻编

---

① Flew T. Media Convergence[EB/OL].(2017-08-17)[2021-05-13].https：//www.britannica.com/topic/media-convergence.
② 彭兰.社会化媒体、移动终端、大数据：影响新闻生产的新技术因素[J].新闻界，2012(16)：3-8.
③ 彭兰.社会化媒体与媒介融合的双重挑战[J].新闻界，2012(01)：3-5+20.
④ Rosen J. A Most Useful Definition of Citizen Journalism[EB/OL].(2008-07-14)[2021-05-13]. http：//archive.pressthink.org/2008/07/14/a_most_useful_d.html.
⑤ 陈昌凤,仇筠茜.移动化：媒介融合的新战略[J].新闻与写作，2012(03)：30-33.

辑部或"移动第一"新闻编辑部,而是成为能够不断调整、适应重要需要的灵活的新闻编辑部。①

第四节 万物互联与智能化阶段

一、大数据与网络技术、智能技术的诞生与应用

(一)大数据技术与网络技术的发展与应用

1. 大数据技术

大数据(Big Data,Massive Datasets)是指无法在一定时间内用常规软件工具对其内容进行抓取、管理和处理的数据集合。业界将大数据的特点归纳为四个"V":Volume(数据量大),Variety(数据类型多样),Velocity(处理速度快),Value(价值密度低)。② 大数据分析的价值和意义就在于,透过多维度、多层次的数据,以及历时态的关联数据,找到问题的症结,还原事实的真相。③

大数据技术为媒体工作者提供了一个全新的专业工具,具有描述、判断、预测、信息定制的功能。大数据对新闻传播领域的革新体现在两方面:第一,对新闻形态的革新,包括信息可视化、人性化的嵌入;第二,对新闻内容的革新,通过碎片化数据搜集技术和文本挖掘技术,减少新闻的不确定性。具体而言,大数据在新闻传播中的应用体现在:第一,利用大数据融合用户前馈与反馈信息,细刻用户画像,进行个性化推荐;第二,丰富新闻来源,转变内容生产模式,用数据作为新闻生产的核心资源,揭示更大范围的情况与规律。第三,实现信息可视化,增强趣味性与易读性;第四,进行舆情监测与趋势分析;第五,挖掘数据的商业价值,进行精准营销。④

2. 5G 技术

5G(5th Generation),即第五代通信技术。自 2018 年起中国、美国、韩国、日本等国已在宽带、移动热点、工业互联网、车联网、远程医疗、智能工厂、智慧城市等方面积极探索各类 5G 应用。

5G 的技术特征主要有三点:一是高速率,这将实现数据传输效率的指数级跃迁,为新的传播手段应用提供可能;二是低时延,能够极大改善传播过程中人的体验,并为一些对精确度、安全度有极高要求的技术手段的应用扫除障碍;三是大连接,5G 的超大连接容量可以在人员密度大、使用需求高的区域依然实现高速数据传输。在人之外,5G 的连接

---

① 新华社新闻研究所国际传播研究中心.数字化背景下的报业转型——纽约时报创新报告(2014)[J].新闻与写作,2014(06):26-31.
② rexinbo.IBM 谈大数据的 4 个 V[EB/OL].(2012-10-15)[2021-05-13]. https://www.doit.com.cn/p/121557.html.
③ 喻国明.大数据方法与新闻传播创新:从理论定义到操作路线[J].江淮论坛,2014(04):5-7+2.
④ 喻国明.大数据方法与新闻传播创新:从理论定义到操作路线[J].江淮论坛,2014(04):5-7+2.

对象还包括物，以实现"万物互联"的智能世界，为未来带来更多可能。① 2015年国际电信联盟（ITU）为5G定义了三大应用场景：增强移动宽带（eMBB）主要面向移动互联网流量爆炸式增长，为移动互联网用户提供更加极致的应用体验；超高可靠低时延通信（URLLC）主要面向工业控制、远程医疗、自动驾驶等对时延和可靠性具有极高要求的垂直行业应用需求；海量机器类通信（mMTC）主要面向智慧城市、智能家居、环境监测等以传感和数据采集为目标的应用需求。5G技术的应用主要体现在对智能设备的革新，帮助智能设备实现高速度、大容量的场景传输，扩宽新闻视觉体验。

3. 云计算技术

云计算的概念最早于2006年8月9日，由Google首席执行官埃里克·施密特在搜索引擎大会上提出。云计算指的是将庞大的计算处理任务自动分拆成多个较小的子任务，然后把这些任务分配给由多部网络服务器所组成的系统进行处理并将处理结果返回给用户。利用这项技术，可以在极短的时间内完成极为复杂的信息处理，实现和超级计算机同样强大效能的网络服务。代表性的云计算平台是Google和Amazon。

云计算为传统媒体数字化转型提供了有效助力：传统报业与云计算的结合催生了"报纸云"，即利用图像识别技术，让读者可以通过智能移动终端对报纸感兴趣的图片进行拍摄，而打开整个云端对应的更多的多媒体互动信息；广电媒体与云计算的结合催生"广电云"，将大量的数据和信息存储在"云"中，大幅降低硬件成本，拓展传播渠道，丰富用户体验。

在新媒体领域，"云＋端"的组合被更多地应用。"云"即云计算，是规模庞大的数据与应用中心；"端"即任意终端设备。用户可以利用各种移动终端设备访问"云"中的数据和应用。②

4. 区块链技术

区块链技术又称为分布式记账（Distributed Ledger）技术，它将数据分别存放在全球互联网络中的数以千计的节点（电脑）上，并使用一种强大的加密技术将这些数据相互锁定在一起，被认为是确保数据储存和移动安全的最新方式。③ 区块链技术具有去中心化、时序数据、集体维护、可编程和安全可信等特点。④

在传媒领域，区块链技术的功用体现在四个方面：第一，确保新闻数据采集的真实性，纠正新闻报道者的刻板印象和主观偏向；第二，确保新闻报道的安全性，防止政治和技术力量的干预；第三，准确跟踪信息内容流向，保护内容版权；第四，利用虚拟货币创造新的众筹商业模式。⑤

（二）人工智能技术的发展与应用

1. 机器人写作

机器人新闻又称"自动化新闻""算法新闻"，指的是运用算法程序对输入或搜集的数

---

① 慕海昕，彭兰.新体验、新风险：5G环境中的人与传播[J].新闻论坛,2019(03):20-25.
② 洪杰文，归伟夏.新媒体技术[M].重庆：西南师范大学出版社,2016:268-270.
③ 邓建国.新闻＝真相？区块链技术与新闻业的未来[J].新闻记者,2018(05):83-90.
④ 袁勇，王飞跃.区块链技术发展现状与展望[J].自动化学报,2016,42(04):481-494.
⑤ 蒋卫阳.区块链＋媒体业的N种可能[J].传媒评论,2018(04):16-19.

据自动进行加工处理,依靠计算机程序自动生成稿件的新闻报道。[①] 2010年,人工智能算法在计算机科学和传播实验室被开发出来,被期望作为新闻故事的写作者,实现人类记者的写稿工作。2011年,Narrative运用Narrative Science算法,大约每30秒就能够撰写出一篇新闻报道。2014年,美联社宣布用机器人(Wordsmith)采写财经新闻。2015年,腾讯财经开发出自动化新闻写作机器人Dreamwriter,逐步向风格化、个性化写作方向发展。同年,新华社推出新闻写作机器人"快笔小新"。[②] 目前,机器人写作主要应用于财经新闻、体育新闻等数字新闻领域;在未来,机器人写作还可能应用于政治新闻、社会新闻方面。[③]

机器人写作的流程分为数据采集、数据加工、自动写稿、编辑签发四个环节。对新闻机构而言,写作机器人擅长对枯燥的海量数据进行准确、快速的处理,能够减少新闻机构的成本。对于用户而言,机器写作能够以用户偏好来制作相关的新闻内容,提供私人定制产品,实现千人千面、精准到达。但是,机器人写作多用于呈现事实类的报道,对于需要深入分析和探究类的主题,还无法触及。[④]

2. 虚拟现实技术(VR)和增强现实技术(AR)

虚拟现实(Virtual Reality,VR)与增强现实(Augmented Reality,AR)是两种重要的前沿媒介呈现技术,使媒介呈现的"沉浸感"大幅提升,也为高沉浸式传播的实现提供了可能(如图2.9所示)。VR和AR技术的发展最早可追溯至20世纪70年代前各种仿真模拟器的研发。2015年,微软的全息眼镜HoloLens的面世,进一步激发起人们对于虚拟现实或增强现实技术应用于新闻领域的想象。VR利用计算机模拟技术产生一个三维空间中的虚拟世界,为用户提供感官模拟;AR则通过定位、精算与图像分析,让屏幕上的虚拟世界与现实世界场景进行结合与交互。

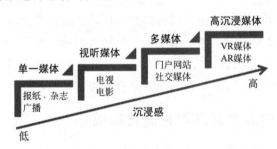

图2.9 媒介呈现技术发展逻辑下的媒介演进[⑤]

VR与AR技术承载着更多的感官功能和信息数量,在5G网络的配合下,用户能够获得优质的新奇体验。第一,信息传播中地理距离的影响将大大降低,VR为用户带来更强的"浸入感"。第二,信息的表现手段将更为丰富,AR为用户提供现实的"扩张感"。第

---

① 刘德寰,王妍,孟艳芳.国内新闻传播领域人工智能技术研究综述[J].中国记者,2020(03):76-82.
② 彭兰.移动化、智能化技术趋势下新闻生产的再定义[J].新闻记者,2016(01):26-33.
③ 喻国明.人工智能的强势崛起与新闻传播业态的重构[J].教育传媒研究,2018(01):95-96.
④ 叶韦明.机器人新闻:变革历程与社会影响[J].中国出版,2016(10):16-20.
⑤ 王润珏.VR技术对电视媒体使用场景影响探析[J].新闻战线,2018(14):16-18.

三,场景转换将实现无缝对接,场景适配的重要程度进一步提升。

VR/AR 技术在新闻传播领域的应用主要是展示与娱乐,担任向用户传递各类信息的媒介,能够更准确、更生动地还原新闻现场,给读者以沉浸式体验,帮助读者更好地理解新闻事实。①

3. 传感器

传感器(Sensor)是一种监测装置,能感受到被测量的信息,并能将其按一定规律变换成为电信号或其他形式予以输出,以完成信息的记录、传输、存储、显示和控制等。互联网时代传感器无处不在:从电子芯片、GPS、智能手机到无人机、遥感卫星。

智能设备的发展与普及促进了传感器在新闻生产中的应用。传感器新闻指的是利用传感器来生成或收集数据,然后分析、视化、使用数据来支持新闻报道。它的特点是:第一,以量化方式收集、处理新闻信息;第二,传感数据更易于计算机解读;第三,众包成为收集传感数据的"新常态"。通过对传感数据的分析、挖掘,媒介工作者可以发现常规新闻中不能发现的意义和价值,从支离破碎的信息中发现规律和趋势。一方面有助于提升新闻传播的科学性和真实性,引导受众在自主体验中获取信息;另一方面降低采集数据信息的成本。②

大数据与网络技术的升级以及智能技术的诞生与应用开启了社会超连接阶段。不仅是电脑和人的连接,更是社会的全面连接。自 2016 年人工智能元年发展至今,智能技术从未停止对新闻业的革新。在新闻生产的准备阶段,大数据和云计算技术通过接收用户的前馈与反馈形塑新闻框架;在新闻采集层面,传感器技术更新了新闻素材的来源;在新闻制作层面,机器人写作改变传统记者、编辑的叙事模式;在新闻呈现方面,多种视觉技术加深了新闻的场景化与交互性;在新闻分发层面,算法推荐技术实现新闻精准投放;区块链技术更是有望实现用户隐私的绝对保密以及不法新闻的精准追踪;智能化的普及,正促进新闻业务形态与生产机制从独立走向融合。③ 调查显示,当今全球范围内的新闻媒体最常用的 AI 技术分别是:改进内容推荐(59%)、办公流程自动化(39%)、商业优化(比如广告定位和动态定价)(39%),以及帮助记者发现新闻的智能机器人。④

二、传媒行业的万物互联与智能化实践

人类社会正在步入以万物互联、智能化为特征的信息化发展新阶段。物联网(IoT)、云技术(Cloud)、大数据(Big Data)和虚拟现实/增强现实技术(VR/AR)四个方面的关键性技术创新是引发新一轮变革的驱动力量。传媒业正是在这一宏大社会变迁方向之下,开启了媒介融合的智慧化新阶段。

---

① 慕海昕,彭兰.新体验、新风险:5G 环境中的人与传播[J].新闻论坛,2019(03):20-25.
② 许向东.大数据时代新闻生产新模式:传感器新闻的理念、实践与思考[J].国际新闻界,2015,37(10):107-116.
③ 李欣,许泳佳.再造流程:新闻生产智能化应用现状及前景分析[J].中国出版,2021(02):44-48.
④ Watson A. Most common ways in which news publishers are using artificial intelligence (AI) worldwide as of December 2017[EB/OL].(2018-04-18)[2021-05-13].https://www.statista.com/statistics/824314/news-publishers-ai.

（一）加速推进业态创新

2016年8月8日，我国"十三五"规划中就强调要在人工智能方面遴选重大任务以充实完善重大项目布局。2021年3月11日，"十四五"规划通过，其中加强科技创新多次被强调，主要包括人工智能、量子信息、集成电路等方面，尤其是人工智能，更是被放在首要位置。①

从决策层来说，政府大力推进包括大数据、云计算、人工智能等技术在内的智慧化的建设，从而为下一步智能化的发展做好铺垫。在这样的大背景下，承担最基本的传递信息、引导舆论、娱乐大众和教育传承等功能的媒体，就需要跟智能技术进行有效对接。

在智能场景时代，传统媒体的融合发展应走向更高级的智能媒体阶段，即以价值的智能场景匹配为特征，以内容、用户数据和服务为核心资源，以"传统媒体＋APP＋SNS＋O2O＋LBS等"为主要的产品业态，在信息和数据技术的基础上，深度开发利用人工智能技术，为智能场景时代的匹配需求服务。②

（二）技术辅助内容生产

以传感器为载体、大数据处理技术为支撑的传感器技术对丰富和优化新闻源起到了重要的作用。目前，可作为新闻信息源的传感器数据包括两类：一类是通过传感器所记录的环境数据，包括温湿度、噪音、人流量和交通状况等信息；另一类是通过传感器所记录的人的生理特征数据，包括心跳、睡眠、运动、地理位置等信息，这类人体生理数据主要通过可穿戴设备和智能手机获取。传感器技术极大地扩展了新闻记者获取真实数据的渠道，有利于充实新闻报道、拓展读者群。③

"虚拟主播"案例：

《真人模型 AI 虚拟主播首次亮相江西两会将赋能全省105个县级融媒体中心》④

"新华智云"是由新华社和阿里巴巴于2017年6月共同成立的一家大数据人工智能科技公司。2019年8月26日，新华智云发布了自主研发的25款媒体机器人，旨在用智能技术帮助媒体人更快更好地采集和处理新闻资源。

---

① 中华人民共和国国民经济和社会发展第十四个五年规划和2035年远景目标纲要[EB/OL].(2021-03-13)[2021-05-13]. http://www.gov.cn/xinwen/2021/03/13/content_5592681.htm.
② 胡正荣.智能化：未来媒体的发展方向[J].现代传播(中国传媒大学学报),2017,39(06)：1-4.
③ 喻国明,兰美娜,李玮.智能化：未来传播模式创新的核心逻辑——兼论"人工智能＋媒体"的基本运作范式[J].新闻与写作,2017(03)：41-45.
④ 张国辉.真人模型 AI 虚拟主播首次亮相江西两会 将赋能全省105个县级融媒体中心[EB/OL].(2021-01-29)[2021-05-13].http://pc.yun.jxntv.cn/p/391387.html.

（三）颠覆传统新闻形态

伴随互联网技术与数字媒体技术的发展与普及，受众接受与阅读信息的习惯由传统媒体时代文字阅读的"逻辑思考"变迁到新媒体时代视听阅读的"沉浸体验"。

"沉浸式新闻"的生产就是通过在新闻报道中运用 VR 与 AR 技术，将用户"直接置身"于新闻场景之中，实现现实场景与虚拟场景的融合，让用户暂时地剥离所处的环境而置身于新闻报道环境的"现实"中。这种新闻报道以第一人称展开叙述，使用户由局外旁观者变成新闻的现场目击者，满足受众对新闻报道场景与事实的全方位把握与客观认知。①

"VR 新闻"案例：

《[北京您早]两会特别报道"5G＋VR"新闻报道新模式：沉浸式体验亲临两会现场的效果》②

（四）量身定制信息推送

个性化推荐平台是能够将文字、图片、视频、问答或直播等不同形式的资讯内容通过算法推荐系统实现与特定用户精准匹配的引擎。③

"今日头条"就是具有代表性的个性化信息推送平台之一。今日头条基于个体用户阅读兴趣和习惯，主要通过频道订阅和算法来为用户提供个性化内容。一方面，通过关键词对内容进行精细化分类和标签化归类；另一方面，通过搜集与用户使用行为相关的各类数据，包括浏览记录、位置信息等，对用户的兴趣、偏好、特征进行分析。平台由此实现用户偏好与推送内容的智能化精准匹配，也使得"千人千面"的差异化、个性化信息服务成为可能。

（五）数据反馈优化流程

在影视行业，大数据已经产生了对于媒体形态而言最为现实的改变。按照既有流程，节目生产与传播过程大体由策划制作、预热推广、播出及播后四个环节所构成。由于对大数据的应用，在策划制作阶段，对目标用户的喜好可以进行更为细致的分析；预热推广和播出阶段也可以实现更精准的推广，并获取有效的反馈数据，节目内容的微调从原有的静态、封闭变为动态、开放的创意过程。④

---

① 喻国明,兰美娜,李玮.智能化：未来传播模式创新的核心逻辑——兼论"人工智能＋媒体"的基本运作范式[J].新闻与写作,2017(03)：41-45.
② 北京卫视.[北京您早]两会特别报道"5G＋VR"新闻报道新模式：沉浸式体验亲临两会现场的效果[EB/OL].(2021-01-26)[2021-05-13].http://news.cctv.com/2021/01/26/VIDEGN7DEY1kQHgNqPofNL7k210126.shtml.
③ 彭兰.未来传媒生态：消失的边界与重构的版图[J].现代传播(中国传媒大学学报),2017,39(01)：8-14＋29.
④ 曹三省,鲁丹.万物互联时代的"物联网新媒体"[J].新闻与写作,2016(01)：21-24.

在好莱坞，众多电影工作室通过剧本语义分析公司 Epagogix 分析其剧本，来决定给哪些项目开绿灯、哪些项目要退出、明星演员的片酬和预算的多少，以及鉴别哪些情节能够充分调动观众情感，更好地改进剧本，从而获得最佳的市场回报。正是人工智能与专家处理相结合的方式保证了 Epagogix 能够提供对剧本票房潜力的前期分析和预测。①

三、万物互联与智能化阶段的代表性研究

人工智能技术被普遍认为是可以与电力相提并论的革命性技术。在传媒领域，企业及从业者对 AI 表现出了相当的热忱。专门为《泰晤士报》等英国权威媒体提供市场调研服务的机构瑞康德传媒（Raconteur Media）认为，在这个数据驱动和直接面对消费者的世界，媒体需要像谷歌这样的科技公司一样更快更好地响应受众期待。随着媒体日益与消费者的日常生活以及技术捆绑在一起，媒体公司必须致力于向受众提供更具参与感的服务，而解决方案是采用认知技术。②

人工智能被认为可以使媒体、内容、受众和运营之间的交互更快更好。根茨科（Gentzkow）总结道，AI 的关键影响将会是在需求侧而非供给侧，尤其是在为内容匹配消费者方面。认知技术的应用为匹配内容需求、优化内容管理以及拓展内容传递流程提供了更好的方法。③ 也有学者开始思考如何将 AI 应用于提高媒体公司的竞争力。一些观点认为，认知技术通过改变媒体、受众、内容的连接过程可能会使媒体公司受益。④ 具体来说，从受众洞察的角度出发，AI 或许可以被用来理解社交对话和其他受众的情感和偏好。S.卡内帕等人（S. Canepa）认为，NLP（自然语言处理）和其他相关的人工智能技术适用于理解和解释媒体公司的实时和存档内容。例如，媒体内容可以被标记，丰富的元数据和上下文将实现更快、更轻松的内容管理。此外，AI 还可以用来整合受众和内容见解，将受众兴趣与相关内容匹配，实时提供个性化内容和更好的消费体验。它的价值不仅仅是发展竞争优势，也可以帮助媒体公司发现新的商机；例如，关于节目、故事情节和人物的消费者对话可能会与其他第三方内容源（如事件、社交媒体、本地新闻）集成，以获得其他潜在收入来源。⑤

---

① Epagogix. Helping Business Leaders make Big Decisions[EB/OL].[2021-05-13].http://www.epagogix.com/index.html.

② Raconteur. Future of Media & Entertainment 2018[R/OL].London：Raconteur Media Ltd.，2018.[2021-05-13].https://www.raconteur.net/report/media-entertainment-2018.

③ Gentzkow M. Media and Artificial Intelligence[J]. Palo Alto，CA：Toulouse Network for Information Technology whitepaper,2018[2021-05-13].https://www.semanticscholar.org/paper/Media-and-Artificial-Intelligence-Gentzkow/bfe84051f6d17eed6bfe5824a93f44b4f81f5327.

④ Berman S J, Canepa S, Toole D. Becoming a "living" media partner for your consumers：A cognitive future for media and entertainment[R/OL]. Armonk：IBM, 2017[2021-05-13]. https://www.ibm.com/downloads/cas/9W1NJ1ZG.

⑤ Berman S J, Canepa S, Toole D. Becoming a "living" media partner for your consumers：A cognitive future for media and entertainment[R/OL]. Armonk：IBM, 2017[2021-05-13]. https://www.ibm.com/downloads/cas/9W1NJ1ZG.

近年来,国外越来越多的研究开始探讨人工智能环境下的人机交互和通信问题。① 从业务采用的角度来看,这些研究文献强调了变革员工角色和人与机器之间工作关系的重要性。从消费者和人工智能增强型机器之间的交互(如聊天机器人和机器建议)角度来看,这些应用的战略价值将在很大程度上取决于它们的性质和执行情况。关于人类如何感知模仿人类行为的机器,学界尚存争议。有学者提出"恐怖谷"概念(Uncanny Valley),暗示人类倾向于对类人机器感到不舒服②,也有学者认为人类可以像建立社会关系一样将电脑、电视和新的传播科技当作人来对待,这一观点被称作媒介等同理论(Media Equation Theory)。③

2016年被国内学者视为智媒元年。彭兰总结了智媒化的三个特征,即万物皆媒、人机合一、自我进化。她认为,人工智能与新闻传播的结合带来一场媒体产业革命,它不仅重塑了人与媒体、人与资讯的关系,也带来了新闻组织形式、生产方式和产品形态的大变革,"智媒化时代将是一个传统传媒业边界消失、格局重塑的时代"。④ 郭全中对智能传播基于大数据的信息智能匹配作出分析,并以今日头条智能平台为例,思考纸媒体平台的重构⑤,以及人工智能与传媒结合的关系。

李沁从智能媒介的技术特性出发,将以沉浸技术为主要特质的新兴媒介统一定义为"沉浸媒介"。她认为,"在人工智能、人和媒介的关系中,人工智能是媒介,人工智能与人最终合二为一,将形成'超媒介'"。⑥ 沿着人与机器界限日益消融的思路,孙玮将"赛博人"的概念引入新闻传播学界,在《赛博人:后人类时代的媒介融合》一文中指出,在人工智能的大背景下,对于媒介融合的讨论必须从人的主体性层面出发。技术与人的融合造就了新型主体"赛博人",这种为技术所穿透、数据所浸润的身体正在成为一个终极媒介。⑦ 也有学者对这些将智能机器(人工智能的体现)主体化的见解提出了质疑。杨保军认为,智能新闻的生产传播主体是人,不是也不应该是智能机器。将智能机器主体化,是浪漫主义的表现,智能机器不可能从根本上替代人作为新闻活动主体的地位和作用。智能机器是人的本质对象化的产物,智能新闻是人作为主体的意志体现,智能新闻生产中存在异化现象,在"人—机"共同主体结构中的新闻生产传播中,人依然是唯一主体。⑧

新的技术总是伴随着种种迷思。智能媒体毫无疑问将深刻改变我们的传媒业界生态乃至社会结构,但洪杰文等基于媒介软决定论,为当下的智媒热潮提供了一个更加冷静的

---

① Kietzmann J, Paschen J, Treen E. Artificial Intelligence In Advertising: How Marketers Can Leverage Artificial Intelligence along the Consumer Journey[J]. *Journal of Advertising Research*, 2018,58(3): 263-267.
Mou Yi, Xu Kun. The Media Inequality: Comparing the Initial Human-Human and Human-AI Social Interactions [J]. *Computers in Human Behavior*, 2017,72: 432-440.
② Mori M, Macdorman K F, Kageki N. The Uncanny Valley [From the Field][J]. *IEEE Robotics & Automation Magazine*, 2012,19(2): 98-100.
③ Reeves B, Nass C. *The Media Equation: How People Treat Computers, Television, and New Media Like Real People and Places*[M]. New York: Cambridge University Press, 1996.
④ 彭兰.智媒化:未来媒体浪潮——新媒体发展趋势报告(2016)[J].国际新闻界,2016,38(11): 6-24.
⑤ 郭全中.今日头条是如何打造智能传播平台的?[J].传媒,2016(07): 36-37.
⑥ 李沁.沉浸媒介:重新定义媒介概念的内涵和外延[J].国际新闻界,2017,39(08): 115-139.
⑦ 孙玮.赛博人:后人类时代的媒介融合[J].新闻记者,2018(06): 4-11.
⑧ 杨保军.简论智能新闻的主体性[J].现代传播(中国传媒大学学报),2018,40(11): 32-36.

视角。洪杰文等对智媒的技术基础和用户接受两方面进行了分析,认为智媒的发展尚处于弱人工智能阶段。"一方面,现阶段的智媒技术仍处于初级阶段,VR/AR 并未普及且方便性及费用需要优化、物联网技术并未爆发、新界面与新交互尚未成熟;另一方面,智媒传播形态的用户接受仍有待观察,用户对于对话式新闻、定制化新闻、传感器新闻以及临场式新闻的使用存在风险感知。"① 正如保罗·莱文森所言,每一种媒介都有有意为之和意料之外的两种结果。② 汹涌而来的"智媒"潮所裹挟的"意料之外的结果"或许还有待时间解答。

思 考 题

1. 数字技术相较于模拟技术有哪些优势?举例说明其对媒介产业产生的影响。
2. 举例说明传统媒体(报纸、广播、电视)如何实现网络化。
3. 数字化和网络化的关系是什么?新技术背后的政治和经济力量是如何推动其普及的?
4. 分析移动互联技术的诞生对传媒行业的意义。
5. 试举例说明算法对于信息获取的影响及其利弊。
6. 什么是大数据技术?它在传媒行业的应用前景如何?

主要参考文献

1. [美]保罗·莱文森.手机:挡不住的呼唤[M].何道宽,译.北京:中国人民大学出版社,2004.
2. [美]保罗·莱文森.软利器:信息革命的自然历史与未来[M].何道宽,译.上海:复旦大学出版社,2011.
3. [美]鲍立泉.技术视野下媒介融合的历史与未来[M].武汉:华中科技大学出版社,2013.
4. [丹]克劳斯·布劳恩·延森.媒介融合:网络传播、大众传播和人际传播的三重维度[M].刘君,译.上海:复旦大学出版社.2012
5. 李沁.沉浸媒介:重新定义媒介概念的内涵和外延[J].国际新闻界,2017,39(08).
6. [美]曼纽尔·卡斯特.网络社会的崛起[M].夏铸九,王志弘等,译.北京:社会科学文献出版社.2001.
7. [美]马克·波斯特.第二媒介时代[M].范静晔,译.南京:南京大学出版社,2005.
8. [美]尼尔·波兹曼.技术垄断:文化向技术投降.何道宽,译.北京:北京大学出版社,2007.
9. [美]尼葛洛庞帝.数字化生存[M].胡泳,范海燕,译.海口:海南出版社,1997.
10. 党东耀.媒介再造——媒介融合的本质探析[J].新闻大学,2015(04).
11. 方兴东,陈帅.中国互联网 25 年[J].现代传播(中国传媒大学学报),2019,41(04).
12. 胡正荣.智能化:未来媒体的发展方向[J].现代传播(中国传媒大学学报),2017,39(06).
13. 彭兰.社会化媒体、移动终端、大数据:影响新闻生产的新技术因素[J].新闻界,2012(16).
14. 彭兰.网络传播概论(第 4 版)[M].北京:中国人民大学出版社,2017.

---

① 洪杰文,兰雪.从技术困境到风险感知:对智媒热的冷思考[J].新闻与传播评论,2019,72(01):101-109.
② [美]保罗·莱文森.软利器:信息革命的自然历史与未来[M].何道宽,译.上海:复旦大学出版社,2011:173.

15. 彭兰.智媒化：未来媒体浪潮——新媒体发展趋势报告(2016)[J].国际新闻界,2016,38(11).
16. 孙玮.赛博人：后人类时代的媒介融合[J].新闻记者,2018(06).
17. [美]托马斯·鲍德温,史蒂文森·麦克沃依,查尔斯·斯坦菲尔德.大汇流：整合媒介信息与传播[M].龙耘,官希明,译.北京：华夏出版社,2000.
18. 唐圣平.媒介与人：数字化时代我们需要什么样的媒介？[J].自然辩证法通讯,2001(03).
19. [加]文森特·莫斯可.数字化崇拜——迷思、权力与赛博空间[M].黄典林,译.北京：北京大学出版社,2010.
20. [美]约翰·帕夫利克.新媒体技术：文化和商业前景[M].周勇,译.北京：清华大学出版社,2005.
21. 喻国明,兰美娜,李玮.智能化：未来传播模式创新的核心逻辑——兼论"人工智能＋媒体"的基本运作范式[J].新闻与写作,2017(3).
22. 杨保军.简论智能新闻的主体性[J].现代传播(中国传媒大学学报),2018,40(11).
23. 郑保卫,樊亚平,王静,张薇薇,郭平.数字化技术与传媒的数字化革命[J].国际新闻界,2007(11).
24. Bolter J D, Grusin R. *Remediation*：*Understanding New Media*[M].Cambridge,Mass：The MIT Press,2000.
25. Medoff N J, Kaye B K. *Electronic Media*：*Then*,*Now*,*and Later*[M].3rd ed.New York：Routledge,2016.
26. Meikle G, Young S. *Media Convergence*：*Networked Digital Media in Everyday Life*[M].London：Palgrave Macmillan,2012.
27. Reeves B, Nass C. *The Media Equation*：*How People Treat Computers*,*Television*,*and New Media Like Real People and Places*[M].New York：Cambridge University Press,1996.

CHAPTER 3 第三章

媒介融合的主要维度

媒介融合的发生和发展是传媒机构在数字技术创新的推动下实现的一种企业、行业、产业多维度的发展实践,是一个从企业维度到产业维度的技术创新实践活动;是传媒机构应用创新的知识和新技术、新工艺、采用新的生产方式和经营管理模式,从而提高产品质量、开发生产新的产品、提供新服务的过程;是一个经历技术融合、业务与管理融合、市场融合最终促使产业组织结构变化和产业结构优化的过程。因此,为讨论媒介融合的开展,本书从媒介形态、媒介业务、传媒行业以及产业四个维度分别阐述。

第一节 媒介形态的变迁

媒介形态是指承载媒介信息的中介物。媒介形态的变迁在现有的新闻学、传播学著述中已经有了比较清晰的描述,可大致划分为口语时代、文字时代、印刷时代、广播时代、电视时代、网络时代和数字智能时代。在这个历史描述中,每一个新时代的开启以新媒介的诞生为标志,而每一历史时代的媒介形态都不会是单一的,它是由多种媒介形态共同构成的一个媒介生态系统。

一、传统媒介形态的演进

传统媒介形态是相对于基于数字化技术和互联网技术诞生的新兴媒介等而言的,主要包括报纸、杂志、广播、电视、电影等几种大众传播媒介形态。传统媒体经过多年的发展,已经形成了一套完整的传播机制,具体到不同的媒介形态,又具有各自不同的传播特点。

在印刷技术的推动下,首先出现的印刷媒介是书籍;报纸利用印刷技术要相对晚一些,最早的印刷报纸出现在1450年。报刊作为最古老的大众传播媒介,具有深厚的历史积淀,既有许多不可替代的优势,也存在诸多劣势。比如报刊的获取成本相对较低、信息量大、易于保存;然而它又有欠缺时效性、信息表现形式单一、对受众的文化要求高等劣势。

声音能够作为信息进行远距离传播有赖于无线电技术的发明。这项技术的出现和发展,为声音的高速度、远距离、高保真传播提供了可能性,结束了人类只能依靠各种交通工具来传递信息的历史。随着无线电技术的突破,声音信息的传播实现了由初始的点对点发展到点对面的转折,即由无线电通信发展到无线电广播。1906年12月24日晚上8点,美国新英格兰海岸的报话员从耳机中听到了人们说话的声音,讲述着《路加福音》中的圣经故事,还有小提琴的演奏、音乐家韩德的唱片,最后是祝大家圣诞快乐。这是人类历史上第一次实验性的无线电广播。费森登(Fessenden)花费了4年的时间研制实验的装置,采用了特殊的高频交流发射机,设计了一套系统,成功地让电波携带各种声音信号。这是世界上第一次用语言进行广播,是通过无线电直接广播声音的开始,它标志着新的传播媒介——广播诞生了。由于当时的设备还很不完善,无线电广播并没有马上进入实用阶段,而是经过了十多年的继续试验调试阶段,终端广播出现在1916年。

广播媒介的诞生使人类迈进了电子传播的时代。作为最先出现的电子大众媒介,广播的诞生,结束了印刷媒介在大众传播中漫长的统治时代,翻开了大众传播历史上崭新的一页。广播的时效性强、传播范围广、现场感强,而且具有伴随性,是唯一诉诸听觉的媒体,但它对内容的保留性较差,且传播手段较为单一。

被誉为20世纪最伟大发明的电视,虽然问世至今只有短短几十年的时间,以其自身的特性成为大众媒介中影响力最大的一种,整个社会随着电视的诞生和发展发生了重大变革,从日常生活到社会政治、经济、文化等,无不受到电视的深刻影响。

电视的产生离不开一系列技术的进步。光电效应在理论上证明了任何物体的影像都可以转化为电子信号进行传播,这为电视的发明提供了理论依据。在此基础上,英国、美国和德国的科学家率先开始了对电视技术的研究。1880年,德国人李伯莱发明了电视旋转盘扫描方式。这是首次尝试利用旋转扫描的方式,通过硒元素的光电效应来实现将物体的影转化为光信号。4年后,德国工程师尼普科夫(Nipkow)在这个领域获得了突破性进展。他发明了一种机械式圆盘扫描盘,后被称为"尼普科夫圆盘"。这种圆盘扫描法被认为是解决电视机机械扫描问题的经典方法,在电视发展史上占有重要地位。1923年,弗拉基米尔·兹沃里金(Vladimir Zworykin)发明了光电摄像管,取代了原先笨重的机械式圆盘扫描和由许多光电管组成的摄像屏,能较好地将图像分解成细小的像素,通过电子束的自动扫描组合成电视图像。他的发明为电视图像转播提供了可能,为电视摄像机的发明作出了贡献,也将电视技术的研究推向深入。

同一时期,与电视相关的技术发明层出不穷。有人发明了电子图像分解摄像机,对电视摄像技术作了进一步改进;有人发明了阴极射线管,在电视接收机的显像技术方面进行了改进……据史料统计,1919—1925年,世界各国的科学家们就曾提出了100多项有关电视发明的专利权申请。①

1924年,有"电视之父"之称的英国工程师贝尔德(J. L. Baird)利用尼普科夫的机械扫描盘装置发明了世界上第一台电视。1926年1月26日,贝尔德在伦敦举行了第一次电视公开表演,英国广播公司BBC用贝尔德的发射机播送图像,并成功实现了图像画面的接收。这是世界上第一次电视无线传播。

电视媒介具有集字、声、像、色于一体、富有极强的感染力、覆盖面广、公众接触率高、信息带有较强的娱乐性、易于为受众接受的优势;劣势则是时效性强、不易保存与制作、接收成本高、受环境影响大。

二、新兴媒介形态的诞生

新兴媒介并非是对某一种媒介形态的特定指称,而是对历史演进中时代性技术所催生的新媒介的统称,是一个相对的概念。今天与传统媒介形态——印刷媒介、广播媒介、电视媒介相对的新兴媒介形态指的是网络媒介、手机媒介以及正在不断发展的智能化媒介。

数字技术和互联网技术的发展带来了新的媒介形态——网络媒介,它是首个诞生于数字传播技术体系的新媒介形态。网络媒介构建的网络传播模式加强了媒体间的交流与合作。

(一)Web 1.0时代的媒介形态

Web 1.0时代,媒介融合以数字技术和网络技术为统领。这个时期的网络新闻传播模式是以Web网站为主要平台、以网站的内容为核心的"大众门户"模式,是传统大众传播的"点对面"模式的延续。② 中国三大门户——新浪、搜狐和网易便是这一时期网络媒介的代表。

网站是20世纪90年代初以来最广泛采用的一种网络传播的形式,它是利用Web页面来发布各种信息、提供各种服务并与受众进行互动的一种传播形式。实际上网络的很多其他传播形式也都可嵌入Web网站。网站传播的技术基础是WWW。网站传播既可用于大众传播,又可用于组织传播等。

(二)Web 2.0时代的媒介形态

Web 2.0时代出现了由用户主导生成内容的互联网应用模式。相比Web 1.0,Web 2.0具有强烈的交互性、个性化等特征。手机通信网络升级,互联网创新发展,二者汇流形成了移动互联网。移动互联网的基本特征包括终端的随身性与私人性,信息传播与服务的流动性、个性化与场景化。移动互联网技术带来的新媒介形态以平台媒体为主,最具代表性的媒介和服务包括简易信息聚合(RSS)、博客/播客、维基(Wiki)、社交媒体等。其中社交媒体已经发展为用户规模最为庞大的新兴媒介形态。

---

① 苑子熙.电视原理及其发明者[J].新闻通讯,1984(6).
② 彭兰.网络传播概论[M].4版.北京:中国人民大学出版社,2017:4-5.

(三) Web 3.0 时代的媒介形态

Web 3.0 时代，人类赋予物质世界自我表述、自我展现的机能，在与客观世界的直接信息交互的基础上，获得更高级别的与物质世界和谐共生的智慧。新一轮技术浪潮，将使得"媒介"与"非媒介"之间的界限淡化、模糊，未来甚至会消失。一个万物成为媒介的泛媒化时代正在到来。[①] 物体直接接触信息，成为采集者、加工者、中介者、终端。Web 3.0 时代也是智能媒介时代，在万物感知、智慧控制下，物质世界与人类社会全方位信息交互，媒介形态呈现出多样化。物联网所引发的各类新媒体形态统称为"MOT"(Media of Things)。而MOT 又可以细分为两种：物基媒体(TBMS)和物向媒体(TOMS)。(图 3.1)

物基媒体

图 3.1 物基媒体(TBMS)和物向媒体(TOMS)[②]

[①] 彭兰.万物皆媒——新一轮技术驱动的泛媒化趋势[J].编辑之友，2016(03)：5-10.
[②] 曹三省,鲁丹.万物互联时代的"物联网新媒体"[J].新闻与写作，2016(01)：21-24.

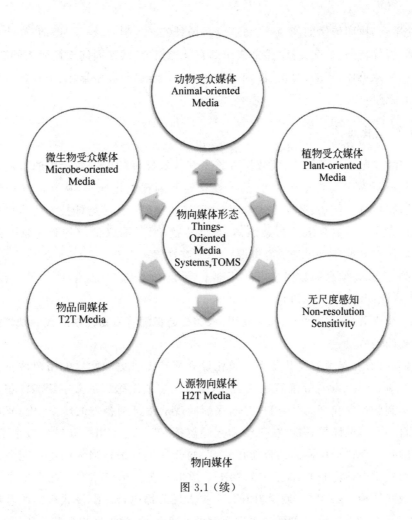

图 3.1（续）

三、媒介形态的融合化发展与创新

（一）全媒体

"全媒体"是在融媒体的基础上进一步发展而来的。全媒体不断发展,出现了全程媒体、全息媒体、全员媒体、全效媒体,信息无处不在、无所不及、无人不用。[1] 其中,"全"是"全媒体"的关键词,涉及三个层面:一是信息形态全覆盖;二是传播路径全平台,三是接受终端全品类。

更进一步来说,全媒体更接近于由内容、渠道、平台、终端等要素形成的综合性传播体系,要素之间不是生硬叠加,而是能够根据用户需求、传播场景产生多样化的灵活组合方案。因此,开展全媒体传播的主体也需要具备四个方面的能力:一是生产高品质、全类型（音频、视频、文字、图片）、多终端适配（广播、电视、手机、电脑、报纸、图书、户外）内容的能力;二是实现多渠道（通信网、有线电视网、卫星等、物流网）、多平台（自有平台、非专用性

---

[1] 习近平.加快推动媒体融合发展 构建全媒体传播格局[J].求是,2019(06).

平台、社交平台)协同传播的能力;三是适应多场景(工作、学习、娱乐、运动、在途)、多形态(大众传播、群体传播、社交传播)传播需求和特征的能力;四是面向规模庞大的、人口特征差异显著的受众群体(年龄、身份、性别、收入、文化、地域)开展差异化、垂直化有效传播的能力。

(二) 智慧化媒体

"智慧化"是随着人工智能、大数据等技术在传媒领域的应用而产生的行业发展新趋势。从写稿机器人到人工智能主播,从个性化定制到智能化推送,从高清互动到全息显示,媒体的信息生产、传播、呈现方式全面更新,快速迭代。人工智能技术的应用使传统媒体的全媒体发展走向更高级的智慧媒体、智能传播阶段,即以价值的智能场景匹配为特征,以内容、用户数据和服务为核心资源,以"传统媒体+APP+SNS+O2O+LBS 等"为主要的产品业态,在信息和数据技术的基础上,深度开发利用人工智能技术,为不同的群体,乃至个人匹配场景、需求和服务。[①]

更进一步来看,随着 2020 年 5G 商用,人类社会将随着万物互联时代的到来而全面步入智能传播的新阶段。

首先,人机交互能力的提升使得智慧化媒介能够提供更加优质的用户体验。媒介产品设计从视觉、听觉、触觉等感官系统出发,提升用户使用感。从文字智能联想到屏幕手写式输入再到触摸屏和全面屏,用户终端逐渐实现从按键到触屏的转变;从 OCR 文字识别技术到自动文本翻译再到指纹、声纹和人脸解锁,产品的易用性和操作效率不断提高;从主动订阅到页面自动切换再到智能化推荐,媒介通过越来越强大的记忆能力根据用户的使用习惯提供个性化服务;AR、VR、MR 等虚拟现实技术应用在新闻报道中更是给用户提供沉浸式体验。2018 年"两会"期间,中央人民广播电台在沉浸式视频的基础上推出 H5 产品"王小艺的朋友圈",以手势识别互动的新颖形式,增强用户尤其是年轻一代对"两会"的关注度和参与感。

其次,机器的泛存在化使得人与媒介的互动呈现出越来越明显的智能化特征。新闻类 APP 可通过手机定位技术智能推荐用户所在地的新闻和天气;苹果的 Siri、微软的小娜和小冰、三星的 Bixby 等智能手机助手不仅可以完成接受信息、按指令打开软件或文档、网络购物等简单的任务,更能回答用户提问,甚至进行情感上的聊天交流;终端导航可通过定位遥感、大数据等技术为司机提供最新路况,自动规划最优路线;由斯坦福大学学生约书亚·布罗德研发的聊天机器人在全美 50 个州上线,免费提供法律指导服务。这些拥有类人化思维的或虚拟或实体的机器在与人的智能互动中形成贴近用户性格的"私人定制"产品。

最后,更深层面的融合发展趋势是突破传统意义上"媒介形态"概念的智慧化媒介平台,能够提供实现智慧化服务和智能管理的解决方案,主要包括家庭、组织、社会三个层面的信息服务和决策支持。在家庭层面,构建一体化"家庭管理云平台"是媒介系统提供家

[①] 胡正荣.智能化:未来媒体的发展方向[J].现代传播(中国传媒大学学报),2017,39(06).

庭层面解决方案的发力点;在组织方面,以人工智能为依托的员工绩效评定、项目数据分析、市场环境监测等服务为公司管理层的决策制定提供信息支持,在未来,提供智慧运营管理平台及解决方案,重塑组织传播形态是工作场景中媒介的功能期待;在社会层面,借助大数据和人工智能技术,能够实现舆情分析,并制定有效的舆论引导方案。下一阶段,社会场景中媒介被期望能够提供公共服务智慧化解决方案,参与智慧城市、智慧农村、智慧社区建设。

四、媒介形态变迁的规律

媒介形态的实质是各种技术或技术组合的支持与显现。而媒介形态的变迁过程依照着两个重要逻辑:技术创新的逻辑和历史发展的逻辑。媒介技术的进化,不能理解为类似生物体的自然进化。媒介技术的不断进化,从根本上反映的是人类自身认识能力、实践能力的历史发展与不断提升。媒介形态发展演变的动力是技术的不断发明与创新,而更为深层的反映,则是人类认识世界、改造世界之愿望,需要能力的增强与进步。从前文对媒介形态的历史描述中可以看出,不同媒介形态都是历史性的产物,都有各自的历史存在方式。媒介形态的变迁具有以下规律。

(一)媒介形态变迁是不同媒介形态叠加的过程

从历时性逻辑来看,媒介形态的演进过程是不同媒介形态叠加的过程,即前在媒介形态总是叠加在新兴媒介形态身上,形成新的媒介生态结构,以历史共在的方式继续向未来演进。这与罗杰·费德勒所提出的媒介形态变化的原则是相符的,即"新媒介决不会自发地和孤立地出现——它们都是从旧媒介的形态变化中逐步脱胎出来的"[①]。

尽管每一种新生媒介都有自身的生命周期和演进机制,是历史性的存在。但就几类具有代表性的媒介形态来看,比如传统三大媒介——印刷媒介、广播媒介、电视媒介,并没有因后来者的诞生退出历史舞台,这三大传统媒介也未被以互联网为代表的新兴媒介系统所整体替代。它们在整体上仍然以共在方式存在,形成了一种共在的、以某种方式融合的新的媒介生态结构。随着技术不断演进发展,新的媒介形态会诞生,新的媒介生态结构方式会继续生成。这样的媒介生态结构是多元性的结构,也是融合的结构。

(二)媒介形态变迁是后继媒介形态对前在媒介形态补充的过程

媒介形态的演进过程,是后继媒介形态对前在媒介形态的补充过程,主要表现为媒介技术、媒介介质的新发明、新创造,以及媒介功能方式的补充。这是媒介形态演进过程中一个比较明显而重要的规律性现象。这种补充不是简单的修修补补,总是包含一些根本性或革命性的变化因素。如此补充的过程,不只是旧媒介运用新技术的更新改善扩展过程,更是新媒介的发明创造过程、新媒介符号系统的运用过程。

在具体的媒介形态变迁过程中,我们可以从符号系统角度看到,广播媒介弥补了印刷

---

① [美]罗杰·菲德勒.媒介形态变化:认识新媒介[M].明安香,译.北京:华夏出版社,2000(01):24.

媒介没有声音传播的不足,而电视媒介弥补了广播媒介没有图像的不足;当人类创造出以网络媒介为代表的新兴媒介时,则高度整合、融合了文字、声音、图像等所有媒介符号系统,弥补了过往各种单一媒介形态的符号不足,形成了全能符号系统的呈现方式。在传播功能层面,新旧媒介之间同样存在着互补互助的关系。保罗·莱文森在《新新媒介》中指出:"实际上,旧媒介和新新媒介有一种互相协调、互相催化的作用;在聚焦新新媒介的革命冲击时,我们很容易忽视两者的相互促进作用。"①

(三)媒介形态变迁是一个加速进化的过程

语言(口语)作为媒介形态有百万年为单位的历史,文字的历史不到 7000 年,现代印刷媒介的历史不足 550 年,广播电视不到 100 年,计算机诞生不到 80 年,互联网经历 50 年左右的发展。可以清晰看到的是,技术更迭的速度越来越快,媒介形态演进的速度也越来越快。人类文明加速演进的现象体现在人类社会活动的各个领域。媒介形态变迁的加速以及由此带来的信息流动加速、传播效率提高都是这一现象在传媒领域的体现。

第二节 媒介业务的融合

在媒介融合过程中,技术融合、业务与管理融合、市场融合是一体的。业务融合是非常重要的一个环节,没有业务融合,技术融合将无法发挥更大效能,市场融合也无从实现。只有将三者有机结合,才能让融合实践产生最大效益。

亨利·詹金斯(Henry Jenkins)提出,媒介融合并非简单的技术交接,而是涉及多种因素的连锁反应,它改变了技术、产业、市场、内容风格以及受众这些因素之间的关系,改变了媒体业运营以及媒体消费者对待新闻和娱乐的逻辑。② 在业务融合的过程中,往往需要不同产业间的资源开放、信息共享与用户互动③。伴随着媒介融合的纵深推进,媒体机构的传播观念、传播实践以及受众的接受习惯都在发生着深刻变革。

对于传媒机构而言,媒介融合不仅意味着不同媒介的整合与重组、融合与互动,同时也是整个机构业务流程的融合与再造。从业务内容、业务流程到业务运营方式,媒介融合发生在各个层面。

一、业务内容的变化

内容业务是传媒机构发展的核心,也是吸引受众的关键。受信息技术发展和受众需求转变等因素推动,传统媒体的内容采集方式和展现形态发生演变;在发展新业务的同时,传统业务也逐渐转型,传媒机构的内容业务发生变革。

---

① [美]保罗·莱文森.新新媒介[M].何道宽,译.上海:复旦大学出版社,2013:62.
② [美]亨利·詹金斯.融合文化:新媒体与旧媒体的冲突地带[M].杜永明,译.北京:商务印书馆,2012:47.
③ 严奇春,和金生.知识创新视角下的产业融合分析[J].科技进步与对策,2013,30(03):55-59.

（一）新业务出现

1. 网络直播

网络直播已经成为主流媒体推进媒体融合、加快媒体转型的主攻方向之一。当下，主流媒体发展网络直播，以三类为主：一类是类监控场景的分享式直播；一类是热点新闻事件的追踪直播；一类是电商直播。网络直播是以技术为支撑的业务，因此在开展过程中，以往的内容输出思维需向技术赋能思维转向。伴随传输技术的进步，网络直播能够给用户带来更加立体、丰富、高品质的直播观看体验，直播效果将向着多视角、沉浸式、强交互的方向持续优化。

以新华社为例，2016年2月，"现场新闻"在新华社客户端3.0版正式推出，记者可以实时抓取和上传在新闻现场收集到的素材，同时有选择地运用文字、图片、音频、视频、直播等新媒体手段，实现多方位、全视角还原新闻事件的目的。这一功能以云计算、智能识别、大数据、5G等先进技术作为支撑。2017年2月，新华社又在此基础上启动了"现场云"全国服务平台，全面开放"现场直播"功能，为入驻媒体提供基于移动端的全媒体采、编、发功能，前方记者即采即拍即传、后方编辑即收即审即发。

2. 视频点播

视频点播是数字电视业务的增值服务之一，不仅包括了IPTV、OTT、付费电视等在内的付费视频类型，也包括广告营收、订阅收入和线上交易等营收形式，覆盖了教育培训、医疗健康和娱乐媒体等各类型平台。2019年全球视频点播业务市场规模超过550亿美元。

伴随着视频互联网流媒体的出现，视频点播与直播服务得到快速普及，并变得更加多元。业务除了原有的电视节目、影视节目、体育赛事转播外，还包含了游戏直播、线上教育等新领域。视频点播已不仅仅是电视业务的一项重要增值服务，它还改变了媒体运营逻辑。例如，2020年迪斯尼拍摄了真人版电影《花木兰》，在首映礼之后，迪斯尼取消了美国范围内的院线上映，转而上线Disney＋频道，会员需要额外付费进行观看。Disney＋就是迪斯尼推出的在线流媒体视频点播平台，由华特迪斯尼公司的迪斯尼媒体与娱乐发行分部掌管和运营。该平台主要专注于来自华特迪斯尼影业集团与华特迪斯尼电视集团制作的影视内容，此外，还在不断开发现有IP和新的原创节目，包括漫威影业相关影视作品和卢卡斯影业的"星球大战"系列等。Disney＋和Hulu以及ESPN＋共同组成迪斯尼的全面OTT服务平台，与Netflix、Amazon Prime、HBO Max和YouTube等其他在线流媒体平台开展竞争。

3. 数据库

伴随着数字化、信息化程度的加深，数据库已经成为新闻媒体向用户提供信息服务的主要手段之一。媒介机构通过将在网络、电视、广播等媒体平台发布的图片、文字等资料进行整合，建立媒体数据库，从而实现媒介内容数据的结构化存储，并能为用户提供多样化的检索、分析服务。

Factiva是具有代表性的全球新闻及公司数据库，由道琼斯和路透社于1999年5月合资成立。它收录了全球近200个国家和地区以28种语言出版的近3.6万多种信息资源,类型包括全球性报纸、期刊、杂志、新闻通讯等主流出版物,如《纽约时报》《华盛顿邮报》《金融时报》和《经济学人》等,其中还包括道琼斯与路透社的新闻通讯、《华尔街日报》等独家收录的资源。Factiva更新速度极快,时效性强,平均每日更新不少于50万条新闻资讯,每月增加100个新闻来源,并且还收录了全球2700万家公司报告(公司概况、高管信息、财务数据、同行对照等)。经统计,Factiva数据库所收录的资源有70%左右无法从免费互联网上获得。

4. 电子商务

在传播渠道融合的基础上,很多传媒机构通过自创电商或与其他电子商务平台合作的方式,将通过内容吸引的流量由自有或其他电子商务平台导流,转化成购买力。湖南广播影视集团与湖南卫视联合创办快乐购物股份有限公司是我国传统媒体机构电商业务开拓的代表性案例,也是国内首家在A股上市的家庭电视购物企业。该机构通过电视、电脑和移动终端三屏互动、整合资源,提供电子商务服务(经营百货,提供家庭购物等生活服务),用户可通过"快乐购"电视购物频道、网站、App等不同渠道以娱乐化、社交化的方式进行购物。

5. 舆情监测

互联网发展初期,媒介机构的舆情监测对内服务于新闻线索收集,对外服务于政府部门、大型企事业单位等少数机构。舆情信息的主要来源为基于媒体记者、通讯员网络的线下信息收集、整理和基于互联网的信息搜索、提取。

随着人工智能、大数据等技术的应用,媒介机构的舆情监测服务转向以网络和媒体舆情监测分析为主的、面向全社会提供的舆情服务产品。这类产品以强大的数据库和智能化全媒体数据监测、抓取、分析技术为依托,通过专门化的舆情平台为用户提供舆情数据可视化呈现、舆情分析、舆情预警。有的媒介机构还能够在智能化数据分析的基础上,提供定制化的舆情研判、专家咨询和舆情应对方案。由人民网控股、人民网与《证券时报》合资成立的北京人民在线网络有限公司是我国具有代表性的舆情服务机构。

(二)传统业务转型

1. 报纸发行网络转型

报纸发行网络的原始功能是相对单一的,准确快捷地完成报纸配送是其核心目标。报纸发行初期,为了建立一个畅通、高效的发行渠道,传媒机构通常需要投入巨大的人力、物力、财力。在报纸发行网络扩大和完善的过程中,一个复杂而庞大的报纸发行渠道网和运行模式也随之形成,其中包括由投递员组成的投递网络、由零售配送员组成的配送网络、由送报车组成运输车队网络由各发行站总部相连的计算机信息系统网络等。媒介融合和报业生存环境的变化促使报业集团对发行渠道的价值进行重新审视和评估。其中,较为常见的发行网络价值提升策略是提高发行网络的独立性和业务承载能力,因地制宜地开展各种区域性配送业务(如牛奶、生活用品等),实现发行渠道本身保值增值。

重庆报业集团成立重报电商物流公司,利用报刊发行渠道和网络优势,进军电商物流项目,相继成为天猫、唯品会、苏宁易购等电商重庆落地配送服务商,配送单量从最初的几百单增加至最高峰值 20 万单/天。由传统发行公司转型而来的重报电商物流公司一时成为全重庆业务最繁忙、送单量最大的本埠落地配物流公司。但从 2017 年年底开始,由于合作的"巨头企业"内部物流体系的调整,发行公司几乎一切回到原点,为此,重报集团再次调整业务布局:一方面,继续保持和美团等企业的外卖配送合作,但不过度依赖;另一方面,探索自主可控的可持续发展路径,形成核心竞争力并重构盈利模式。通过近三年的不断探索和实践,最终以近 30 年建立的"传统报刊发行渠道"为母网,构建起"一园三中心"融合产业布局,即物流配送中心、生鲜配送中心、电商运营中心和生鲜冷链物流园。2020 年,收入达到 2.83 亿元,比 2015 年增长 9 倍多。①

2. 信息供应转型

美联社在数据类产品的形式和经营方式方面形成了自己的特色。例如,不同于其他通讯社出售数据库准入权的经营模式,美联社直接向外售卖单独的、可定制的数据库。美联社数据库类目独立且涵盖范围广泛,从调查新闻到预测性财务分析,甚至是选举预测,都可以根据需求为用户提供包含驱动数据、历史数据和机器可读数据的独立数据库。

由数据库进一步衍生出来的是美联社的特色化数据产品——数据新闻。针对数据新闻用户,美联社主要提供三个层面的支持:一是数据采集。美联社从公共和特定来源中收集、审核和清理数据,同时向用户提供数字来源的背景,以帮助用户节省时间成本,提高新闻写作的效率。二是数据驱动。用户可使用美联社提供的分析结果作为写作的角度,同时用户可自行创建将文本、图像、视频和交互式内容结合在一起的软件包,软件包均由美联社提供的数据驱动。三是 data.world 访问权限(见图 3.2)。数据新闻用户的订阅中包含访问 data.world 上美联社专有社区的访问权限。在此平台上,用户可以将美联社数据集导出,并在任意兼容的软件之中进行分析使用,也可直接以.csv 文件的形式下载数据

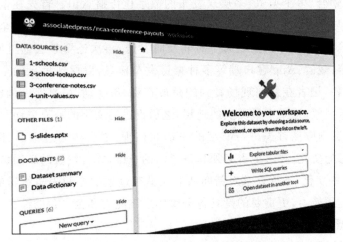

图 3.2　data.world 界面示意图

---

① 谢宗文,张维炜.在深度融合中实现经营转型升级——重庆日报报业集团的经营探索[J].青年记者,2021(07):78-79.

集。美联社从多种角度为数据新闻用户提供数据支持,在确保信源准确的同时大大提高了用户制作数据新闻的能力和效率。①

二、业务流程的融合

(一)采编流程

1."中央厨房"

互联网出现之前,新闻采访与编辑几乎是完全分开的两项业务流程,严格的审核制度和复杂的审核流程影响了新闻的生产速度。而媒介融合将传统媒体的内容生产流程全面提速,全面数字化。

以纸媒的融合转型为例,《人民日报》创建的"中央厨房"是纸媒采用全媒体采编平台模式的典范。《人民日报》的"中央厨房"并非简单的"采编发"一体化稿库,而是全流程打通、完整的媒体融合体系。总编调度中心是指挥中枢,是策、采、编、发网络的核心层,负责宣传任务统筹、重大选题策划、采访力量指挥。采编联动平台是常设运行机构,由采访中心、编辑中心和技术中心组成,负责执行指令、收集需求反馈,人员来自"报、网、端、微"各个部门,大家组成统一工作团队,听从总编调度中心的指挥,进行全媒体新闻产品的生产加工,所有产品直接进入后台新闻稿库。② 中央厨房这种一次采集、多元生成、多平台分发的生产格局同样适用于广电媒体。英国广播公司(BBC)也建立了基于"中央厨房"模式的新闻中心,改变机构以广播电视生产逻辑为核心的运行方式,将新闻、体育等多样化的信息同时面向广播、电视、互联网、移动互联网四个主要平台进行分发。

2.全媒体记者

媒介融合时代,新闻采集的方式是多样的,形式是多元的,要求全媒体记者具备信息一次采集、动态整合、多个渠道、多层次发布的数字化传播意识。首先在信息采集的过程中,能够采集到与全媒体终端相对应的信息内容和信息形式;其次要掌握全媒体信息发布技术和网络传输技术,保证新闻在第一时间及时发送,再次还要学会通过网络论坛、网络视频、博客、微博、微信、App客户端等多种渠道发布信息,以保证信息的全方位覆盖。例如,对于突发事件,记者在新闻现场看到的是最直观、最生动、最真实的画面,那么此时记者应该首先拍下视频,记录下最真实的现场,之后再进行文字的补充采访。对于重大事件的深度报道,记者则应该首先进行文字的采访和梳理,之后再通过摄影、摄像补充画面。全媒体传播形态的变化,要求记者必须具备灵活的思维,并有较强的新闻敏感和新闻价值判断能力。③ 这些变化,不仅要求对新闻从业人员有过硬的新闻采写编辑能力,还要有较高的信息技术应用能力,更重要的是具备全媒体思维能力和全平台的综合运用能力。

3.写作机器人

大数据、云计算和人工智能等技术的结合,提高了媒介机构对汇集、沉淀的大规模数

---

① 王润珏.资讯重塑:世界性通讯社数字化转型研究[M].北京:知识产权出版社,2020:67-68.
② 叶蓁蓁.人民日报"中央厨房"有什么不一样[J].新闻战线,2017(03):14-16.
③ 郝红霞,刘峰.基于云计算的全媒体新闻人才创新培养模式探析[J].新闻大学,2014(06):116-123.

字化内容资源进行抽取、挖掘和分析的能力,智能机器人能够通过既有媒介内容的学习,掌握媒介机构的内容创作偏好,并独立完成媒介内容的创作、检查和发布。写作机器人的出现使得内容的量产和自动化生产成为可能。

2014年3月,《洛杉矶时报》的机器人记者Quakebot仅用时3分钟便完成的地震新闻写作和发布,可视为传媒产业"自动化"进程的开始。美国科技公司Automated Insights开发的内容生产平台"写作大师"(Wordsmith)则是以数据思维引导内容生产的进一步尝试。它们将"写作大师"定义为数据驱动的写作平台(Data-driven Writing Platform)。通过程序和算法的设计,"写作大师"能够在对历史内容数据分析的基础上,根据需求将各类不同的数据粘合到一起,同时生成无数个故事或稿件产品,从而完全改变了传统的"逐字逐句"的写作和创作模式。现在,"写作大师"平台系统已被包括美联社、康卡斯特、雅虎、福布斯等公司应用于新闻写作、数据分析等工作中,系统每秒钟产生的新闻稿件数量超过2000篇,实现了新闻稿件的规模化生产。新华社研发的"快笔小新"和腾讯研发的Dreamwriter是中国传媒业较具代表性的写作机器人。

(二) 分发流程

媒介融合过程中,分发逻辑从"编辑分发"转向"算法分发",由此带来了分发流程的整体性变化。算法分发模式的应用使得媒介内容的分发流程以对用户的偏好分析作为第一步。分发系统根据用户需求偏好,实时从对接的内容资源数据库中调取相应的媒介内容产品,进行基于该用户偏好、消费场景和终端的定制化"再加工"和精准化推送,实现用户需求与媒介产品的动态匹配,达到"需求——供给"的优化组合。

2012年,今日头条的出现是中国网络新闻资讯服务从"编辑分发"模式向"算法分发"模式转型的分水岭。2013年,一点资讯推出基于算法技术的聚合新闻客户端;2014年搜狐新闻上线以个性化和智能推荐为卖点的5.0版;2015年,腾讯在原有新闻客户端"腾讯新闻"之外加推以算法为主导的全新客户端"天天快报",新浪、网易也在新闻客户端升级时着重加入了根据阅读偏好推荐资讯的功能。在此背景下,媒介机构不断对算法进行完善,以期实现对用户偏好和需求更加精准的把握,并以此为基础进行内容和信息的定制化推送。但是,信息的算法分发模式并非完美,其广泛使用可能引发用户隐私侵犯、算法霸权等负面问题,有待制度层面的规范和约束。

(三) 广告流程

1. 程序化购买

程序化购买主要是指广告主通过广告技术平台自动执行广告资源购买的流程,程序化购买的实现通常依赖于需求方平台和广告交易平台,并通过实时竞价模式和非实时竞价模式两种交易方式完成购买。[①] 程序化交易使得广告投放模式更加灵活自主,广告主可以根据企业营销推广和广告传播的具体需求随时进行广告资源的购买,购买之后立即

---

① 黄杰.大数据时代程序化购买广告模式研究[J].新闻知识,2015(04):58-60.

可以进行投放,投放形式、投放时间、预算分配均更加灵活,从而降低了广告投放成本,提升了广告投放效率。

程序化购买方式是数字传播时代广告资源快速增长的结果。2009年,百度上线的凤巢系统是其中具有代表性的程序化购买系统,用户可以通过设定推广区域、推广时间、推广预算等指标制订自己的推广计划,由系统筛选出相应的广告资源供用户选择。目前,程序化购买已被广泛应用于搜索引擎、社交媒体、新闻网站等各类融合化媒体平台的广告资源经营。

2. 介入节目策划阶段的深度植入

与传统广告相比,植入式广告的存在和表现形式更为多样,且表现空间较大。一般来说,植入式广告根据渗透程度,可以划分为三种类型:轻度的自然植入,产品是被动的道具,品牌 VI(Visual Identity)和产品仅自然显露;中度的关系植入,如主要角色,主动道具以及场景的植入;深度的定制植入,即把产品加入到故事线索中,把产品的特性植入剧情中等。根据渗透的方式,植入式广告可以细化为道具、台词、声音、场景、情节、文化题材六种类型。① 近年来数据分析植入式广告的设计和制作过程中扮演着越来越重要的作用,包括但不限于用户和市场数据分析、节目收视和用户互动数据分析、制作团队和艺人的口碑分析、舆情数据分析等。

(四) 美国坦帕斯新闻中心的媒介融合探索

美国媒介综合集团在佛罗里达州坦帕市建立了"坦帕新闻中心"(Tampa's News Center),是媒介融合比较成功的典范。2000年该集团投资四千万美元在坦帕市建造了一座传媒大厦,将《坦帕论坛报》、网站 Tampa Bay Online、电视台 WALFA-TV 一起搬入办公,实现报纸、电视、网络三家媒介的资源共享。三家媒体的融合不仅仅表现在同处一座办公大楼中,它们的融合表现在各个方面:②

第一,日常工作的合作。在日常工作中,三家媒体虽然各自有独立的人员、办公区域和运作机制,但是它们之间的合作却无处不在,每家媒介每天都会有几次编辑会议。虽然每次编辑会议都是由各个媒介各自组织的,但是另外两家媒介也会参加到编辑会议中来。例如《坦帕论坛报》召开的编辑会议,网站 Tampa Bay Online、电视台 WALFA-TV 也同样会派专职的编辑人员参加。其目的就在于在编辑会议上,三家媒介能够充分对当天融合报道交换意见和想法。

对于一件突发性新闻事件,三家媒体的合作就表现得更加清楚。例如在报道 Sunshine Skyway 大桥坍塌事件时,是由电视台的记者最早获得这一消息。在《坦帕论坛报》当天的协调会上,三家媒体一致同意首先由《坦帕论坛报》来发布这个消息。《坦帕论坛报》的图表部做出了大桥的设计图,并把它提供给了电视台和网站。Tampa Bay Online

---

① 范小春,秦东旭.消费社会视阈下植入式广告在影视作品中的创新性渗透及优化策略[J].杭州师范大学学报(社会科学版),2021,43(02):131-136.
② 坦帕斯新闻中心案例详见:蔡雯,郭翠玲.美国坦帕新闻中心媒介融合的策略与方法[J].中国记者,2007(9):88-89.

网站随后对此事进行了在线报道。在《坦帕论坛报》报道了这则消息之后,电视台就这一则新闻制作了一期谈话类节目。事实证明,这次合作是相当成功的,《坦帕论坛报》由于及时报道突发性事件而在当天阅读率大幅攀升,而由于人们想对这个事件有更加深入的报道,电视台的那天的收视率也提高了 25 个百分点。

第二,报道内容的融合。除了在日常工作中紧密合作之外,在报道内容上三家媒体也表现出极大的融合性。例如,在 WFLA-TV 电视台晚 11 点的新闻栏目里,人们经常会看到主持人在播报带有《坦帕论坛报》标志的新闻,开场白是这样的:"《坦帕论坛报》在今天早上报道……"再如,《坦帕论坛报》负责宗教报道的记者米歇尔·比尔敦(Michelle Bearden)每周都会在特定时间出现在电视台的某个频道上,而关于她的报道也会以文字形式在同一天出现在《坦帕论坛报》版面上。

第三,信息资源的共享。由于隶属于同一个新闻中心,报纸、电视台和网站在信息资源的共享上更加便利。例如,电视台的记者会给《坦帕论坛报》写专栏,还会定期出现在网络的某一个板块上,这些内容经常是独家的。电视台的气象工作者会把气象信息提供给报纸,网络也会在第一时间把电视台的天气预报和其他信息放到网上。

三、业务运营方式的转变

技术的不断演进也为媒体机构内部的业务运营拓展了活动空间,发展出多样化的合作方式。新旧媒体各执优势相互融合,通过不同程度的行业合作和产业拓展共同助力媒体营销,完成流量转化和资本运作。具体而言,媒介融合环境下,业务运营方式在内容生产、内容分发、技术建设、商业化变现方式四个方面发生转变。

(一)内容生产

在媒介融合的环境下,传媒业逐步走向"大内容"生态。媒体机构致力于寻找多样化的合作,在内容生产上共同发力,以开拓新的业务增长点。媒介内容生产也因此呈现出"开放化"特征。

一方面,智能终端和操作简便的影视加工软件的普及使得公众具备了记录、呈现新闻事件和独立制作音视频内容的能力,用户成为内容生产的新生力量。用户生产内容(UGC)已经成为 YouTube、哔哩哔哩、知乎等平台不可或缺的内容构成。另一方面,随着网络直播等新业务的发展,内容生产方式和来源更加多样,包括依托于交通摄像头的传感器直播、由主播手持设备完成的户外直播以及游戏直播、购物直播等。同时,专业媒体机构也开始开放部分自有内容生产平台或资源,成为其他机构内容生产的参与者。例如,美联社的媒体支持服务,包括提供临时网络设施、报道人员,以委托媒体或其他机构的名义拍摄制作媒介内容。新华社的智媒体融合、短视频智能生产平台等智能化媒介内容生产平台在满足自身使用的同时,也面向有需要的用户开放。

(二)内容分发

中央设立 IPTV 集成播控总平台,由中央电视台组织建设,中央电视台与地方电视台联合建设集成播控分平台。IPTV集成播控总平台建有的节目内容集成播控管理体系、EPG电子节目菜单管理体系、用户端管理体系、计费管理体系及DRM数字版权保护系统、数据管理体系,具有播出控制功能。在具体运营过程中,IPTV业务采取"中央集成播控平台—地方集成播控分平台—电信运营商"三方合作运营机制。其中,中央集成播控平台主要负责中央频道及节目的落地,地方集成播控分平台负责地方频道及内容的落地,电信运营商负责传输平台、计费平台及市场营销工作。

(三) 技术建设

技术是媒介融合的驱动力量,技术建设的重要性在媒介融合的进程中不断显现,媒介机构也将技术建设纳入自身的发展战略规划中。具体而言,媒介机构的技术建设包括三种方式:

一是加大技术资金投入,引进技术人才,自建研发中心。这一方式的优点在于机构对技术研发的方向具有控制力,并拥有相应的新技术知识产权,缺点在于投入资金较多,且面临研发失败的风险。互联网媒介机构通常采用这一方式。

二是与技术优势企业合作,发挥各自的专业优势进行技术开发。这一方式的优势在于初期投资相对较低,能够借助技术企业已经取得的优势进行自我技术建设,缺点在于对技术的控制力较差,对技术企业的依赖度较高。传统媒体机构常常通过这一方式实现在新领域的技术建设中起步。

三是通过兼并收购,将技术公司整体纳入机构内部。这一方式的优点在于能够迅速获得在某一领域的技术优势及其知识产权,且具有较高的控制力和主动性,缺点在于一次性投入资金较大,同时还面临兼并后的企业整合问题。资金实力雄厚的大型国际传媒集团常通过这一方式在世界范围内同时进行多个领域和方向的技术建设。

(四) 商业化变现方式

1. 基于内容价值的商业化变现方式

基于内容价值的商业化变现方式主要包括直接的版权、信息服务售卖。用户直接为内容付费,其付费意愿和对内容价值的判断取决于内容的质量和内容的丰富程度。具有代表性的内容价值变现方式包括书籍、报纸、杂志销售,电影票销售,有线电视、IPTV、在线视听平台提供的点播、会员订阅,以及付费直播等。在具体实践中,媒介机构还会对这些付费方式进行进一步细分,以实现内容价值的最大化。例如,电影出品方会在线下院线上映结束后,将影片上传到视频网站进行二次内容销售。视频网站会根据影片的质量、热度选择不同的播映方式,包括单片点播、会员优惠点播、会员专享和免费观看等。

2. 基于用户价值的商业化变现方式

基于用户价值的商业化变现方式是对传统广告模式的进一步发展。传统广告的价值主要取决于媒体的受众规模及受众消费能力,但由于传统媒体传播的单向性特征,对用户价值的评估相对较为粗略。信息技术在传媒领域的广泛应用在增强媒介产品交互性的同时,也使得对用户价值评估的方式和指标更加多元,精准评估、精准投放成为融媒体时代用户价值变现的关键词,广告效果的考量也更加强调对用户行动的影响。

在数字化思维下,对用户价值的衡量不仅要考察媒体用户规模及其人口统计学特征(年龄、性别、学历、收入等),还要考察日活跃用户数量(Daily Active User,DAU)、月活跃用户数量(Monthly Active Users,MAU)、页面浏览量(Pageview,PV)、独立访问用户量(Unique Visitor,UV)、单用户停留时长、转化率等指标。广告成本核算的指标包括千人展示成本(Cost Per Mille,CPM)、点击成本(Cost Per Click,CPC)、下载成本(Cost Per Download,CPD)等,从对用户行为的影响结果衡量广告价值。

3. 基于 IP 运营的商业化变现方式

基于 IP(Intellectual Property)运营的商业化变现方式是前两种变现方式的结合。内容价值和用户价值都是决定 IP 运营能够成功的基础条件,但 IP 运营的变现不再仅仅聚焦于内容售卖或广告销售,而是在突破传媒业商业变现逻辑的、更加广阔的市场中寻找变现途径的经营方式。

常见的传媒业 IP 运营方式分为三个层面:一是基于不同媒介形态和平台的内容价值开发,例如基于小说 IP 的电视剧、电影、动漫制作;二是基于内容或形象的衍生产品开发,例如基于热门影片的电子游戏、线下游戏/主题公园、玩具、服装等周边产品的开发、授权和销售;三是基于核心内容、角色的 IP 生态体系运营,包括系列衍生影视内容生产以及虚拟或真实的文化娱乐产品、教育产品、商业模式的整体搭建和运营。美国迪斯尼集团是 IP 运营最成功的企业,不仅基于其出品的动画影视 IP 在全球建设了多家迪斯尼乐园,还建立了涵盖影视、游戏、动漫、音乐、书籍、文具、玩具、服装、家具等数十个领域的衍生产品体系以及相应的授权、直营、合资等多样化合作模式。

四、媒介业务融合的发展特征

业务融合是产业融合过程中极为重要的一环。需要将原属于不同行业、不同产业的业务根据技术条件与市场需求进行融合创新,创造出符合市场逻辑的融合业务与产品。从以上对媒介业务内容、业务流程、业务运营方式的分析,可以发现媒介业务融合具有以下规律:

(一)业务迭代频率加快

媒介融合带来了媒介业务迭代频率的加速,具体又可分为两种类型:一是因技术应用、行业发展带来的整体性业务迭代。数字技术、移动通信技术等是媒介融合的基础技术,这些技术本身便是在快速迭代的过程中实现自我创新发展。基础技术的变革必然带来系统、应用、硬件和业务的相应变化。例如,移动通信技术的代际更替促使移动终端、智能手机系统升级,新闻客户端、在线视频、社交媒体等媒介应用 APP 也必然做出相应的升级优化。二是因用户需求变化、业务市场策略调整等因素发生的具体企业业务迭代,包括对现有业务的调整与优化以更好地适应用户需求、偏好的变化,对战略性新业务的开发以及既有业务的裁撤以快速适应市场竞争格局和机构核心竞争力的建设需求。

（二）业务具备更多技术性特征

伴随着大数据、人工智能、物联网、云计算、5G技术等技术的创新和应用，媒介机构的业务形态和业务运作都体现出更加明显的技术性特征。业务内容呈现数字化、可视化形态，如实时直播、数据库共享；业务生产流程呈现智能化趋势，如中央厨房、全媒体记者、智能机器人等简化新闻采编，编辑推荐、算法分发实现个性化定制。业务运营方式依靠技术建设呈现更多经济增长点，如我国的IPTV集成播控平台、新华智云推出的短视频数据服务平台MCNDATA，大大提高了业务运营效率。

（三）业务关联主体更加广泛

业务快速更迭、发展带来传媒机构的业务边界不断扩展，不同业务间的区隔变得模糊，业务关联主体的数量增加且身份变得更为复杂。为实现"大内容"生态，传媒机构孵化、扶植原创作者；为保证技术优势，传媒机构与生产商、科技公司合作共谋；为获取资金支持，传媒机构进行跨界投资盈利，保证自身业务生态循环。业务内容、流程与运营的过程中，个人、机构等不同主体环环相扣，利益相关，业务关联主体更加广泛。

（四）市场价值不断发掘

随着业务范围的扩大，媒体机构的商业化变现方式更加多元，其内容价值、用户价值、媒体和平台价值被不断发掘。在行业内，媒介机构从单一广告收入转向广告、内容定制、版权售卖、会员充值、知识付费、电商直播等多种方式共同盈利。在行业外，媒体机构凭借自身影响力，进行投资变现，维护产业生态；其IP资源也被充分利用，衍生多条产业链，市场价值不断增加。

第三节 传媒产业内部的融合

传媒产业结构的变化与转型是媒介融合过程中发生的系统结构转型、媒介生存形态混一的必然结果之一。在新的技术条件和传播模式的共同作用下，传媒产业的运作基础、成本与收益关系、市场结构等方面发生了一系列变化，并最终使传媒产业内部发生融合。

一、传媒产业运作基础的转变

（一）市场权力的转移

大众传播时代的传播模式是单向的、一对多的。媒介资源（频道、频率、刊号）属于稀缺资源，媒介内容生产所需的硬件条件和专业要求都相对较高；公众依赖大众媒介获取信息。作为生产者的媒介机构，居于市场的主导地位。信息技术的飞速发展使媒介资源由稀缺走向富余，信息数量由有限走向过剩；受众转型为用户，拥有了更大的选择权和自由度，并具备"传""受"双重身份，信息市场的主动权正在发生从媒介向受众的转移。同时，搜索引擎、内容分发平台等一大批非内容生产机构借助技术优势、流量优势在传媒业市场中拥有更强的议价能力和市场主导权。

（二）用户结构的分化

大众传播时代的媒介用户是一个模糊的概念，这是由受众"大规模"和"匿名"的特征所决定的。媒介资源和信息的丰富为用户提供了多样化的选择，但同时也使他们面临"难以选择"的困境。消费能力和偏好的差异决定着用户的选择标准和消费预期，并使之呈现出不同的消费特征。我们大致可将传媒用户分为四类：个人、家庭、企业、政府及其他非营利性组织，与之对应，传媒市场分为个人市场、家庭市场、企业市场和政府及其他非营利性组织市场。不同类型的用户使用媒介产品的目的和对媒介产品的功能期待差异显著。例如，个人和家庭是影音娱乐类产品的主要用户，交互视频技术则被企业更多地用于进行视频会议。这也意味着未来传媒市场的竞争将突破媒介形态的区隔。竞争优势不仅来源与产品内容的生产与设计能力，还包括对渠道、终端的合理规划和组合。

（三）产品构成的转变

大众传播时代，媒介信息具有专属性，媒介形态与媒介内容之间一一对应。人们选择某种媒介产品时，就同时选择了相应的媒介内容和媒介形态。我们常常用"看电视""买报纸"来描述媒介消费行为。信息技术统一了不同媒介的信息格式，使媒介内容在具有通用性的同时也使内容、渠道、终端的分离和重新组合成为可能，即同一内容可以通过不同的传输渠道呈现在不同终端。例如，视频内容可以同时通过有线电视网络、移动通信网络和互联网进行传输，用户可以选择电视机、电脑或手机进行接收。媒介融合消解了内容与媒介形态之间的对应关系，传媒产品的类型也更加丰富。

融媒体时代的媒介产品主要包括信息产品和应用服务两类。信息产品，即以某个主题为中心的各类文本、图像、声音信息或是它们的结合，例如，新闻资讯、娱乐节目等。信息产品是传统传媒产品的延续和发展。应用服务是以信息技术为基础的新的传媒产品，包括传输服务、咨询服务、网络服务等。通过开发多样化的应用服务，能够充分发挥硬件、软件系统的市场价值并使信息产品价值获得进一步提高。因此，未来传媒产业的竞争不仅是信息产品生产能力的竞争，更是服务能力和服务质量的竞争。

（四）竞争规则的变化

大众传播时代，传媒产业的运作需要的投资金额巨大，且资产的专用性强，沉淀成本大。传媒产业具有显著的自然垄断特征，超大型传媒集团和大型媒介机构占据竞争优势。

媒介融合初期，数字技术的发展降低了传媒生产的技术门槛和资金门槛，削弱了传媒资产和信息产品的专用性。多样化的选择空间降低了媒介与用户之间的黏度，价格歧视等策略的实施也变得更加困难，从而使传媒市场上产生了更多的潜在竞争者和潜在进入的可能。为了阻止、遏制或是驱逐新进企业，即使是处于垄断地位的传媒企业或集团也不敢随意提高产品和服务的价格。

随着媒介融合进程的深入，平台型媒体快速发展。推特、YouTube、脸书、微博、微信媒体平台在庞大的用户群体支撑下显现出巨大的网络效应,在广告分成模式、平台使用规则、技术标准等方面掌握着市场的主动权。传媒业市场重新形成了以大型平台为主导的垄断格局。

二、传媒产业市场结构的调整

"市场结构"是指市场各主体之间,包括卖方之间、买方之间,卖方和买方之间,以及卖方、买方和潜在卖方、买方之间的力量对比关系及其达到某种均衡状态的特征,反映的是市场中竞争与垄断的关系。[①] 在信息化进程和传媒企业的技术实践共同作用下,传媒产业市场结构发生了一系列重大变化。影响市场结构的因素很多,主要包括市场集中度、产品差别化、进入和退出壁垒、市场需求、纵向一体化、政府介入度、市场需求的价格弹性等。这些因素相互影响,其中任意一个因素的变化都会引起其他因素的变化,进而引起整个市场结构的变动。[②]信息技术同时引发了传媒产业市场结构中几乎所有因素的变化,在这些变化的相互作用下,传媒产业市场结构迅速变化。这些变化主要体现在以下三个方面:

(一)传媒产业市场结构变化之一:行业壁垒变化

传媒领域的行业壁垒主要有三种——政策壁垒、资金壁垒、规模壁垒。刊号和频道是进入传媒市场的首要条件,也一直是政府严格管制的媒介资源。大众媒介时代,受众规模是媒介生存的根本,它从某种程度上决定了媒介的市场价值。因此,传媒市场的新进者必须达到一定的发行或覆盖规模才有可能获得广告收入,维持生存。争取受众规模的能力又与资本密切相关,仅以我国北京报业市场为例,1998年7月《北京晨报》创刊时启动资金为1500万元;2001年,《京华时报》和《经济观察报》的启动资金则分别为5000万元和8500万元。为保证每天早上2小时内印刷100万份报纸,《广州日报》的印刷设备投入更高达10亿元。[③] 网络空间的相对自由和丰富使得网络媒体在运作中这些门槛都被大大地降低了。人们可以免费注册自己的博客空间;只需几百元,人们便可自由地申请独立的网站域名,在积累一定的访问量之后便可逐步实现商业价值。谷歌推出的广告联盟(AdSense)[④]便是一种通过小型网站实现价值"滚雪球"的市场战略。

(二)传媒产业市场结构变化之二:卖方结构变化

大众传播时代的传媒市场卖方由控制着电视、广播、报纸、杂志内容生产、发行的媒介机构或传媒集团构成。网络和信息技术降低了媒介内容生产的专属性。随着行业进入壁垒的降低,传媒市场的内容供应也呈现多元化趋势,传媒企业对传媒产品生产、复制、发行的控制权被削弱。谷歌、脸书、今日头条、优酷网等新兴互联网媒体平台,分别通过对流量、用户、信息和原创内容的集成,借助技术手段对信息编辑、组合,进行二次生产,而成为

[①] 史忠良.产业经济学[M].北京:经济管理出版社,2005:79.
[②] 杨建文.产业经济学[M].上海:学林出版社,2004:76.
[③] 郑保卫,唐远清.试论新闻传媒核心竞争力的开发[J].新闻战线,2003(01):45-47.
[④] Google AdSense是让各种规模的网站通过发布Google广告和提供Google搜索功能获得收入,当用户访问网站或查看网页广告时便能获得收入。

重要的媒介内容产品集散平台,并展现出巨大的市场潜力,改变市场结构。自媒体的发展进一步提高了个体在传媒市场卖方结构中的比例,在 YouTube、脸书等平台,最受欢迎的前 20 位账号均为个人账号,其粉丝数量甚至是媒介机构的数十倍,这类账号也就有着更强的信息传播能力和广告价值。

(三)传媒产业市场结构变化之三:竞争关系变化

行业进入壁垒和卖方结构的变化必然导致传媒市场竞争关系的变化。原有的竞争关系主要以区域市场、同质媒体间的竞争为主。如今,传媒市场的竞争正发展为内容、渠道和终端三个层面的横向竞争。数字化打破了内容生产与媒介传播的一体性,专门性的内容生产企业出现,并能实现跨媒体内容的低成本大规模生产。传统媒体机构对各自媒介产品传输渠道的控制权因三网合一的趋势而被迅速弱化。在新的传输网络结构中,报业丧失了数字传输渠道的主动权,广电也遭遇电信企业的强势冲击。在终端平台的综合化和多样化发展趋势下,英特尔、苹果、惠普、戴尔等主流互联网技术企业先后开发媒介终端,介入市场竞争。

三、传媒产业的融合与重构

(一)基于"互补"的传媒产业融合

"融合"这一概念在传媒领域的应用其意义不仅在于媒介发展现象的概括,更为重要的是揭示了传媒系统变化的趋势,并提示我们以新的思维和视角关注传媒产业的发展方向。然而,无论是对媒介而言,还是对传媒产业而言,"融合"却不是一个简单、迅速的过程。

一方面,各自独立运作的不同媒介行业是走向融合传媒产业的基础。无论是对报业还是广电业而言,其数字化转型和产业融合的过程都必然涉及硬件改造、人员培训、组织调整、管理转型和产权改革等。这一系列活动不仅需要大量的资金投入,还需要一个过度和转型的周期。另一方面,新媒体的成长也并非一蹴而就。诞生于互联网领域的新兴媒体机构通常在技术方面有着突出的优势,但在媒体的品牌公信力、高品质内容的生产力、平台治理能力等方面仍有明显缺陷。

在此背景下,传媒产业必然发生基于功能互补的融合。

一是以不同媒介传播优势互补为目标的传媒产业融合。从纸质媒体到电子媒体,再到数字媒体,媒介资源和传播方式均不同程度地发生了变化。报纸、电视与网络的融合不仅能够使传统媒体有效克服信息容量、单向传播的劣势,同时,也可使媒介内容可以更多、更广泛地接触有相应信息需求的受众,以更好地适应和满足新的市场需求。

二是以不同媒介生产能力互补为目标的传媒产业融合。数字时代的内容生产、传输、呈现是超越媒介形态的,但却仍然存在着类型的区别。例如,纸质媒体的版面编辑应遵循平面视觉规律,而视频媒体的编辑则需兼顾视觉、听觉的基本规律。在传统媒体时代,不同媒体积累大量了不同类型内容的生产经验,在短时间内难以相互习得,新媒体在内容生产,特别是高质量、权威性的内容生产上处于劣势,对传统媒体存在依赖。因此,传媒产内的相互融合,是充分张大不同媒介特征,实现价值增值的必然选择。

三是以资源互补为目标的传媒产业融合。"资源"涵盖的范围非常广泛,包括市场资源、自然资源、技术资源、人力资源、牌照资源等。"获取资源"是不同媒介和企业发展的必然要求。媒介发展的过程不是新旧媒介相互替代的过程,而是共同存在、共同演进。传媒产业融合是新的技术环境下新的资源领域的出现和不同传媒业之间资源互补、增值。例如,互联网在技术资源方面占有优势,报业则拥有更高的公信度,"报网融合"可以在分享的基础上实现共赢。在我国,持有"互联网电视内容服务"牌照的机构建立的互联网电视节目服务平台只能与持有"互联网电视集成业务"牌照机构所建设的互联网电视集成平台相连接。即互联网视频服务企业至少需要与5家互联网电视集成业务牌照持牌机构(中央广播电视总台、上海广播电视台、华数传媒、广东广播电视台、湖南广播电视台)中的一家合作,才能开展OTT TV业务。

(二)基于"聚合"的传媒产业重构

以"互补"为基础的传媒产业融合更多的是业务层面的融合。随着媒介系统的数字化转型和融合的深化,传媒产业将走向运作规律和秩序的重构,其核心是传媒产业价值链的聚合。

1985年,美国学者迈克尔·波特首次提出了"价值链"的概念。他将企业视为在设计、生产、销售、发送和辅助其产品的过程中进行种种活动的集合体,并将这些活动分为基本增值活动和辅助性增值活动,用"价值链"来表示。价值链理论的基本观点是,并不是每一个"价值活动"环节都创造价值,真正创造价值的活动即价值链的战略环节。传媒产业的基本增值活动可分为信息收集、信息生产、信息传输、信息接收和信息服务5个部分。提高每个环节的价值创造能力,追求价值链战略环节的增加正是媒介融合的发展目标。这一需求促使不同媒介领域向价值链聚合方向,由互补型融合走向深度融合。

价值链的聚合是以媒介所有权转变为基础的传媒产业深度融合。它使单一媒介生产活动的价值和效率得到改善,可以通过关联拓展到另一种媒介市场和价值网络,并在关联的过程中实现传媒产业的重构,其主要包括三个层面:一是生产过程的改进。这是传媒产业内部的优化。使不同传媒行业最具价值创造力的环节获得更大的资本、技术支持,并使其优势得到充分张大。从而提高整个产业的生产能力和价值创造能力。二是产品的改进。价值链的聚合将使传媒产业的生产能力、研发能力、各类资源进行优化重组,产品的种类更加多元化、质量也将进一步提高。三是产业的重构。价值链的聚合突破了不同媒介行业固有的业务和市场边界,所有权的转移改变了传媒产业资源和力量的分配,这些根本性的转变使传媒产业正在经历着从结构到秩序的瓦解和重构。

第四节 走向产业融合

一、产业融合的发生

"产业"是社会分工的产物,随着社会分工的产生和发展而产生和发展,是介于宏观经济和微观经济之间的中观经济。在产业经济学中,可以从多个角度来定义产业:从生产的角度来看,它是指同类产品(或者服务)以及可替代产品(或者服务)的生产活动的集合;而从生产者的角度来看,产业指的是生产和经营同类产品(或者服务)及可替代产品(或者服务)的企业集合。一般更为学者们接受的定义是生产同类产品(或者服务)以及可替代产品(或者服务)的企业群在同一市场上的相互关系的集合。[①] 从逻辑概念上来说,产业是指相关行业以一种有序的价值流动结构进行排序的集合,而企业是行业内部的单元组成。[②]

(一) 产业融合的概念

产业之间拥有明确的分工是工业经济时代的主要特征,因此生产效率得以不断提高。但随着 20 世纪 70 年代高新技术的快速发展,跨越原有产业边际的产业融合出现,引起了学者们的关注,自此产业融合的内涵、成因以及影响等研究也逐渐发展起来。

关于产业融合,学者们给出的定义各有不同。早期研究者们更多地从技术层面来认识产业融合,随着数字技术的出现,产业间的交叉逐步开始增多,1978 年,麻省理工学院的学者尼葛洛庞帝用三个重叠的圆圈来考察计算机、广播业和印刷业之间的融合,并认为三个圆圈的重叠处是产业成长最快、创新最为频繁的领域;格林斯坦和卡恩纳(Greenstein & Khanna)在 1997 年以数字融合为基础,将产业融合定义为"为适应产业增长而发生的产业边界的收缩和消失"[③];此外,一些经济学家从进入壁垒和产业内竞争关系的角度来定义产业融合;瑞典学者林德则认为融合是跨市场和产业边界进入壁垒的消失,是分离市场间的一种合并。

20 世纪 90 年代开始,国外学者掀起了产业融合研究的热潮并取得了丰硕的成果,主要从五个方面对产业融合现象进行研究:产业融合作用下的管制放松效应分析;产业融合环境下的公司战略分析;经济演化角度的产业融合分析;产业组织角度的产业融合分析;基于价值链和价格网络理论的产业融合价值重构效应分析。欧洲委员会在 1997 年的"绿皮书"(Green Paper)中对产业融合的定义,体现了系统性的融合理念,该报告对产业融合进行了细致的分析和深入的探讨,从综合性的角度将产业融合定义为技术与网络平台的融合、产业联盟和并购、服务与市场的融合、政策和规制框架的融合[④]。

国内学者对产业融合的研究也深受欧盟定义的影响,对产业融合的内涵和定义提出了各自的看法。这些定义虽各有侧重,但都把握了产业融合的本质,即由数字技术的扩散和信息产业发展所带来的边界的变化。产业融合包含了多个层次,涉及技术、产品、服务、

---

① 国家体改委经济体制改革研究院,中国人民大学出版社,综合开发研究院(中国·深圳).中国国际竞争力发展报告(1997):产业结构主题研究[M].北京:中国人民大学出版社,1998:131.
② 王旭东,史朝,吴楚克.知识经济全书[M].北京:中国经济出版社,1998:456.
③ Yoffie D B. *Competing in the Age of Digital Convergence*[M]. Cambridge,Massachusetts:Harvard Business Review Press,1997.
④ European Commission.Green Paper on the Convergence of the Telecommunications, Media and Information Technology Sectors, and the Implication for Regulation[R/OL]. Brussels:European Commission,1997.[2021-05-13]. https://digital-strategy.ec.europa.eu/en/library/green-paper-convergence-telecommunications-media-and-information-technology-sectors-and.

市场、产业组织以及政府规制等多个方面。

(二)产业融合的路径与形式

产业融合的路径主要分为三种类型：第一，以市场需求为主线形成的产业融合路径，即企业在不断利用产品融合所创造的创新机会来获取竞争优势的同时，也在推动产业不断发展。这一融合主要包含了三个阶段：第一阶段，产业间从供给到需求都不相关，融合过程由外部因素所激发；第二阶段，产业边界、市场结构和公司行为开始变化，产业间出现融合；第三阶段，两个产业的技术或产品市场具有相关性，并且市场稳定化。第二，以知识扩散为主线形成的产业融合路径，即从边界清晰的不同产业的知识库间溢出开始，接着扩展为融合应用性越来越强的阶段，最后导致整个产业间的融合，分为知识融合、技术融合、应用融合以及产业融合四个阶段。第三，以科学技术交叉渗透为主线形成的产业融合路径，从不同学科之间越来越多地相互使用研究成果开始，就出现了跨学科引用的科学融合，随之发展成为技术融合、市场融合以及产业融合。

根据不同的分类角度，产业融合的形式有：第一，按产品或产业的性质进行分类，可以分为替代性融合(一项技术能替代另一项技术)以及互补性融合(两种技术共同使用比各自单独使用更好)；第二，按产业融合的过程进行分类，可以分为功能融合(顾客认为两个产业的产品具有替代性或互补性)和机构融合(企业认为两个产业的产品之间存在联系并生产或销售这两个产品)；第三，按融合技术的新奇性程度可以分为应用融合(当两种以上已知技术融合，产生的突破可被视为是基于创新者将已有解决方案整合成新附加值的创造力)、横向融合(当一种以上已知技术和一种以上新技术合并，产生的新技术可以横向加强已知技术，对已有解决方案形成突破，极大地增加了对于消费者的吸引力，如手机通过与数字摄影整合进入一个新时代)以及潜在融合(两种或以上的新技术，其本身并没有任何突破性特征，而它们的结合产生了新的技术概念，带来突破性解决方案和这些技术的积累性发展)。[①]

二、作为信息产业组成部分的传媒业

(一)信息产业

学界通常认为弗里兹·马克卢普(Fritz Machlup)是最早研究信息产业的学者。1962年他在《美国的知识生产和分配》中提出，知识产业是一类为他人或者为自己所用而生产知识、从事信息服务或生产信息产品的机构。从这一定义来看他提出的知识产业几乎等同于信息产业。[②] 马克·波拉特(Marc Uri Porat)在此基础上提出了"信息产业""信息经济"等概念，并将其列入"第四产业"，不仅包括直接向市场提供信息产品和信息服务的产业，而且包括把信息劳务和资本提供给内部消耗而不进入市场的信息部门，如信息生产

[①] 单元媛,赵玉林.国外产业融合若干理论问题研究进展[J].经济评论,2012(05):152-160.
[②] 张燕飞,严红.信息产业概论[M].袁君时,周世铮,译.武汉:武汉大学出版社,1991:110-111.

者、政府公共部门和一切私人企业的管理部门等。①

我国学者也根据各自的研究对"信息产业"进行了定义。马费成提出,信息产业是指国民经济活动中与信息产品和信息服务的生产、流通、分配、消费直接有关的相关产业的集合。② 而我国国家统计局在 2003 年发布的《统计上划分信息相关产业暂行规定》中对信息产业的定义为:与电子信息相关联的各种活动的集合。

由此可见,信息产业本身就是信息技术发展的结果,也是传统工业时代向信息经济时代过渡的重要标志。

(二) 信息产业中的传媒业

基础技术的同一化使得传媒、电信、IT 等多个产业间的产品、业务、消费等层面不断发生着交叉、渗透,产业边界出现模糊,产业形态、特征也发生变动,传媒与多个产业间呈现出明显的融合趋势,并由此引发了对传媒产业的归属问题的讨论。

传统的大众传媒业主要涵盖报纸、广播、电视、电影、杂志、书籍。20 世纪 90 年代,录音、录像和互联网开始进入传媒领域。20 世纪 90 年代末,在信息技术的强大推动下,大众传播与电信、计算机业的融合催生了"信息传播产业"的新概念。③ 1995 年,美国学者凯文·曼尼用自创的新词"大媒体"(mega-media)描述传媒业不分领域全面竞争的现象,并将统合传媒业、电信业和信息(网络)业的新产业称为"大媒体业",④ 以此表达作者对当时发生的横跨通信、信息、计算机和娱乐产业的新变化的激动之情。⑤

我国国家统计局公布的统计数据显示,以 2004 年为界,之前我国新闻、出版、广播电视等大众传播相关行业的统计归口为教育文化艺术及广播电影电视业,之后的统计归口为文化体育和娱乐业。2004 年 2 月和 5 月,国家统计局相继颁布了《统计上划分信息相关产业暂行规定》(以下简称《规定》)和《文化及相关产业分类》(以下简称《分类》)。这两项统计标准成为我国传媒产业归属认定的主要依据。《规定》中按照电子信息活动的同质性,对与信息相关的行业小类进行了重新分层和组合,将信息相关产业主要活动归纳为:电子通信设备的生产、销售和租赁活动;计算机设备的生产、销售和租赁活动;用于观察、测量和记录事物现象的电子设备、元件的生产活动;电子信息的传播服务;电子信息的加工、处理和管理服务;可通过电子技术进行加工、制作、传播和管理的信息文化产品的服务⑥。《分类》中明确了文化及相关产业的活动主要包括:(1)文化产品制作和销售活动;(2)文化传播服务;(3)文化休闲娱乐服务;(4)文化用品生产和销售活动;(6)文化设备生产和销售活动;(6)相关文化产品制作和销售活动。其中,新闻服务、出版发行和版权服

---

① [美]M.U.波拉特.信息经济[M].北京:中国展望出版社,1987:2-3.
② 马费成.信息经济学[M].武汉:武汉大学出版社,1997:212.
③ 明安香.美国:超级传媒帝国[M].北京:社会科学出版社,2005:3.
④ 闵大洪.从台湾媒体的网络化进程看"大媒体"趋势[J].中国记者,2001(02):75-76.
⑤ Maney, Kevin. Megamedia *Shakeout: the Inside Story of the Leaders and the Loser in the Exploding Communications Industry*[M]. New York: John Willey & Sons, Inc. 1995. preface, 1.
⑥ 国家统计局关于印发《统计上划分信息相关产业暂行规定》的通知[EB/OL].(2004-02-10)[2021-06-24]. http://www.stats.gov.cn/tjsj/tjbz/200402/t20040210_8659.html.

务、广播、电视、电影服务、文化艺术服务被列为我国文化产业的核心层。① 从我国的分类标准来看,传媒业的相关业务同时属于信息相关产业和文化产业两个大类,具有双重产业属性。这种复合性恰恰显示了当前处于产业融合核心的传媒业的特殊状态。

信息产业的结构与分类也处于变化发展之中。美国学者戴维·莫谢拉将20世纪60年代以来信息产业的发展历程划分为四个阶段,分别是:1964—1981年,以系统为中心,主要顾客为公司,市场规模约为200亿美元;1981—1994年,以个人电子计算机为中心,主要顾客为专业人员,市场规模约为4600亿美元;1994—2005年,以网络为中心,主要顾客为用户,市场规模约为3万亿美元;2005—2015年,以服务内容为中心,主要顾客为个人,市场规模因遍及全球和太多产业的嵌入而难以衡量。② 信息产业在自身发展扩张的同时也极大地提高了经济体系中多个产业之间的资产通用性和产业间的关联程度。实际上,今天的信息产业已成为一个庞大的复合经济体,促使我们不断更新对信息产业认知。

1997年,美国、加拿大、墨西哥三国制定的《北美产业分类体系》(NAICS),首次对信息业进行了归类,并将其纳入分类体系中。1998年,经济合作与发展组织(OECD)通过了"信息与通信技术"分类。2002年,联合国统计委员会以NAICS和OECD的分类为基础,制定了"信息业"和"信息与通信技术"两个分类。其中"信息业"的核心内容为录制媒体的出版、印刷和复制,邮政和电信,计算机和有关活动,娱乐、文化和体育活动③。

在我国《国民经济行业分类》(GB/T 4754-2017)(2019年修订版)中,广播电视传输、互联网信息服务、数字内容服务等具有代表性的传媒业融合化业务已经被明确纳入"信息传输、软件和信息技术服务业"的类目之下。④

新的技术和市场环境下,传媒产业系统内部以及外部环境都发生了一系列结构性变化,特别是网络和数字技术的应用不断将新的概念和思维方式引入媒介系统,也不断将媒介系统纳入信息产业的运行框架。摩尔定律(Moore's Law)、贝尔定律(Bell's Law)、吉尔德定律(Gilder's Law)、麦特卡尔夫定律(Metcalfe's Law)因揭示了信息产业发展的核心规律而被称为IT业四大定律。⑤ 今天的传媒业已同样适用上述规律。在技术逻辑的作用下,传媒将与电信、IT业正一同走向信息产业的大融汇。融汇后的信息产业的结构至

---

① 国家统计局关于印发《文化及相关产业分类》的通知[EB/OL].(2004-04-01)[2021-6-24].https://doc.xuehai.net/b6a67b8ebbb1161a2ff2ab0cf.html.

② 戴维·莫谢拉.权力的浪潮——全球信息技术的发展与前景[M].高铦等译.北京:社会科学文献出版社,2002:6.

③ 各项分类的详细内容为:(1)录制媒体的出版、印刷和复制(书籍、小册子和其他出版物出版;报纸、期刊和杂志出版;记录媒介出版;其他出版);(2)邮政和电信;(3)计算机和有关活动(软件出版;数据处理;数据库活动和电子内容在线分发);(4)娱乐、文化和体育活动(影片和影带的制作和发行;影片放映;广播和电视活动;新闻社活动;图书馆和档案馆活动)。参见:国家统计局关于印发《统计上划分信息相关产业暂行规定》的通知[EB/OL].(2004-02-10)[2021-06-25].http://www.stats.gov.cn/tjsj/tjbz/200402/t20040210_8659.html.

④ 国家统计局关于执行国民经济行业分类第1号修改单的通知[EB/OL].(2019-05-20)[2021-05-25]. http://www.stats.gov.cn/tjsj/tjbz/201905/t20190521_1666107.html.

⑤ 摩尔定律:微处理器的速度每18个月翻一番。贝尔定律:微处理器的价格和体积每18个月减小一半。两大定律互相补充,意味着同等价位的微处理器的速度会越变越快,而同等速度的微处理器则会越来越便宜。吉尔德定律:在未来25年,主干网的带宽每6个月增长一倍,其增长速度是摩尔定律预测的CPU增长速度的3倍。第四定律:麦特卡尔夫定律:网络的价值同网络用户数量的平方成正比。

少包括三种服务类型：一是内容生产服务，如出版、电影和广播；二是内容传递服务，如电话和有线；三是数据处理服务，如软件和编程。[①]

三、传媒产业融合的发展趋势

（一）传媒产业融合的动因

传统的传媒产业可以分为两大类，一类是印刷类传媒产业，包括报纸、期刊、图书等；另一类是电子传媒产业，包括广播、电视、电影等。随着数字化时代的到来，以互联网等为载体的网络媒体，由于其生成和传播都以数字化技术为基础，故又被称为"数字媒体"（Digital Media）。传媒产业的变革与技术的发展密不可分，新的技术和市场需求相结合，带来传媒产业融合的契机和技术支持，例如，互联网、手机和移动数字阅读器的出现和普及改变了传播的流程、方式和消费模式，丰富了媒介的内容和形式，同时也模糊了传统传媒产业分类的边界。[②]

一般而言，传统传媒产业的生产流程具有纵向一体化的特点，例如，广播电视业的采、编、播三个环节基本上是一体化的；出版业则习惯于将编、印、发各个环节的业务联成一体。数字媒体出现后，数字融合市场正在逐渐替代传统传媒产业的纵向一体化制作模式，这导致了传统传媒产业的纵向一体结构的逐渐解体，传媒产业融合勃兴的契机因而出现。[③] 随着信息技术和网络技术的发展，传媒产业融合成为产业融合的典型，新闻出版、广播影视、电信与新媒体等不同的产业可提供相同或相似的产品，出现了业务融合、市场融合和终端融合的趋势，产业边界不断模糊甚至消失。

1. 技术创新是产业融合的根本动因

技术创新是指企业应用创新的知识和新技术、新工艺，采用新的生产方式和经营管理模式，提高产品质量，开发生产新的产品，提供新的服务，占据市场并实现市场价值；是新产品、新设备、新系统以及新过程等形式在内的技术逐步商业化，成为不同产业之间通用的技术平台，这种通用的技术消除了不同产业之间的技术进入壁垒，导致不同产业之间的技术边界与生产方式趋同。[④] 当一些重大技术突破发生时，就会出现大量的技术创新，除了改变生产技术和管理技术以外，还会淘汰落后的产业，促使对传统产业的改造和升级。

首先，信息技术使传统传媒产业面临衰退的危机，这一危机首先从报业开始。2005年起，"报业拐点""报业寒冬"等概念在讨论报业发展时被提及的概率大大增加，"网络化生存"也成为我国报业面临的重要课题。随之而来的是电视开机率、收视率下降，频道出现"关、停、转、并"。传统传媒产业迫切需要寻求信息化时代的产业发展之路。其次，信息技术为传媒产业创造了增值空间。就本质而言，传媒产业的核心是"信息生产"，具有信息

---

① Bum Soo Chon, Junho. H Choi, George A. Barnett, JamesA. Danowski, Sung-Hee Joo. A Structural Analysis of Media Convergence: Cross-industry Mergers and Acquisitions in the Information Industries[J]. *Journal of Media Economics*, 16(3), 2003: 141-157.
② 陶喜红, 王灿发. 产业融合对传媒产业边界的影响[J]. 新闻界, 2010(01): 14-17.
③ 金永成, 金晓春. 数字媒体时代的媒介产业融合: 产业经济学视角的分析[J]. 新闻界, 2010(06): 3-5.
④ 郑明高. 产业融合: 产业经济发展的新趋势[M]. 北京: 中国经济出版社, 2011: 91.

产业的特征,信息技术对我国传媒产业的技术改造正在发生,涵盖了传媒生产的信息采集、信息加工、信息传输和终端接收等所有环节,使得传媒产业的生产效率普遍提升。

2. 放松规制是产业融合的外部条件

放松规制是指政府放松对自然垄断或其他产业的进入退出、价格等方面的行政或法律的监管。政府通过放松规制刺激垄断者竞争动力和改善其日益低下的效率,降低市场准入壁垒,使得不同的产业之间可以相互进入、渗透和竞争;面对技术条件提升和市场需求的改变,政府通过放松规制激励并扩展技术和商业模式创新,充分整合和利用资源,提升原有价值或创造新的价值,将各自独立产品部件连接成更大系统的整合技术,从而构建一个利益共赢的价值网。卡恩(Alfred E. Kahn)对美国放松规制的实证分析表明,放松规制促使大量新企业加入,加剧竞争,降低收费,提高企业的效率和活力,扩大需求和投资,使服务多样化,从而使经济增长率得到提高。[①] 传媒产业具有自然垄断属性,长期以来一直是各国规制的中心。近年来我国媒介融合所涉及业务领域的规制也有所放松,最具代表性的是通信业和有线电视行业机构得到允许,相互进入原本行业归属严格的内容传输、宽带服务等业务领域。

3. 竞争合作是产业融合的重要原因

企业间愈发紧密的竞争与合作关系,以及企业对利润和保有竞争优势的渴望,是促成产业融合的重要原因之一。依据可竞争市场理论,只要存在潜在进入者的预期竞争,就足以使边际成本定价成为市场均衡的一个条件;[②]这意味着即使在垄断市场结构中,潜在竞争压力的存在也会激励企业进行技术创新和组织结构改进以保持优势。

随着信息技术的发展,传媒产业的市场规模不断扩大,巨大的潜在竞争压力促使企业高度重视技术创新和扩散,传媒市场呈现出旺盛的产业活力。首先,企业之间的协同竞争产生了比原来各自独立竞争更好的经营效果,使更多的资源在更广阔的范围内被合理支配和运用,生产的产品也具有更高的竞争力,例如"报网融合""台网融合""广播电视融合"以及"报纸杂志融合"等,信息能够以不同的形态呈现在不同的媒体中。其次,传媒产品的成本弱增性特点可以使产品以较低的边际成本销售,为了追求范围经济效益,企业进行多元化经营,传媒机构为了降低生产成本,纷纷把经营范围拓展到报纸、广播、电视、网络等领域;产业融合后出现的新产品除了改变市场需求外,也改变了市场竞争和价值创造的过程,尤其是一些交叉产品,例如传统媒体与互联网交叉形成的新产业成为新的经济增长点。

(二) 传媒产业融合路径选择特点

媒介融合是数字时代传媒机构开展的从产品到运营模式的融合创新实践,它需要内容产品提供商与平台运营商之间的合作、同类运营商之间以及不同类运营商之间的协同合作、输出终端的深度融合。媒介融合不仅改变了市场结构,也改变了企业竞争关系。

---

① [日]植草益.微观规制经济学[M].朱绍文,胡欣欣,等译.北京:中国发展出版社,1992:181-184.
② 夏大慰.产业组织与公共政策:可竞争市场理论[J].外国经济与管理,1999(11):9-11.

1. 多种融合形式相结合

从融合形式上来看,传媒产业融合又可分为基于技术的渗透融合、基于市场的延伸融合以及基于资本的重组融合三类[①]。媒介的演变总是遵循着一种规律,即新的技术催生和推动了新的媒介,同时也在改造和影响着传统的媒体形态,技术融合推动着市场、产业结构发生着变化;延伸融合是指通过产业之间的功能延伸和互补进行的产业融合,主要通过赋予原有产业新的附加功能和更强的竞争力,形成新的融合产业体系,传媒产业的多元化和集团化使得跨媒体、跨地域、跨行业成为延伸融合的主要内容;基于资本的重组融合主要发生在具有紧密联系的产业重组整合过程中,媒体为达到自身战略目标,会与其他企业进行并购重组,以提高竞争力,适应市场发展,如通过收购其他媒体或企业,来弥补自身技术、人力以及资源等方面的不足。

2. 横向并购与纵向并购相结合

传媒机构通过并购来实现扩张的案例很多,并购行为并不仅仅局限于传媒产业内部,还拓展到产业外部。传媒产业的技术、内容、资金等资源的有效配置不仅通过并购来实现,也可以通过建立企业间战略联盟或虚拟企业的合作方式实现资源的有效配置。比如,处在传媒产业链上的设备供应商、平台运营商、内容提供商和服务供应商可以在某个或某类业务上结成联盟,共同进行内容策划、推广及终端输出;广播、电视、报纸、网络等不同媒体间进行合作,相互推介内容与共享一些新闻资源。传媒机构仅仅依靠自身的内部资源很难获得高人一等的竞争优势,而应在传媒产业链上与其他企业进行战略性的合作,使资源得到有效配置,最终达到产业链整体效益的最大化。在媒介融合的大背景下,国际媒介巨头纷纷通过战略联盟、并购或拆分等市场行为从外部企业获得所需资源,达到"双赢"的协同效应,这是媒介融合后对企业行为的一个重要影响。

3. 技术、业务与产业融合相结合

传媒产业融合过程中,与其他产业之间需要经历一个从技术融合到业务融合再到产业融合的过程。[②] 过去产业分立的一个重要原因就是存在着技术壁垒,形成了不同的产业边界;数字技术和网络技术的发展,产生了"通用性和开放性"力量,通用性即信息技术在不同产业领域的广泛运用,而开放性则决定了信息技术的扩充性和兼容性,突破了技术上对信息传递的束缚,使信息的传播成本急剧降低,这就有力地推动了信息传递由"单向广播"到"双向交流"的转变;产业融合使传媒产业和其他产业间出现了可以互相代替的产品和服务,从而使通信、互联网、广播电视、出版等产业原有的产品提供方式逐渐趋同、差异化减弱,不同的产业原有的独立价值链出现了交叉;传媒产业与通信、互联网等产业的不断融合,形成了一种交叉的由内容制作、内容传输、传输和终端组成的价值链网,数字出版以及手机电视等都是传统媒体业务在新媒体上的呈现,消费者可以通过一个终端上网、看电视、获取各类信息等,这导致不同产业间的业务出现了拓展和延伸,形成了新的业务融合市场;业务融合使得过去的技术、业务以及组织等发生了变化,业务范围扩大,资源得以在更大的市场范围进行配置,企业之间既有争夺市场的交叉竞争关系,又有为实现双赢

[①] 韩军.三网融合下传媒产业发展的路径及对策分析[J].宏观经济研究,2011(12):49-58.郑明高.产业融合趋势下的企业战略[J].中国流通经济,2010,24(06):46-49.

[②] 肖叶飞,刘祥平.传媒产业融合的动因、路径与效应[J].现代传播(中国传媒大学学报),2014,36(01):68-71.

乃至多赢的合作竞争关系,并促进产业之间的并购和重组,最终导致产业融合。

(三) 传媒产业融合对市场结构的影响

市场集中度是对某个行业的市场结构集中程度的测量指标,它用来衡量这一行业中的企业数目和企业规模的差异,是测量市场势力的重要量化指标。传媒产业融合提高了市场集中度,从而加剧传媒产业聚集现象。

首先是基于企业实力和发展战略的融合和集聚。在全球范围内,超大型传媒集团尝试以业务板块的延展实现机构内部的媒介融合,并继续维持在市场的主导地位。以时代华纳、维旺迪·环球、华特·迪斯尼、维亚康姆、贝塔斯曼、新闻集团以及索尼集团为代表的综合性传媒集团的业务,囊括了电视、电影、有线电视网络、出版等几乎所有媒体。我们已经不可能按照传统意义上的传媒产业概念将其划分为报业、广播、电视、电影与出版业中任何一个行业。这些集团旗下还拥有主题公园、球队(篮球/橄榄球/棒球)、金融公司等,甚至不能完全将其归属于传媒行业,这类集团的庞大的业务体系和子公司体系本身就造成一定程度资源、市场的集聚。

其次是基于地域优势的融合和市场结构改变。在我国的一些经济实力较强的大中型城市,如北京、上海、广州、深圳等,传媒、信息通讯、文化等相关产业都相对发展较好,其融合进程、融合后产生的集聚效应也更加明显。这些地区的融合性业务、产业发展,对全国市场格局的形塑发挥着引领和带动作用。

思 考 题

1. 媒介形态变迁的规律是什么?
2. 媒介业务融合有哪些类型?试举例说明。
3. 传媒产业内部融合体现在哪些方面?请结合案例说明。
4. 试说明媒介形态、媒介业务、传媒产业内部以及产业融合之间的关系。
5. 举例说明产业融合的形式有哪些?
6. 传媒产业融合的动因是什么?其融合路径有什么特点?

主要参考文献

1. [美]艾伦·格里菲思.数字电视战略:商业挑战欲机遇[M].罗伟兰,译.北京:中国传媒大学出版社,2006.
2. 鲍立泉.技术视野下媒介融合的历史与未来[M].武汉:华中科技大学出版社,2013.
3. 单元媛,赵玉林.国外产业融合若干理论问题研究进展[J].经济评论,2012(05).
4. [美]亨利·詹金斯.融合文化:新媒体与旧媒体的冲突地带[M].杜永明译.北京:商务印书馆,2012.
5. [美]弗里兹·马克卢普.美国的知识生产与分配[M].孙耀君,译.北京:中国人民大学出版社,2007.
6. 韩军.三网融合下传媒产业发展的路径及对策分析[J].宏观经济研究,2011(12).
7. [丹]克劳斯·布劳恩·延森.媒介融合:网络传播、大众传播和人际传播的三重维度[M].刘君,译.上海:复旦大学出版社,2012.
8. 马费成.信息经济学[M].武汉:武汉大学出版社,1997.

9. [美]马克·波特拉.信息经济[M].袁君时,周世铮,译.北京:中国展望出版社,1987.
10. 厉无畏,王慧敏.产业发展的趋势研判与理性思考[J].中国工业经济,2002(04):5-11.
11. 吕焕斌.媒体融合的芒果实践报告[M].北京:中信出版社,2019.
12. 李贺,张世颖.国内外网络用户信息需求研究综述[J].图书情报工作,2014,58(05).
13. 彭兰.网络传播概论[M].北京:中国人民大学出版社,2017.
14. [美]帕蒂·麦考德.奈飞文化手册[M].范珂译.杭州:浙江教育出版社,2018.
15. 史忠良.产业经济学(第二版)[M].北京:经济管理出版社,2005.
16. 史忠良.新编产业经济学[M].北京:中国社会科学出版社,2007.
17. 陶喜红,王灿发.产业融合对传媒产业边界的影响[J].新闻界,2010(01).
18. 王润珏.产业融合趋势下中国传媒产业发展研究[M].北京:中国书籍出版社,2011.
19. 王旭东,史朝,吴楚克.知识经济全书[M].北京:中国经济出版社,1998.
20. 肖叶飞,刘祥平.传媒产业融合的动因、路径与效应[J].现代传播(中国传媒大学学报),2014,36(01).
21. 夏大慰.产业组织与公共政策:可竞争市场理论[J].外国经济与管理,1999(11).
22. 严奇春,和金生.知识创新视角下的产业融合分析[J].科技进步与对策,2013,30(03).
23. 植草益.信息通讯业的产业融合[J].中国工业经济,2001(02).
24. 郑明高.产业融合:产业经济发展的新趋势[M].北京:中国经济出版社,2011.
25. 周振华.产业融合:产业发展及经济增长的新动力[J].中国工业经济,2003(04):46-52.
26. 曾剑秋,方滨兴.网和天下——三网融合理论、实验与信息安全[M].北京:北京邮电大学出版社,2010.
27. 周济,李培根,周艳红,王柏村,臧冀原,孟柳.走向新一代智能制造[J].*Engineering*,2018,4(01):28-47.
28. European Commission. Green Paper on the Convergence of the Telecommunications, Media and Information Technology Sectors, and the Implication for Regulation[R/OL]. Brussels: European Commission, 1997. [2021-05-13]. https://digital-strategy.ec.europa.eu/en/library/green-paper-convergence-telecommunications-media-and-information-technology-sectors-and.
29. Yoffie D B. *Competing in the Age of Digital Convergence*[M]. Cambridge, Massachusetts: Harvard Business Review Press, 1997.

CHAPTER 4
第四章

媒介融合的机构实践策略

第一节 产品的调整与创新

一、媒介产品的调适

（一）媒介产品改进与升级

产品的改进和升级通常是媒体机构应对数字化时代市场变化的首选策略。该策略是在不改变原有产品形态的前提下，通过新技术、新思维的应用，改进生产效率、提升产品质量、优化产品体验、推出衍生产品等方式，提高原有产品对新的市场环境和受众需求的适应性。

产品改进策略在传统媒体数字化转型初期被广泛应用。例如，电子化和网络化是以报社、杂志社为代表的纸质媒体经营机构在数字化转型阶段的首选策略。1993年12月6日，《杭州日报·下午版》通过该市的联机服务网络——展望咨询网进行传输，这是我国报纸电子化传输的首次尝试；1995年12月，《中国日报》网站开通，成为我国第一个由全国性日报主办的新闻网站。随着我国移动通信行业的发展和寻呼机、手机、彩屏手机等终端的相继普及，报业的内容分发也进一步向着移动化的方向发展。1996年，《中国证券报》电子版正式出版，它不仅通过互联网发行，还与无线寻呼台合作，将重要的内容发送到用户使用的寻呼机上。2004年7月，以中国移动多媒体信息业务中的彩信业务为依托，全国第一家手机报《中国妇女报·彩信版》正式上线。这一阶段，中国报业正处于发行量、广告收入持续上升的高速发展阶段，传统的纸介质报纸是报业的主营产品，数字化的业务处于尝试阶段，并未成为机构和行业发展的战略性部署。广播电视的产品升级主要体现在频道频率数字化，开办高清频道，以及3D、4K等新技术技术的应用尝试方面。

随着数字化程度的加深和技术创新应用速度的加快,对既有产品的持续改进、升级成为保持产品生命力、延长生命周期的必要内容,也成为媒体机构运营的常态化内容。其中,官方网站、移动客户端等新媒体产品的迭代频率相对更高。CNN 的移动客户端(CNN Breaking US & World News)上线于 2011 年 4 月 18 日,截至 2021 年 1 月 28 日,安卓平台已更新至 6.13.3 版本,最近更新时间为 2021 年 1 月 5 日。

图 4.1　脸书新闻标签

许多产品会在改进升级的过程中增加新功能、新服务。用户体量较大的产品在进行这类改进时,常常会引发用户和行业的广泛关注,对产品形象塑造和品牌形象升级产生拉动效应。

2019 年 10 月 25 日,脸书宣布在美国上线测试新功能——脸书新闻(Facebook News),采用以算法驱动为主、人工审核为辅的方式进行新闻服务,尝试推动"数字时代新闻业新形式的形成"。基于这一新的功能设计,脸书在原有平台中创建了一个"新闻"的特定选项卡(如图 4.1),并组建了独立编辑团队负责"今日故事"(Today's Stories)部分内容的筛选;"脸书新闻"中的新闻内容全部来源于平台合作的专业新闻机构;脸书公司将向这些机构付费,但同时这些新闻的发布者必须包含在"新闻页面索引"中,还需要遵守脸书的发布机构指南,平台将持续对这些账户进行检查,以确保它们符合资格标准。① 此举被认为是社交媒体平台企业针对社交媒体平台日益泛滥的虚假新闻采取的主动应对措施,受到了全球新闻传播业界、学界以及多国政府的关注。腾讯微信于 2011 年上线,从公众号到小程序,再到视频号,每一次重要的产品更新都会引发关于移动互联网生态的广泛讨论。

(二)媒介产品的转型

媒介产品转型是指对原产品的产品形态、市场定位、服务模式等方面进行较大幅度的改变和调整。媒体机构通常在原产品目标市场规模缩小、受众流失、收入下降明显,或新市场、新趋势、用户的新偏好趋于明朗化的情况下采用媒介产品转型策略。该策略的实施需要以机构内部经营思路、运营逻辑、组织结构的调整作为支撑。

2005 年前后,全球报业开始出现整体性衰落,报业停刊风潮逐渐在世界各国蔓延,并延续至今。纸质报纸的转型方向则因媒体机构的决策、媒体所在国家的市场环境、数字化

---

① Introducing Facebook News[EB/OL].(2020-10-25)[2021-01-24]. https://about.fb.com/news/2019/10/introducing-facebook-news/.

发展阶段等方面的差异而有所不同。2009年,美国百年大报《西雅图邮讯报》《基督教科学箴言报》先后停止纸质报纸发行,改为通过互联网发送网络版报纸。同年英国《卫报》成为首家在社交网站推特上发行的报纸,所有内容将按照推特的格式量身定做,每篇文章被限制在140个字符以内,且大量使用网络语言。2016年3月26日,创刊于1986年的英国《独立报》在出版最后一期报纸后宣布纸质版正式停刊,转由通过移动客户端"The Independent Daily Edition"向用户提供资讯服务。

"台网联合"是广播电视机构常用的传统媒体转型策略。广播电视机构在保持电视、广播频道时序性播出的同时,通过建设自有互联网平台,为用户提供直播、点播等多样化在线视频服务。例如,英国广播电视公司(BBC)旗下的BBC在线(BBC Online)、中央电视台旗下的中国网络电视台(CGTN)、美国有线电视新闻网(CNN)旗下同名官网(www.cnn.com)等。

广播电视机构也通过"关停、并转"相结合的方式实现电视频道整合转型。例如,2019年1月1日起,上海广播电视台将炫动卡通频道和哈哈少儿频道整合成哈哈炫动卫视,其中炫动卡通卫视由"炫动卡通"字样改为"哈哈炫动",继续使用原有频率传输,哈哈少儿频道同时停止播出。上海广播电视台在2019—2020年间,还相继将旗下娱乐频道和星尚频道合并成都市频道,纪实频道和艺术人文频道整合调整为纪实人文频道,东方电影频道和电视剧频道整合调整为东方影视频道,并对整合后的频道内容进行重新规划。

有线电视运营商则通过对直播频道增加回看、时移、点播等功能,并增设自有点播内容等方式在优化用户体验的同时,实现了从"传输型服务产品"向"传输+视听服务产品"的转型。

二、新产品的研发

传统意义上的新产品包括全新产品、改进升级产品。但是,随着传媒业与互联网、信息产业的深度融合,快速更迭已经成为媒介产品运营的常态。今天的媒介新产品需要在产品特征、传播逻辑、用户体验、用户收益、商业模式等方面有所突破,甚至基于全新的技术和原理被开发出来。在媒介融合及更广泛的行业融合、产业融合背景下,媒介新产品呈现出多功能化、复合化、智能化等特征。

(一) 以全新技术和原理为基础的媒介产品创新

以全新技术和原理为基础的媒介产品创新方式着眼于新技术、新原理的特征和规律,不仅能够有效满足目标用户的传统媒介需求,还能够在一个或多个方面满足用户工作、生活、社交等非媒介需求。在实践中,准确把握目标用户的特征和需求、充分评估技术普及应用的客观环境、有效实现从"技术"到"应用"的转变,是这一产品创新方式需要关注的重点。近年来先后兴起的推特、脸书、微信、抖音等广受欢迎的、具有媒体特性的移动客户端应用产品都诞生于这一新产品研发方式。

以互联网新闻资讯服务产品为例,腾讯、网易、搜狐、新浪等互联网企业开发的新闻客户端是早期中国移动互联网新闻资讯服务市场的代表性产品。2012年8月,今日头条以"你关心的,才是头条!"为口号进入新闻资讯服务市场。尽管从用户的角度来看,今日头条是与腾讯新闻、网易新闻类似的资讯服务应用,但它们的核心运作运行逻辑却完全不同。腾讯、网易等互联网企业的新闻资讯服务起步于新闻门户网站时代,因此它们的新闻客户端也延续了新闻网站的板块化、主题化的呈现形式和以"编辑"为主导的新闻选择、分发逻辑。今日头条的自我定位则是个性化资讯推荐引擎产品,其最大的特征是基于算法的新闻搜索和个性化推送、精准分发。今日头条能根据用户的阅读偏好进行智能化的内容选择和推送更加贴合用户需求的信息,从而能给用户带来完全不同于其他资讯类应用的使用体验。

(二)基于核心竞争力价值再挖掘的媒介产品创新

基于核心竞争力价值再挖掘的媒介产品创新方式,是指将新技术、新思路与媒体机构已经积累的优势资源、优势产品相结合,开发出符合融合化传播方式和用户媒介消费偏好转换趋向的新产品;或是通过新技术的运用,对既有产品、资源进行重新开发。由此产生的新产品与媒体机构现有产品仍有直接联系,但在产品形态、运营逻辑和商业模式等方面均有较大差异。此类新产品是对媒体机构原有资源价值的扩展,也是对其核心竞争力的进一步增强。

1997年,法新社为应对数字化发展趋势,推出名为图片银行(Image Forum)的线上服务新产品。图片银行的实质是一个图片数据库,是以数字化存储、检索、分发等相关的硬件和软件技术为基础对法新社新闻图片价值的重新发掘。法新社将多年积累的、数码化的图片档案和不断生产的新闻图片集成在一起,组成专门化的在线图片数据库。用户可以在图片银行官网检索和获取数据库中的数码照片。图片银行的推出改变了法新社传统的点对点照片传真服务方式。照片的数码化在缩短传输时间的同时,也使法新社的图片销售从"主动推销"向"用户自选"转变,并为档案图片提供了新的价值变现渠道。

芒果 TV 则是我国广电行业核心价值再挖掘的代表性产品。芒果 TV 是湖南广电旗下的互联网视频平台,是以视听互动服务为核心,实现"多屏合一"独播、跨屏、自制的新媒体视听综合传播服务平台。该产品一方面实现了湖南广电自制综艺、独播电视剧等优势内容资源影响力、传播力和变现能力在互联网、移动互联网等多平台拓展,另一方面也成为湖南广电融媒体平台、生态体系、技术研发、机构体系调整的抓手和突破口。

(三)跟随性的媒介产品创新

跟随性的媒介产品创新方式是指媒体机构跟随行业中居于领先地位的机构或目标市场上的主流产品开展的媒介产品创新。相对前两种媒介产品创新路径而言,跟随性策略因有先例可循而风险较小,前期投入成本较低,因此也被更多的媒体机构所采用。跟随性媒介产品创新并不意味着照搬成功经验或复制主流产品,而是要在充分做好市场分析、目标用户定位的基础上,将领先机构的策略、经验和主流产品的功能、特征与机构能力、优势、既有产品、资源以及发展战略相结合进行的媒介新产品开发。其中,常见的做法包括专注于某一垂直/区域市场,选择主流产品中的一项或几项功能进行深度开发,将其他领域的领先产品模式移植到传媒领域。

随着社交媒体的流行,社交类应用产品的开发成为媒体机构、互联网公司以及许多创业公司的产品创新方向。主打图片分享的照片墙(Instagram)在2010年上线时,相对于已经积累过亿用户的推特、脸书而言并没有太多全新的功能,却在上线一周后就获得了10万注册用户,并于2012年9月被脸书以7.15亿美元收购。其最大的特征在于专注于以"图片"为核心的服务和传播,加入了许多风格各异的滤镜和特效供用户自由选择。用户可以通过该应用在极简单的步骤下快速完成图片的拍摄、加工和分享,也由此成为一款与推特和脸书具有明显差异化特征的轻量级社交应用。2011年上线的色拉布(Snapchat)也是一款图片分享应用,其与同类应用最大的差别是所有照片的生命期都小于10秒,照片发给好友后会根据预先设定的时间自动销毁,因此色拉布也被称为"阅后即焚"。

三、产品体系的建立

产品体系是指企业在一定时间内生产、经营的各类产品的组合。结构合理的产品体系能够增加产品和企业的市场竞争力、获利能力和抗风险能力。早在大众传播时代,产品体系建设就已经成为传媒集团普遍采用的发展策略。时代华纳、维亚康姆、新闻集团等大型传媒集团几乎都建设有涵盖所有媒介形态的全品类产品体系。随着云计算、大数据、物联网、人工智能等技术的快速发展,媒介终端的专属性持续降低,用户在不同媒介产品之间、媒介产品与其他应用之间的切换更加便捷、频繁,用户黏性、使用时长的维持日益困难。同时,许多互联网企业不断尝试将图片、新闻、视频等服务内容整合进电子邮箱、浏览器、输入法、应用市场等各类应用产品的功能中。在此背景下,媒体机构的产品体系建设也呈现出更多的跨行业、跨领域、跨产业的特征。

(一)围绕核心产品和核心优势建立的同心化产品体系

围绕核心产品和核心优势建立的同心化媒介产品体系通常聚焦于某一个领域,以相对成熟的主产品为中心,开发、购买在功能设计、品牌定位等方面形成互补或相互支撑的产品,组成产品体系。按照这一方式建立产品体系的优势在于不同产品能在同一市场领域中形成合力,一方面能够借助核心产品的影响力提高用户对其他产品的认知、认可,另一方面其他产品能够在核心产品功能、形式等方面进行补充,从整体上增强机构在特定市场的影响力,实现市场份额的最大化。

脸书公司(Facebook,Inc)的自我定位是"我们开发的技术使人们能够与朋友和家人建立联系,寻找社区,发展业务"(We build technologies to give people the power to connect with friends and family, find communities and grow businesses),社交媒体平台脸书(Facebook)是该公司的核心产品,也是全球用户规模最大的社交媒体平台。脸书公司于2012年9月、2014年2月以7.15亿美元和193亿美元的价格先后收购了照片墙(Instagram)、WhatsApp两个移动应用产品。其中,照片墙聚焦于图片社交,WhatsApp则是以文字和语音为主的社交应用,同时也能够发送照片、视频和文档。2016年10月,脸书公司正式推出办公通信应用工作场(Workplace),服务于组织内部工作环境中的沟通交流。由此,脸书公司围绕用户的社交和沟通需求,建立起了由"一主三辅"(以脸书为主,以照片墙、WhatsApp 和工作场为延伸或补充)四款产品构成的、覆盖不同场景的产品体系。其他三款应用都可以使用脸书账号登录,用户可以从脸书导入联系人,由此在用户使用逻辑层面形成了产品关联网络。同时,这一产品体系仍然可以随着社交场景和用户需求的变化不断扩充。

此类产品体系结构面临的风险则在于,特定市场的衰落可能导致全系列产品市场的萎缩,从而使媒体机构的整体运作陷入困境。此前报业兴盛时期,报业集团大多建立了包括日报、周报、都市报、专业报(健康、理财、时尚)等在内的报纸产品体系。随着数字化时代的到来,纸质媒体市场整体衰落导致所有报纸产品的收入下滑,多家报业机构出现经营困难。因此,采用这一方式建构产品体系首先需要对主营业务的市场空间和市场前景进行准确评估,并时刻保持对行业发展态势的敏锐洞察;其次也可将这一思路与其他产品体系建构思路相结合,保持对产品体系结构的不断优化。

(二)围绕企业价值链建立的同轴化产品体系

迈克尔·波特(Michael E.Porter)在价值链(value chain)理论中明确指出,公司之间的竞争首先是基于价值链的竞争。从企业管理理论角度来说,企业价值链是指企业中一系列相互联系的创造价值的作业,包括从原材料和能源一直到最终发出的产品和服务。

大众媒介时代,媒体机构的价值链主要由内容生产、分发、变现几个核心环节构成,并以最终媒介产品(报纸、杂志、频道等)的形态呈现。媒介融合在不断消弭媒介形态界限、拓展传媒产业边界的同时,也持续加深着行业分工的精细化和专业化。一方面,媒体机构价值链环节数量增加,不同环节之间的一一对应关系逐步消失;另一方面,随着互联网、通信、物流等行业的企业对部分价值链环节的介入,这些环节逐渐发展成具有独立运行和盈利能力的行业领域,为专业化产品孵化提供可能。因此,基于不断深化的媒介融合逻辑,重新梳理媒体机构的价值链,建立的同轴化产品体系,既能够增强企业在各个价值链环节的竞争力,还有助于形成新的商业模式,增加企业盈利点。

中国出版集团为适应上游数字出版的飞速发展和下游图书馆的需求变化,面向交易、出版、翻译、阅读、采购、服务、管理等产业链上下游环节的需求,推出了一系列数字化平台和产品,代表性的产品包括数字化交易与服务平台易阅通(CNPeReading)、数字出版平台大佳网、译云生态圈及系列数字化产品、图书数据库系列产品、海外出版信息资源库和电商平台中图海外图书采选系统(PSOP)、国外期刊网络检索平台中图链接服务平台(cnpLINKer)、中国可供书目数据库以及以此为基础建设的书业公共数据交换中心。随着系列数字化产品的推出,中国出版集团完成了数字化时代企业价值链的优化和机构的重新定位,逐步由出版产品提供商向综合信息服务商、全媒体信息服务商转型。

(三)围绕市场热点、行业发展趋势建立的分散化产品体系

围绕市场热点、行业发展趋势建立的分散化产品体系,着眼于将媒介业务积累的品牌、用户等核心资源与传媒行业新兴领域或其他行业的发展逻辑相结合,建构由类型、运

行方式、盈利模式不同的产品构成的产品体系。这类产品体系通常既有聚焦于数字新媒体领域的媒介产品,也有通过资源或资本连接的方式开发的非媒介产品。例如,媒体机构依托新闻、评论人才优势开发的智库咨询类业务;行业性媒体依托与特定行业的关联,开发的电商平台、品牌活动等产品。这一策略的优势在于突破传媒业,甚至是信息产业的运营逻辑,建立多样化盈利模式,分散风险。但也容易因为产品线过于分散而导致优势不突出,产品之间的支撑性不足,产品管理困难。

广州日报报业集团是我国建立的第一家报业集团,以《广州日报》《信息时报》《广州文摘报》等报纸出版和经营为核心业务。在数字化背景下,广州日报报业集团在着重保持《广州日报》在区域市场的领先优势市场份额的同时,从以下几个方面进行了产品体系的调整与建设。一是重新调整报纸产品布局,2015年一次性关停东莞、汕头、韶关等8家社区报,将《羊城地铁报》更名为《湾区时报》。二是建设包括网站、客户端、微信公众号在内的多样化数字平台,为内容产品拓展分发渠道,其中综合性区域门户网站"大洋网"已经成为一个独立的互联网新闻服务产品。三是突破传媒产业的运营逻辑,重新梳理产品逻辑,基于集团资讯、娱乐、文化、生活类报刊的经营业务和积累的人才、受众、品牌、社会资源,按照老年健康、生活娱乐、体育科技服务等不同行业的发展需求打造垂直类产品。其中,依托《老年报》推出了"学到100岁老年大学"项目;依托《美食导报》《舞台与银幕》重点开发了广州亚洲美食节"珠江美食长廊""水上流动的美食节"活动类项目和生活娱乐资讯平台;以先锋报系下的先锋报业、劲球、劲彩、体面及先锋赛讯为依托,开发了对接内容生产、渠道的"先锋中央厨房"。四是关注区域行业发展机遇,探索可能的业务拓展方向,进行产品链的延展,包括依托本地资源的区域电商、地方政务服务、大数据服务、研学旅游等。

第二节 业务流程的再造

一、业务流程再造理论及其演进

业务流程再造(Business Process Reengineering,BPR)是20世纪90年代兴起的流程管理理念。进入20世纪80年代以后,信息技术迅速发展、全球化进程不断加速、市场竞争日益激烈,以亚当·斯密提出的劳动分工思想和弗雷德里克·泰勒提出的科学管理理论为基础开展的企业实践呈现出流程分工过细、流程环节冗长、部门壁垒森严、过程管理困难,以及由专注局部效率导致的整体效率损失等诸多不适应症状。1990年,美国学者迈克尔·哈默在《哈佛商业评论》发表题为《再造:不是自动化,而是重来》(Reengineering Work:Don't Automate, Obliterate)[①]的文章中提出"再造"(reengineering)的基本思想。

1993年,迈克尔·哈默与詹姆斯·钱皮合著出版《企业再造:企业革命的宣言书》(Reengineeringthe Corporation:A Manifestofor Business Revolution),提出了业务流程

---

① Hammer Michael. Reengineering Work:don't Automate, Obliterate[J]. *Harvard Business Review*,1990,68.4:104-112.

再造的概念，并对其内涵和实施方法进行了系统阐述。书中将业务流程再造定义为对业务流程进行根本性的再思考和彻底性的再设计，以便在成本、质量、服务和速度等衡量企业绩效的重要指标上取得显著性的进展。① 业务流程再造的动因来源于"3C"，即顾客（Customers）、竞争（Competition）、变化（Change），主要体现为卖方市场向买方市场的转变、市场竞争的加剧和"变化"的常态化②。业务流程再造思想的四个要点为：（1）业务流程再造的起点——对"为什么要改造？"等基本问题的回答；（2）业务流程再造的途径——不是修修补补，而是彻底变革和重建；（3）业务流程重组的目标——显著提高企业绩效；（4）业务流程再造的对象——流程。③

另一种具有代表性的流程再造理论由托马斯·达文波特和谢特提出。与哈默强调的彻底的、根本性的改变不同的是，达文波特提倡的是渐进式的流程改造。1991年，达文波特和谢特发表《新工业工程：信息技术与业务流程再设计》（*The New Industrial Engineering: Information Technology and Business Process Redesign*），使用了"再设计"（redesign）和"流程创新"（Process Innovation）的概念。他指出流程的展开会形成组织交叉与边界。业务流程的重新设计是对组织中及组织间的工作流程与程序进行分析和创新。④ 日本学者小林裕基于对20世纪90年代日本企业开始进行的"第二次管理革命"的研究，提出了类似的"渐进式"再造的观点。在《企业经营再造工程》一书中，小林裕归纳了再造工程的四个关键词：零基预算、顾客满意度、整体最适切化、世界级的执行。

业务流程再造理论提出后，被欧美企业广泛应用，出现了大量成功案例，对企业经济效益的提升作用明显，但同时也有许多失败案例。1995年，英国学者佩帕德和罗兰合作出版《业务流程再造》（*The Essence of Business Re-engineering*），针对20世纪90年代流程再造的高失败率现象提出了自己的理解。他们认为，流程再造是一种管理哲学，业务流程再造强调的是改进（improvement），而不应强调为了变化而变化的彻底变革。流程再造的目标是通过重新设计组织经营的流程，使这些流程的增值内容最大化，从而获得绩效的逐步改善（step-improvement）。这种做法既可以用于单独的流程，也可以用于整个组织。

二、媒体机构业务流程再造

大众传播时代形成的传媒产业链和业务流程是纵向一体化的分工时代的产物。20世纪90年代以来，传媒产业组织呈现纵向分解的趋势；到20世纪90年代末，媒体机构的业务流程再造已经在全球范围内广泛发生，主要源于一系列因素作用下的外部环境变化

---

① Hammer M, Champy J. *Reengineering the Corporation: A Manifesto for Business Revolution*[M]. Business Horizons, New York: Harper Business, 1993: 35.
② Hammer M, Champy J. *Reengineering the Corporation: A Manifesto for Business Revolution*[M]. Business Horizons, New York: Harper Business, 1993: 20-33.
③ [美]迈克尔·哈默, 詹姆斯·钱皮. 企业再造：企业革命的宣言书[M]. 王珊珊, 胡毓源, 徐荻洲译. 上海：上海译文出版社, 2007, 25-28.
④ Davenport T H, Short J E. The New Industrial Engineering: Information Technology and Business Process Redesign[J]. *Sloan Management Review*, 1990, 31(4): 11.

和内部变革需求。这些因素包括全球经济一体化、数字信息技术的快速创新应用、市场格局和竞争的大幅变化、受众角色的转变和需求的复杂化、媒体机构和传媒集团内部效率提升等，产业组织呈现出纵向分解的趋势，企业的业务组合则向着核心业务聚拢。

在业务流程再造理论发展和实践的过程中，信息技术一直被认为是其中至关重要的因素。哈默和钱皮将信息技术视为"催化剂"，达文波特和谢特认为信息技术和再造是一种循环关系。在传媒业的发展进程中，信息和通信技术的进步导致了媒介形态、传媒业与信息通信业乃至更大范围内的融合趋势。随着市场竞争主体类型和数量的增加，市场竞争日益激烈，媒体机构开始普遍采用新的信息和数字技术增强自身的竞争力和竞争优势，业务流程和管理方法的变化正是融合发展的结果之一。这一过程主要包括以下几个步骤（如图4.2所示）。

在实践过程中，媒体机构的业务流程再造大致分为以下两个阶段：

第一个阶段是20世纪90年代到21世纪初，媒体机构业务流程再造以"整合"为关键词。在放松管制的制度环境中，以产权交易为核心的传媒业内部，传媒与互联网通信行业的兼并收购频繁发生，互联网等新技术不断催生出新的媒介形态和业务形态。这一时期，传媒业的流程再造与产权交易、资本运营之间形成相互促进的关系。业务流程再造的主要目标是实现兼并后机构内部的重新整合，同时以实现业务流程再造为目标的并购、投资案例也屡见不鲜。传统

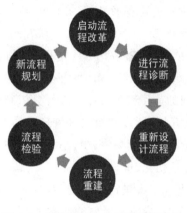

图4.2 媒体机构业务流程再造步骤

媒体机构热衷于投资和收购卫星电视网、有线电视网、互联网媒体等播出网络，以重新形成一个兼有广告、付费等不同商业模式，涵盖所有格式内容生产、多样化渠道内容分发的全业务综合性媒体机构运营模式。这一浪潮以2000年美国在线与时代华纳的世纪大并购为高峰。

这一阶段传媒业务流程再造的核心任务是快速而有效地将处于不同生命周期阶段的业务、产品的运营流程与组织机构的运营流程进行整合，以使大型传媒集团始终保持全业务的经营能力，并具备业务流程实现能力。

第二个阶段始于2005年前后，媒体机构业务流程再造的关键词转变为"协同"。一方面，以时代华纳为代表的超大规模综合性跨国传媒集团一直未能通过组织内部业务流程再造摆脱"整而不合"的困境。企业内部运行效率不高、规模不经济等问题促使大型传媒集团展开了新一轮的调整，涉及集团拆分、组织架构调整、产品体系和业务流程重塑等多个领域。另一方面，传媒业与互联网、移动互联网及信息通信等行业相互嵌入程度进一步加深，开放化、模块化、网络化、平台化、智能化等多样化的运营方式给媒体机构的业务流程设计提供了更多的可能性。拉里·戴利（Larry Dailey）等学者提出融合连续（Convergence Continuum）的动态模型，从行为的角度描绘了"融合"状态下报社、电视台、互联网机构及独立媒体人围绕新闻内容生产、分享、复制、推送形成的多线程交织互动和

合作行动。① 随着传媒业和传媒机构与金融、教育、医疗、汽车制造等越来越多行业的产业链发生耦合,媒介融合进程本身也呈现出一种非线性的、开放式的状态,寻找一种具有普适性的业务流程模式变得非常困难。因此,这一阶段媒体机构的业务流程再造方式、流程设计思路都呈现出灵活、多样的特征,实现跨行业、多主体的协同效应成为业务流程再造的核心任务。

三、内容生产流程再造

(一)机构内部内容生产流程再造

在媒体机构内部,系统化和平台化是内容生产流程再造的核心特征。2016年2月上线的《人民日报》"中央厨房"是我国媒体内容生产流程再造的典型案例。"中央厨房"从空间布局、岗位职责、工作流程等方面进行了重新设计,以六个技术功能模块(报纸版面智能化设计系统、新媒体内容发布管理系统、可视化产品制作平台、传播效果评估系统、内部用户管理系统、互联网用户管理系统)作为支撑,通过指挥员、采集员、加工员、技术员、推销员、信息员的分工协作,实现新闻的一次采集、多种生成、多元传播、全天滚动、全球覆盖(如图4.3所示)。② "中央厨房"还衍生出了一条新的业务线"融媒体工作室",鼓励报、网、端、微采编人员按兴趣组合、项目制施工、资源嫁接、跨界生产,充分释放全媒体内容生产能力,已开设麻辣财经、学习大国、一本正经、国策说等十余个工作室,涉及时政、文化、教育、社会、国际等领域,来自15个部门的近60名编辑记者参与其中,媒体技术公司投入设计师、动画师、前端开发、运营推广人员共40多人提供技术支持。③

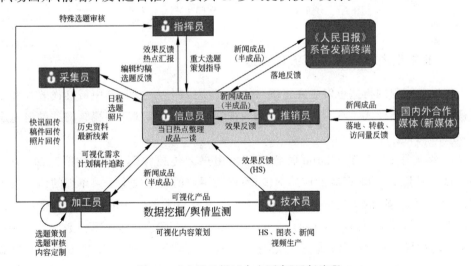

图 4.3 《人民日报》"中央厨房"运行流程

---

① Dailey L,Demo L,Spillman M. The Convergence Continuum:A Model for Studying Collaboration between Media Newsrooms[J]. *Atlantic Journal of Communication*,2005,13(3):150-168.

② 叶蓁蓁.重新定义媒体——站在全面融合的时代人民日报"中央厨房"如何炒出新美味[J].传媒评论,2016(01):29-32.

③ 叶蓁蓁.人民日报"中央厨房"有什么不一样[J].新闻战线,2017(03):14-16.

人工智能技术的深度应用再一次促使媒体机构重塑内部生产流程。在这一阶段，技术不仅对内容生产流程中各个环节发挥支撑作用，还直接成为流程中的环节，从而重构了人与技术的关系。在美联社建构的算法参与下的新闻生产和分发流程中，从数据抓取到新闻生产、再到终端推送的全过程都能够在无人工介入的条件下自动完成（如图 4.4 所示）。① 在这一新闻生产流程中，新闻专业人员和技术人员的主要职责是制定算法运行规则与框架。例如，美联社将列明了遣词造句、文章结构详细要求的《美联社语言风格指导手册》(AP Stylebook)整合到写作机器人系统中，以保证自动生成的新闻表述符合语法规范和写作风格。

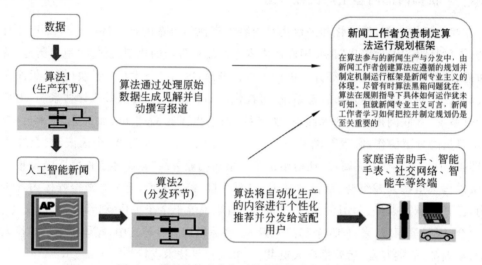

图 4.4　美联社算法参与下的新闻生产与分发流程

（二）非组织内部内容生产流程再造

内容生产流程的再造也发生在组织与组织、组织与个人之间，其中最具代表性的是互联网视频内容生产模式。具有互联网特征的视频内容生产模式随着视频网站的诞生出现于 Web 2.0 时代。

2005 年 4 月 23 日，YouTube 收到第一条用户上传视频《我在动物园》(Me at The Zoo)。这条时长 19 秒的视频的成功上传，不仅使用户的身份发生了由单纯的信息接受者到"接受者＋生产者"的历史性转变，还开启了由用户与平台形成的全新内容生产方式和生产流程——用户生产内容(User Generated Content, UGC)。这一模式激发了个人用户内容生产的积极性，形成了海量、去中心化、动态的内容生产特征。到 2006 年被谷歌收购之前，YouTube 每日新视频上传量已经超过 6.5 万条。

UGC 模式也很快暴露出内容质量不高、连续输出不能保证的问题。2010 年前后，专业内容生产(Professional Generated Content, PGC)模式逐渐兴起。这是一种由专业人士或专业机构完成内容生产后上传至网络视频平台的内容生产模式。PGC 模式产出的内

---

① 王润珏.资讯重塑：世界性通讯社数字化转型研究［M］.北京：知识产权出版社，2020：59.

容具有内容定位明确、策划制作专业、保障持续输出等特征,对平台增加用户黏性、吸引广告客户的作用更加明显。PGC 逐渐演化出独立制作团队、团队＋平台联合出品、平台扶持计划、平台自制等不同生产模式。在这一过程中,平台的力量逐渐延伸至选题、策划、制作的内容生产上游环节。

2014 年,YouTube 首先提出多频道内容生产网络(Multi-Channel Network,MCN)的概念,是指从该平台衍生出来的视频生产者的聚集组织。最初的 MCN 主要负责广告代理和流量代理,不影响内容生产。随着网络视频产量和消费量的增加,MCN 逐渐成为内容生产者、视频平台和广告主之间的纽带,网络视频内容的生产模式和商业模式再次发生改变。MCN 对网络视频内容生产的介入的作用可概括为支撑、组织和保护三个方面。支撑方面,MCN 为内容生产者提供丰富的、符合版权制度的音视频素材;组织方面,MCN 根据平台和用户数据分析,判断流行趋势,制定内容策略,组织内容生产,或是根据广告主需求发布内容定制需求;保护方面,MCN 为内容生产者的产品提供版权保护支持。此外,MCN 机构还进行网络视频内容或内容生产者的 IP 开发,从而在"内容生产—平台播出"的既有流程之外,衍生出"内容生产—周边开发"的新环节。

四、广告经营流程再造

程序化购买(Programmatic Buying)是通过广告技术平台,自动地执行广告资源购买的流程,也是媒介融合过程中最重要的广告经营方式变革之一。它主要经历了三个发展阶段:2005—2012 年,这一阶段程序化购买的基础平台、操作模式、专业化机构逐渐形成。2013—2017 年,这一阶段在资本的推动下,程序化购买平台大量涌现,被广泛应用于搜索引擎、社交媒体平台、新闻网站、视频网站等几乎所有类型的互联网媒体平台。包括BAT、网易、微博在内的我国商业互联网媒体大多在这一时期完成了自身广告经营模式的转型。2017 年以后,程序化购买在对流量造假、投放不透明等问题的反思和人工智能、区块链等技术的应用中步入理性化发展阶段。随着智能化终端和 OTT、有线电视网、物联网等技术和市场的发展,程序化购买的应用范围也不再局限于网络媒体领域。

具体来看,程序化购买以用户需求平台(Demand Site Platform,DSP)、广告交易中心(Ad Exchange)、供应方平台(Supply Side Platform,SSP)为基础,以数据管理平台(Data Management Platform,DMP)作为支撑,通过实时竞价模式(Real-Time Bidding,RTB)和非实时竞价模式(Non-RTB)两种交易方式完成购买。因此,该模式与传统的人工购买模式在购买逻辑、实现路径和操作流程上有着本质性的区别(如图 4.5 所示)。

程序化广告所建构的系统以自动化和技术驱动的算法支持广告规划设置,并提高了执行效率;从活动和数字平台不断收集和更新用户数据,与实时优化相结合,使媒介计划人员可以在活动的整个生命周期中灵活地制定计划。最关键的一点是,程序化广告使计划人员能够不断地将重点放在目标受众和活动目标上,从而提高广告信息推送的个性化和相关性。[1] 这一模式通过数字化、自动化、系统化的方式改造广告主、代理公司、媒体平

---

[1] Stevens A, Rau A, McIntyre M. *Integrated Campaign Planning in A Programmatic World*[M]// Programmatic Advertising. Springer, Cham, 2016:193-210.

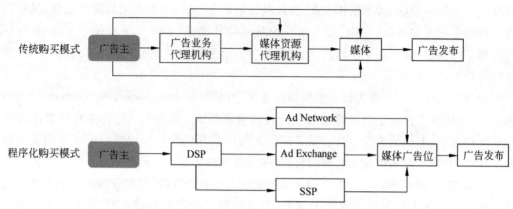

图 4.5　传统购买与程序化购买流程比较

台，进行程序化对接，帮助其找出与受众匹配的广告信息，通过程序化购买的方式进行广告投放，并实时反馈投放报表。程序化购实现了整个数字广告产业链的自动化。

与此同时，拥有庞大用户群体的脸书、微信、字节跳动、腾讯等头部平台和机构则通过积累的流量资源和数据优势增强自身在这一新的广告经营模式中的影响。大型平台开始建立自己私有的 Ad Exchange、DSP、DMP，在广告流量资源、数据资源等方面向私有平台倾斜，并自建或扶持代理渠道，从而在整体的程序化购买市场中建立起相对独立的媒体私有程序化购买业务流程（如图 4.6 所示）。

图 4.6　媒体私有程序化购买

第三节　组织结构调整

一、关于"组织"的核心概念与命题

（一）组织

组织是对完成特定使命的人的系统性安排。[①] 组织的存在包括三个关键要素：一是组织是人组成的集合；二是组织有其基本使命和目标；三是组织通过分工和协作、作业和管理实现目标。

---

① 张德. 组织行为学(第 6 版)[M]. 北京：高等教育出版社，2019：2.

（二）组织结构

组织结构有两层含义，一是指分工，即人们在组织中被分配不同的任务或工作；二是指分等级，即每个人就任的职位均有规章在不同程度上对就职者的行为方式作出规定。组织结构具有三个基本功能：其一是结构有利于生产组织输出并达到组织目标；其二是结构有利于使个人差异对组织的影响最小化，规制个人差异对组织的影响；其三是结构是运用权力的场所（结构首先决定或规定哪些职位具有权力），是作出决策的场所（结构在很大程度上决定了信息流是否能用于决策），是进行组织活动的场所。①

组织结构并不是一成不变的，它建构了组织内部活动和相互作用的方式，又反过来受到组织内部运行的影响。兰森（Ranson）等认为，结构是在相互作用过程中不断形成并得以重新创造、反过来影响相互作用的一种复杂的控制媒介；它由相互作用形成，同时也促进相互作用的变化。② 塞威尔（Sewell）强调，结构决定人们惯常的行为方式，而人们惯常的行为方式反过来形成组织的结构或对组织进行重构。③

（三）组织与环境

组织环境是指任何组织之外的直接或间接影响组织绩效的事物。这包括直接影响因素，如供应商、消费者、政策制定者和竞争者，以及在更广的文化、政治和经济环境内的间接因素。

环境又分为生产环境和总体环境。生产环境由与组织直接发生联系并能够影响组织绩效的特定个人和组织构成，包括消费者、供应商、竞争者、替代产品、服务商、金融机构等。总体环境是指影响组织的所有外部力量，分为技术、法律、政治、经济、社会和自然环境等组成部分。每个部分都可以对组织产生直接或间接影响。

另一个与之相关的概念是认知环境。认知环境是由组织对总体环境和生产环境的认知和陈述组成。维克（Weick）指出，在环境能够影响决策之前就应该充分认识它。只有当一个组织的认知环境能够正确地反映总体环境和工作环境时，组织成员才能做出正确的决策和有效的行动。④

环境的两大特征——信息不确定和资源依赖性——结合在一起显示了组织受环境制约的程度和由此必须对环境的要求作出反应的程度。如劳伦斯·赫比尼亚克（Lawrence G. Hrebiniak）归纳的奥德里奇（Aldrich）环境因素和组织活动关系模式所显示的，当信息不确定性和资源依赖性都很低时，组织在环境中具有较大的自由空间；当信息的不确定性

---

① [美]霍尔.组织：结构、过程及结果（第8版）[M].张友星,刘五一,沈勇译.上海：上海财经大学出版社，2003：56-57.

② Ranson S C, Hinings B, Greenwood R T. The Structure of Organizational Structures[J]. *Administrative Science Quarterly*, 1980, 25(1)：65-67.

③ Sewell W F. A Theory of Structure：Duality, Agency, and Transformation[J]. *American Journal of Sociology*, 1992, 98(1)：1-29.

④ [美]托马斯·卡明斯,克里斯托弗·沃里,卡明斯,等.组织发展与变革（第7版）[M].李剑锋等译.北京：清华大学出版社，2003：521.

和资源依赖性增加时,组织在环境中受到的约束就会增加,并需要在最大程度上对环境作出反应。①

(四)组织的演变

结构和过程、存在和演变是组织的两种形态。静态地看,组织的存在表现为某些特定目标下形成的职位、个人之间的关系的网络式结构,它一经形成,便具有相对的稳定性。动态地看,组织结构形成后,必然展开活动,以完成组织目标,同时为了适应环境变化而不断调整,提高组织的效能,这种运作、变革、发展的过程即为组织的演变过程。因此,组织既是一种维持结构,又是一种创造结构、并使结构发挥作用的过程。②

在竞争性环境中,组织的竞争优势既取决于组织与环境的协调和适应程度,也取决于组织内部的制度和工作效率。来自组织外部和内部的变化、需求都可能导致组织的演变。在组织演变的不同阶段,组织的规模、结构、人员构成不同,组织与环境的关系发生变化,对员工的个人行为要求、组织所呈现的群体关系和组织行为模式也会有所差别。因此,在组织演变的过程中,如何在谋求组织目标实现的同时,保持内部个体与组织需求之间的平衡,以及外部组织与组织、组织与环境之间的关系协调就成为组织演变过程中需要重点关注的问题。

二、媒体机构组织结构形式调整

大众媒介时代,直线职能结构是媒体机构最常采用的组织结构形式。这是一种以内容生产、市场推广、广告销售、人事、财务、后勤等职能划分为基础的组织结构,每个职能部分中都会建立相应的垂直化职级结构,每个岗位都有明确的职权范围和上下层级关系。最高管理者/管理集团居于组织结构的顶端,发挥着组织战略选择、核心决策、集中指挥、总体管理的职能。直线职能结构的特点是部门之间职责边界明确,人员分工细密,结构的稳定性较高,在外部环境稳定的情况下,各部门之间能够较好地合作,实现组织的整体高效率运行。

在数字化背景下,媒体机构的生产环境和总体环境剧烈变化,且对不同部门的影响又存在时间和程度上的差异,这种组织结构就日益显现出信息流动不畅、策略选择迟缓、部门墙形成效率阻碍、人员结构与业务发展不匹配等弊端。因此,组织结构形式调整成为许多媒体机构数字化转型过程中的现行策略,其中最具代表性和前沿性的是矩阵结构和虚拟网络型结构。

(一)矩阵结构

矩阵结构是从专门从事某项工作的工作小组形式发展而来的一种组织结构。在适应媒介融合的转型过程中,媒体机构通过采用这种方式,能够在不改变组织整体架构的前提

---

① Aldrich H E, Pfeffer J. Environments of Organizations[J]. *Annual Review of Sociology*,1976,2(1):79-105.

② 张德.组织行为学(第6版)[M].北京:高等教育出版社,2019:4.

下,将机构内原本属于不同部门的、拥有不同背景、技能、知识结构的人员组织在一起,围绕某个特定的任务共同工作(如图4.7所示),适用于实现创新、开发类目标。

湖南卫视针对一线团队设计的工作室制度采用的就是一种矩阵式结构策略。2018年5月,湖南卫视在不改变频道整体组织结构的前提下,正式实施工作室制度,并制定了相应的鼓励措施,包括:推动工作室创立自主独立品牌、下放工作室人员招录和用工权力,以"投入产出"为依据制定的KPI考核机制和奖励机制等。2019年7月,湖南卫视上线了与工作室制度相配套的"电子信息管理平台",以期实现更加高效的资源匹配和人、财、物管理。到2019年年末,湖南卫视共挂牌成立工作室12个,主创完成了《快乐大本营》《天天向上》《声入人心》《我家那小子》等知名栏目和全频道接近80%的自办节目量,占频道营收比例超过90%。

图4.7 媒体机构矩阵结构示意图

对于大型传媒机构、特别是跨国传媒机构而言,为了适应不同地区制度、市场、工作方式的差异,所建立的矩阵结构通常是三维的,即引入了"地理"维度。美联社在数字化转型实践中为了整合图文、音视频、直播等不同类型的产品和服务,创设了"新闻总监—区域新闻总监"这一全新职位体系。按照新闻总监职级关系设计,各国家和地区分社新闻总监负责其管辖范围内所有文字、图片、视频和互动新闻的整合领导工作;国家和地区的新闻总监向区域新闻总监汇报,各区域新闻总监则直接向美联社副总裁兼全球视频总监汇报。例如,2016年12月,迈克尔·魏森斯坦(Michael Weissenstein)被任命为加勒比地区新闻总监,负责整个加勒比地区包括波多黎各、海地、多米尼加共和国、牙买加以及南美洲北端的苏里南、圭亚那、法属圭亚那在内的15个以上国家和地区的所有格式的内容生产,他也成为该地区全媒体、多格式新闻合作运行最重要的协调人。[①]

矩阵结构最大的特征是克服了不同部门之间信息交流、工作配合方面的壁垒。由于任务明确、目标集中,项目组内部拥有较高的决策权和主动权,有利于调动员工的工作积极性和责任感,从而带来组织工作效率的提高。该结构还具有较好的灵活性,可以根据市场反馈、机构的需要对项目组进行增减。这一结构模式最大的缺点是稳定性较弱。由项

[①] 王润珏.资讯重塑:世界性通讯社数字化转型研究[M].北京:知识产权出版社,2020:55.

目招聘任命的人员对组织的归属感相对较弱,也存在项目团队或者区域团队整体离开组织的风险。

(二)虚拟网络型结构

虚拟网络型结构是一种超出传统组织边界的结构模式。这种结构由最初的业务外包发展而来。媒体机构通过签订合同,将组织的某些职能(技术、后勤、法务)或某些生产流程(印刷、营销、发行)交由其他机构完成。被委托机构主要是与媒体机构有股权联系、长期合作关系的机构或具体领域的专业性机构。随着信息经济和网络化时代的到来,组织的边界变得越来越模糊,合作方式更加多样,逐渐走向了虚拟网络型结构(virtual network structure)或称模块化结构(modularstructure)。虚拟网络型结构是指由两个或两个以上实体(企业、机构、个人)组成合作关系,为用户提供某种产品或服务的组织方式。

组织结构的虚拟网络化趋势在媒介融合步入平台化发展阶段后变得尤为明显。如图4.8所示,媒体将机构运行相关的工作任务分解为内容生产、分发、交易、支付等不同模块,每一个模块的任务又可同时由不同类型的主体完成。例如,2017年,几乎我国所有的自媒体平台都启动了扶持计划,包括腾讯企鹅号的"芒种计划2.0"、头条号的"千人万元"、百度百家号"百+计划"、阿里大鱼号的"大鱼计划"。这些计划在提供资金支持的同时,均要求扶持对象具有较高质量原创内容的产能、产量,实际上是通过非招聘的形式与这些内容生产者形成合作了关系。

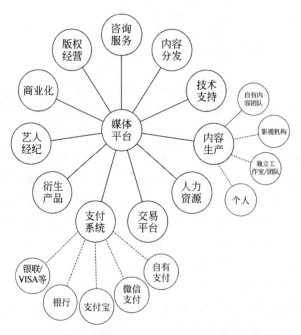

图4.8 虚拟网络型组织结构示意(部分)

网络结构中的模块之间、主体之间关系也不是一一对应或始终固定的。例如,支付系统既可用于用户购买会员、点播内容,也可用于广告主支付广告资源采买,还同时支持平台与内容生产方、员工之间的结算。每个模块中的主体也可能在不同的情形下选择使用支付模块中不同主体提供的服务。由此构成了一种相互交织的网络状生产组织方式。

这种组织结构没有明确的边界,可根据需求随时扩展或收缩,主体之间没有明确的上下级关系;但在平台、品牌、用户规模、技术、资金等一个或几个方面具有优势的机构,往往居于网络结构中心,在契约议定的过程中拥有更大的主动权,控制着业务流程和标准,也发挥着结构的整合作用。通过采用虚拟网络型组织结构方式,媒体机构能够大幅精简机构规模、缩减部门和层级,降低机构运营的各项成本,从而将所有的精力集中于核心竞争力的强化。但这一结构也存在可控性弱、外部交易成本较高、长期稳定性难以保障等缺点。

三、媒体机构组织中权力关系调整

(一)组织中的权力与权变思维

在组织中权力是一种无形的力量。权力(power)是组织中权力拥有者影响别人以达到自己想要的结果的潜力。例如,拥有权力的管理者经常能为自己部门争取更多预算和更有利的产品计划,以及对组织日程的更多控制。在组织中,这种与管理者相关联的个人权力有五种来源:法定权力,组织赋予拥有某一正式管理职位的管理者的职权;奖赏权力,对他人施予升职、加薪、表扬等奖酬的能力;强制权力,给予惩罚或建议给予惩罚的权力;专家权力,来源于个人对所要完成的任务拥有的高超的技能或知识;感召权力,源自个人的品格,人们处于对某位管理者的尊重和仰慕而崇拜这位管理者,愿意对其效仿、认同。[①]

虽然组织中任何个体都可运用这五种权力,但组织中的权力通常是结构特征作用的结果,即在组织这个复杂的系统中,正式的岗位层级、职能设计即表明了不同任务的重要性、不同职位可获得的资源以及不同主体所承担的责任。因而,前三种权力来源与组织的结构以及职位联系在一起,形成了指涉范围更窄的一个概念——职权(authority)。职权也是实现预期结果的一种力量,但它是由正规的层级链和汇报关系所决定,是顺着层级链向下流动的。因此,高层的职位比底层的职位拥有更大的职权。例如,在新闻集团庞大的组织结构和业务体系中,默多克无疑是绝对的核心。新闻集团成长与壮大的历史实际上也是默多克的个人奋斗史。他牢牢掌握着整个新闻集团的运营权,紧密关注着企业的每一个细节,关注媒介发展的新趋势,高度警惕着竞争对手的一举一动。

20世纪60年代,卡斯特(Fremont E.Kast)和罗森茨韦克(James E.Rosenzweig)提出组织的权变观念。权变理论源于系统理论,强调组织的多变量性。不同环境对组织有不同的要求,特别是那些市场不确定和技术变化极快的环境,[②]要根据组织所处的内外部环境随机应变,针对不同条件寻求最合适的管理模式和方法(如图4.9所示),不同类型的组织都有其适当的关系模式。

[①] [美]理查德·L.达夫特.组织理论与设计(第12版)[M].王凤彬,石云鸣等,译.北京:清华大学出版社,2016:569-570.

[②] Lawrence P R, Lorsch J W. Differentiation and Integration in Complex Organizations[J]. *Administrative Science Quarterly*, 1967:1-47.

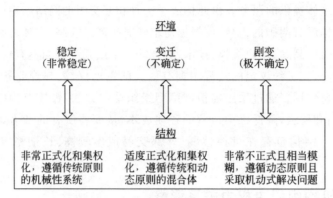

图 4.9　组织环境与结构之间的关系①

战略权变因素(strategic contingencies)指的是组织内外对实现组织目标有重大影响的事件和活动。与组织战略权变因素相关联的部门,倾向于拥有更大的权力。如果一个部门能在解决组织的问题或危机中发挥战略性的作用,那么这个部门的活动就是重要的。② 从组织发展的取向来看,任何组织都试图减少对外部环境的依赖,因此从战略权变的思路来看,对处理关键资源和环境依赖性负有最大责任的部门也将成为最有权力的部门。

(二) 融合进程中媒体机构的权力策略

在媒介融合的进程中,媒体机构的生存环境发生了剧烈变化,组织结构和运行方式也处于动态调整的过程之中,与垂直化职级结构相匹配的权力策略已经不能适应组织的发展和变化。例如,矩阵型组织结构的媒体机构中至少有横向和纵向两条权力线条:一是由职能部门负责人执行的垂直权力线;二是由项目负责人执行的水平权力线。虚拟网络型组织权力关系还要更加复杂。双重、多重权力和职责的整合协调,就需要组织能够采用适当的权力策略。

1. 以委员会为代表的小群体策略

群体是一些以一定的方式、共同的利益为纽带联系起来的人的集合、聚集或聚合。有组织的小群体策略则是将分散在不同部门、部分中的一组成员重新聚合,长期或在一段时间内组成新的沟通和相互作用关系。小群体成员通过沟通、讨论、争辩,实现不同部分需求的相互理解、妥协以及部分目标与组织目标的协调,并做出决策。这样的小群体在调节个人和组织、部门之间的关系方面发挥着重要的作用。委员会就是一种较为典型的小群体。在我国报业的市场化探索阶段,《经济日报》编委会继续统揽全局,下设编务办公会议、经营办公会议、行政办公会议,分别负责新闻采编、报业经营和行政管理三大系统的工作,在缩短管理半径、加大管理力度的同时,形成集团稳定运行的三点支撑机制。

---

① 张德.组织行为学(第 6 版)[M].北京:高等教育出版社,2019:188.
② [美]理查德·L.达夫特.组织理论与设计(第 12 版)[M].王凤彬,石云鸣等,译.北京:清华大学出版社,2016:577.

数字化转型开始以来,"委员会"成为媒体机构的重要权力策略。一方面,媒体机构对常设委员会——"编委会"进行调整,以统筹机构旗下所有类型媒体的内容生产等重大事项,包括新设"新媒体编委会""网络媒体编委会",或将原编委会调整为"融媒体/全媒体编委会""全媒体内容协调小组",新媒体部门的负责人也成为小组成员。在这一调整过程中,新媒体平台的内容生产和运营工作由边缘走向中心,新媒体部门在组织中有了更高的权限和资源调配能力。随着自动新闻生产的引入和人工智能、信息挖掘等技术在媒体核心竞争力塑造中的作用不断增强,有的媒体机构技术部门的负责人也成为编委会的成员。另一方面,媒体机构根据组织目标设置不同专项委员会(如,数字化改革领导小组、新产品研发领导小组、薪酬改革委员会、监督委员会等),形成具有在整个组织层面进行数据收集、资源调配、制度设计等领导和决策能力的小群体。专项委员会的成员不仅包括组织的高层领导、关键相关部门的领导,还可包括一定数量的一线员工代表、提供咨询参考的行业专家等。21世纪初,法国传媒集团维旺迪·环球(Vivendi Universal)陷入财政危机,董事会认为这与CEO梅西尔的权力过于集中有关。2005年经股东同意,维旺迪·环球由原来的董事会(Board of Directors)管理,调整为经营董事会(The Management Board)和监督董事会(The Supervisory Board)双重管理架构。经营董事会由各业务的运营主管和集团的财务总监组成,研究集团发展的具体战略;监督董事会负责集团的战略导向决策和监督经营委员会的经营工作。集团的每一步战略决策,都会通过两个委员会讨论慎重做出。

2. 面向员工的授权策略

在"稳定—机械式"的组织里,相互影响的模式容易变为等级制性质的模式,影响主要是从上级到下级,权力只由一部分人掌管。在"适应—有机式"的组织中,相互影响的模式较为多样,包括由上而下、由下而上、水平的和斜线的种种形式,权力由较多人执掌,较为分散。在现代化社会中,人们越来越倾向于权力均等化,即实行参与式决策、分权化管理、双向沟通和多渠道沟通。[①] 在具有前瞻性的组织中,高层管理者希望基层员工能够拥有更多权力,以便更有效地完成工作。授权(empowerment)即将组织权力和职权授予下属员工。这将使员工有权力选择任何一种方式完成任务,在此过程中可以充分发挥他们的创造力,这样员工的工作效率就得到了提高。[②]

在实践中,媒介机构对员工的授权通常涉及三个要素:信息、知识、权力,这包括员工能够获得有关公司财务和运营情况、数字化转型投入预算等相关信息;公司通过培训计划和其他发展手段帮助员工获得数字化、智能化时代媒体工作人员所需要的知识和技能;员工拥有权力参与重大决定,参与融媒体运营思路下的工作程序、岗位设置、绩效考核体系重新设计的机会以及参与项目、团队、任务管理的职权。

目前,媒体机构的主要管理者会通过员工大会、全员邮件等方式向员工说明组织的发展重点、战略方向。2000年年末,CNN的全体员工收到了由新闻集团主席汤姆·强森和

---

① 朱国云.组织理论:历史与流派(第二版)[M].南京:南京大学出版社,2014:264.
② [美]理查德·L.达夫特.组织理论与设计(第12版)[M].王凤彬,石云鸣等,译.北京:清华大学出版社,2016:574.

总裁菲尔·肯特联名发出的电子邮件,内容是新的一年 CNN 将开展重大改革,并将对所有员工的能力、技术进行评估。同时,面向数字化的员工培训也在媒体机构内广泛展开。2015 年,路透社启动面向全社 2500 多名记者的移动新闻培训项目,开发了采编软件,让记者能够更加方便地使用移动设备采集视频图片;针对记者和编辑开展了移动新闻创作、摄影以及可视化图表等相关技能的培训。随着线上办公平台的普遍应用,员工也得以更加直接地以邮件、组织内部即时通信、线上员工调研等方式参与到组织的决策中。

值得一提的是,面向员工的授权并不总是以正式的、制度化的形式实现。创造基层员工与管理层、高层领导的接触和对话机会也是常见的策略之一。例如,新闻集团已发展为大型跨国企业,但默多克仍然保持每 3 个月到各部门巡视 10 天。2020 年 3 月,字节跳动 CEO 张一鸣在公司成立八周年的全员邮件中谈及组织管理时写道:"为了应对业务的变化,我们一直在公司组织和合作方式上不断优化调整……过去一年,我们已经看到了不少管理问题,最直接的反馈是员工敬业度和满意度统计结果下降了。我争取在未来三年走遍所有有办公室的地区,了解公司也学习当地文化。我们的目标不仅是建立全球化的业务,更是建立全球化的多元兼容的组织……'知识型组织中,每一个人都是管理者',这是德鲁克关于管理者的重新定义……我认识到信息透明、分布式决策和创新的重要性。"[①]

四、面向未来的组织形态

对媒体机构而言,"融合"不是一种稳定、持续推进的发展状态,而是迅速、深刻、全面且充满不确定性和不可测度的变化。无论是老牌传媒集团还是新兴互联网企业,都面临持续不断需要学习、复杂化程度持续增加的媒介系统演进方向。因此,学习型组织和混序组织就成为媒体机构面向未来的组织形态概念。

(一) 适应快速变革的学习型组织

学习型组织的概念最早由哈佛大学教授瑞斯特提出。1965 年,他运用系统力学的基本原理,描述了未来企业组织结构扁平化、组织更具有开放性、组织信息化、不断学习和调整内部结构关系等特征。[②] 彼得·圣吉继承了这一思想,在 1990 年出版的《第五项修炼》(The Fifth Discipline)中将学习型组织定义为通过培养弥漫于整个组织的学习氛围、充分发挥员工的创造性思维能力而建立起来的一种有机的、柔性的、扁平化的、符合人性的、能持续发展的组织;其根本特点是通过系统思考(systems thinking)、自我超越(personal mastery)、心智模式(mental models)、共同愿景(shared vision)、团队学习(team learning)五项修炼全面开发人的才能,并在社会行动过程中不断学习,促进知识的创造、组织的变革、创新和社会可持续性发展。他指出应变的根本之道是学习,这是竞争求生存的基本法则。[③]

---

① 张一鸣.字节跳动 8 周年:往事可以回首,当下更需专注,未来值得期待[EB/OL].(2020-03-12)[2021-2-24]. https://tech.qq.com/a/20200312/048367.htm.
② 张德.组织行为学(第 6 版)[M].北京:高等教育出版社,2019:193.
③ [美]彼得·圣吉.第五项修炼——学习型组织的艺术与实践[M].张成林,译.北京:中信出版社,2009:5-12.

数字化时代，互联网、移动互联网的发展改变了信息流动和知识传播的规律，也从根本上改变了组织学习方式。媒体机构既因为生存环境和传播规律的剧烈变化产生明显的组织学习需求，又因为各种类型的媒体平台（维基百科、知识问答社区、微信公众号、视频平台）本身已经成为新的组织学习基础设施而处于组织学习逻辑变迁的中心。2020年以来，新冠肺炎疫情的全球蔓延进一步强化了各类组织对在线会议室、信息交流平台的依赖。因此，媒体机构建设学习型组织的需求也就更加突出。

近年来，媒体机构在组织内部建设员工学习体系的做法日渐普遍，主要包括新员工培训、领导/管理能力培训、融媒体业务技能/平台使用、融媒体资源销售策略等。同时，在行业发展和组织演变的网络化、复杂化特征日益明显的背景下，领先的媒体机构开始思考如何将学习氛围扩展至组织关系网络中的多样化主体，如何在关联网络中激发不同主体的创造性思维，形成有机的、柔性化的学习型网络结构等新课题。2007年，腾讯成立面向员工的腾讯学院。这所"企业大学"通过设计职业发展通道和对应的完善培训体系，努力成为腾讯员工的成长顾问与业务团队的发展伙伴，为腾讯的现在和未来培养人才。2012年，腾讯提出开放战略，腾讯学院随之推出面向组织外部开放生态系统的"腾讯大学"。腾讯大学以腾讯投后企业、合作伙伴和客户为重点，面向企业管理者和业务骨干，提供多元化的培训方案，通过搭建学习交流平台，分享腾讯方法，促进业务协同。腾讯大学开设有行业趋势、产品设计、通用管理等方面的线上课程，以及微信学院、腾讯营销学院、腾讯游戏学院、腾讯云大学四个专业学院，还推出了面向腾讯生态圈企业高管的mini MBA培养项目和面向生态企业员工的在线学习平台T-Learning。

（二）面向信息社会的混序组织

2005年，美国学者迪伊·霍克（Dee Hock）借用混沌（chaos）和有序（order）两个词，创造了"混序"（chaordic）。这一概念包括两个基本内涵：一是任何把混沌与有序的特征和谐地融合起来的自组织、自治理的有机体、组织或系统的行为；二是自然界基本的组织原则。[①] 混序组织是合作与竞争相互交融的组织，所有组织成员都能以独特、自主的方式自由竞争。[②]

混序理论的提出深受20世纪70年代以来的自然科学、特别是物理学前沿理论影响，如耗散结构论、突变论、超循环论、混沌理论、分形理论等。这些理论的共性在于都是以非线性的复杂系统或非线性的自组织形成过程作为研究对象，从而为思考组织的本质提供了不连续性、不确定性、不可分离性和不可预测性的全新思路。

与此同时，理论物理的创新也带来了信息技术、互联网，开启了人类社会的信息化进程，这也正是媒介融合发生的最初起点。媒介融合从一开始就与互联网密不可分，而互联网本身即是这种"混序"系统的代表，开放、平等、去中心化、相互关联是其与生俱来的特征。因此，根植于互联网体系，发展于信息化社会的媒体机构和媒介系统都面临着"混序"化的转型。对组织边界、职权关系、等级制度、统一实践、资源聚集、组织独立性的坚持都

---

① [美]迪伊·霍克.混序：维萨与组织的未来形态[M].张珍,张建丰等,译.上海：上海远东出版社,2008：13.
② 朱国云.组织理论：历史与流派（第二版）[M].南京：南京大学出版社,2014：322.

将成为媒体机构适应复杂网络时代运行方式的阻碍。21世纪初期，以时代华纳、新闻集团为代表的传媒集团经过一系列并购成为超大型、跨国、全媒体传媒娱乐集团。随后近十年时间中，这些传媒集团一直尝试通过组织架构、职位体系、管理团队的调整实现传统媒体业务与新媒体业务的整合，但始终未能成功，并相继走上了以业务为逻辑的机构拆分的道路。这表明传统的、尝试建立覆盖所有媒体业务的、层级分明的集团组织方式已经不再适用于融合时代，数字技术和互联网技术催生的新媒体业务也无法与传统业务纳入同一个组织流程、职位、薪酬体系。

混序理论认为，理想的混序组织具有以下几个特征：

（1）权力与功能最大程度地下放。任何功能，如果能被多个部门分担，就不可集中于一个部门；任何权力，如果能由更基层部门所行使，就不可控制在高层。

（2）自我组织。无论出于何种原因，任何成员都有权在任何时候以任何规模进行自我组织管理，并拥有不可侵犯的权力来参与更高层次乃至整个组织的管理。

（3）管理必须分散。任何人或机构，或彼此间的联盟，尤其是管理者，不得控制或支配任何层次的任何决定或结论。

（4）必须将竞争与合作完美地结合起来。组织的每个部分都能够以独特的方式不受约束地自由竞争，但又要彼此联系，以了解其他成员的需求，并在需要时作为整体不可分割的部分彼此合作。

（5）具有无比的延伸性和极度的持久性。在保持根本目标、组织性质及其具体准则不变的前提下，能够从形式和功能上不断进行自我调整，使人类的才智与精神得到充分发挥。

（6）全部成员和谐而公平地分享组织的所有权，任何关联方都有权参与经营与管理，并享有所有权。

（7）重视组织运行的混序特性。工业革命形成的"命令—控制"的组织形式已经过时，新型的组织应该是像人体、大脑或生物圈一样可以自我组织、自我管理、自我发展的组织。[①]

在变迁的环境中，在走向复杂化和多元化的社会进程中，媒体机构应该走出对组织形式、组织规模、制度框架的执着，向着更加柔性化、敏捷化的方向发展。正如未来学家阿尔文·托夫勒（Alvin Toffler）所预言，在我们前方的是由有着共同利益的组织所组成的矩阵，紧密地相互关联，就像脑部的神经元一样。[②]

第四节　组织间关系的调整与设计

一、网络思维的建立与应用

数字化背景下，媒体机构处于网络化的发展环境之中。这种"网络化"包括两重内涵：一是由互联网、移动互联网、物联网、有线电视网、电网等物理网络构成的网络体系，媒介生产和机构运行的各个环节已经对这一网络体系形成深度嵌入和依赖；二是媒体机构作

---

① 朱国云.组织理论：历史与流派(第二版)[M].南京：南京大学出版社，2014：332-333.
② [美]迪伊·霍克.混序：维萨与组织的未来形态[M].张珍，张建丰等，译.上海：上海远东出版社，2008：287.

为社会组织在其内部和外部形成关系网络,包括社会网络、商务网络、价值网络等。在实际运行中,物理网络和关系网络并不是各自独立,而是紧密关联相互影响。物理网络为关系网络的建立和拓展提供了多样化的可能性,关系网络的节点也不再局限于人或组织;关系网络则成为物理网络创新、整合的重要驱动或制约因素。因此,网络思维是媒体机构岗位设置、组织生产、设计流程、拓展业务和制定发展战略时应具备的基本思维方式。

网络思维可以从三个层面加以运用:

第一个层面是个体中心逻辑,即经典的社会网络分析(Social Network Analysis,SNA)。这是一种用于分析人与人之间,特别是非正式的结构中关系的社会学理论。通过运用这一分析方式,媒体机构能够在组织机构图之外寻找到影响机构运作的"秘密结构",包括比其他员工影响力更大的中心人物(hubs),内部关联较少但有着深厚知识积累(技术、经验)或广泛外部联系(投资方、其他媒体、广告主、监管机构)的边缘人士(peripheralplayer),联系着不同边界、具有在组织内部整合出更大关系网络的跨界者(brokers)。① 中心人物在维护机构的稳定运行方面具有重要意义;跨界者对跨部门创新合作(新产品开发、业务创新小组)、组织矩阵结构建设等目标的实现发挥着重要作用;边缘人士则可以在媒体机构拓展多样化的网络关系(建立新的合作关系、战略联盟、组建合资公司)时体现出价值。

第二个层面是整体格局网络,涉及媒介融合核心领域中的所有行动主体及之间的关系。通过该层面的分析,媒体机构能够获得行业、区域(线上、线下)范围内的拓扑关系结构,涉及行业监管、地方治理、市场活动、NGO、行业协会、社会保障等不同行动者。整体格局网络思维能够揭示媒体机构在融合的不同阶段、不同地区和业务市场所处的行动者关系网络,以及在这些网络的联结密度、联结方式(集中型/离散型),从而为机构选址、产品定位以及区域市场策略的选择提供重要参考。例如,坐落在湖南省长沙市开福区的湖南广电集团在过去数十年的发展过程中,形成了在长沙地区广泛而紧密的影视内容研发、制作、播出、分发、销售联结网络,又与毗邻新建的马栏山视频文创产业园在政策、产业、技术等方面形成协同。因此,在这一区域的影视行业中,呈现出明显的以湖南广电集团为中心的集中型联结方式。这种联结方式不利于其他同类机构(如其他省级卫视)以竞争者的角色进入,但其发展所产生的品牌辐射力和资金、人才吸引力则有利于与影视娱乐相关的内容生产、运营等上下游机构的进入。

第三个层面,网络中的组织自我定位。该层面的分析目标在于确定媒体机构在网络格局中的坐标位置,例如,是否处于中心,与中心的距离,紧密关联的网络节点、组织机构有哪些,联结状态是否良好,联结范围是否与发展战略相匹配。

"中心性"是考察机构在网络中地位的重要度量,能够为机构重要性提升策略的探索提供方向指引。测量中心性的方式和维度有很多,最简单和直接的方式主要包括以下两种:一是直接关联数量。具体又分为入联度(外部连入的联结数量)和出联度(向外伸出的联结数量)。入联度越高,则重要性越明显。例如,接入某社交媒体平台的用户数量越

---

① [美]理查德·L.达夫特.组织理论与设计(第12版)[M].王凤彬,石云鸣等,译.北京:清华大学出版社,2016:342.

多,平台的重要性越明显;某机构生产的内容被越多的其他平台播出、转载、引用、讨论,机构在网络关系中的地位越高。二是特征向量。如果说关联度考察的是"我有多少朋友",特征向量考察的则是"我的朋友有多少朋友""这些朋友又有多少朋友"。谷歌的搜索引擎依据的就是这一度量:指向一个网页的链接越多,指向这些链接(网页)的链接越多,指向这些链接的链接的链接越多……这个网页的得分就越高。① 因此,媒体机构要实现自身重要程度的提升,就要有计划地进行中心性塑造,充分运用互联网时代的信息、价值、物质流动方式和传播规律。

二、组织间网络关系的变化与调整

组织之间的联系及由此形成的网络关系是媒体机构组织环境的构成部分,直接或间接作用于机构的生产、运行、演变。随着媒介融合程度的加深,传媒行业内的组织类型、联结关系、联结方式持续变化,组织之间的关系网络也随之变化。这些变化可能源于技术创新及其催生的新媒体形态、新传播方式、新业务流程,也可以是组织和机构主动选择和设计的结果。例如,2013年,新闻集团拆分为负责印刷业务的"新"新闻集团和负责影视娱乐业务的21世纪福克斯集团,两个集团分别独立上市。原来以新闻集团为节点形成的组织间网络关系,也随着拆分的完成而发生分解和重新形成:两个新的传媒集团形成了新的组织间关系;印刷业务相关的组织机构与新闻集团的联系增强,与21世纪福克斯集团的联系减弱;影视娱乐业务相关组织机构与21世纪福克斯集团的联系增强,与新闻集团的联系减弱。

(一)组织之间的联结层次设计

组织之间的联结层次考察的是两个组织之间联结的路径距离,即A企业与B企业之间合作的实现需要通过多少节点,这种联结是短期的还是长期的。在不同的市场竞争环境、不同业务领域、不同区域市场中,组织通常会设计或形成不同层级的关系网络。

例如,不同的机构对广告业务有不同的联结层次设计。中央电视台的广告资源实行的是代理制度,即广告主与中央电视台在广告业务上实现联结,至少需要通过一个节点。这种制度的优势在于,能够通过中央电视台广告部广告授权代理管理办法等制度设计,对代理公司的质量和数量进行管控,便于建立标准化的业务流程和控制业务风险。同时,央视还基于广告代理制度建立和实施了媒体资源承包经营机制,从而降低广告资源的空置率,对机构的基本收益形成保障。不足之处在于,代理制较难实现资源融合经营,从而带来效率的损失,以人工操作为主的采购方式难以满足未来数字化新媒体平台的广告业务需求。百度公司则基于凤巢广告管理系统建立了使客户直投和代理商相结合的广告业务运行方式。这一方式的优势在于充分发挥广告系统平台的功能,实现对海量推广资源位的精细化经营,以自助或半自助的方式满足不同规模机构广告主的投放需求,操作方式更加灵活,数字化属性更加突出;不足之处则体现在审核把关环节薄弱,广告内容传播的法

---

① [美]W.理查德·斯科特,杰拉尔德·F.戴维斯.组织理论:理性、自然与开放系统的视角[M].高俊山,译.北京:中国人民大学出版社,2011:323.

律风险和社会风险突出,对 AI 技术依赖也使得算法黑箱的伦理风险日益增加。

(二) 交换网络与关联网络的形成与变化

组织之间的交换是组织和机构运作中的常态,涉及信息、物质、资金、人才等一系列资源,组织间的交换活动是组织与环境资源交换的一部分,也是组织效益实现的关键环节。交换网络的建立或变化会对组织的日常运作产生直接或间接影响,也能够改变组织在网络格局中的位置。当前,融合进程中的各类媒体机构因为技术创新、市场变化,也因为自身的生存和扩张需要,正在以多样化的方式与多样化的组织形成更加复杂和相互交织的交换网络和关联网络。这也意味着通过对组织交换网络的梳理能够有效地把握该机构的发展策略和关系网络。组织之间的交换网络可以通过对股权结构、交易记录、投资记录、人员流动数据的分析进行描摹。

字节跳动公司通过融资的方式为企业的日常运作、产品研发和快速扩张赢得了充裕的资金支持,在 5 年时间内实现了从创业企业到独角兽企业的快速成长。2012 年 3 月,字节跳动公司注册成立,4 月公司完成天使轮融资 300 万美元。此后,公司又相继进行了 5 轮融资,分别是 7 月 A 轮 100 万美元,2013 年 9 月 B 轮 1000 万美元,2014 年 6 月 C 轮 1 亿美元,2016 年 12 月 D 轮 10 亿美元,2017 年 8 月 E 轮 20 亿美元。2018 年,完成 pre-IPO 融资 25 亿美元后,公司的估值已超过 750 亿美元,2018 年开始,公司进入首次公开募股(Initial Public Offerings,IPO)准备阶段。在此过程中,字节跳动与海纳亚洲、SIG、DST、红杉资本、新浪微博创新基金、建银国际、GeneralAtlantic、软银中国资本、春华资本、KKR 等国内外投资机构形成直接的资金关联网络,也与这些机构的其他投资公司形成了交互交织的多重关联[1]。例如,红杉资本近年来先后投资了新浪、阿里巴巴、京东、唯品会、饿了么、大疆创新等。其中,新浪联合红杉资本、IDG 资本、创新工场,云锋基金和德丰杰五大顶级投资机构共同打造了创投型基金——新浪微博创新基金,该基金也是字节跳动 C 轮融资的领投基金之一。阿里巴巴、京东、唯品会、饿了么等企业也是字节跳动的广告客户。

与此同时,字节跳动又通过投资的方式建立和调整海外市场的网络关系和关联方式。2016—2017 年,公司先后收购或控股了印度、印度尼西亚、美国、法国的内容聚合、短视频应用、音乐分享领域的多家企业,并于 2017 年 11 月入股了猎豹移动旗下的直播平台 Live.me(该平台的主要用户来自于美国市场)(见表 4.1)。通过收购和控股这些企业,母公司不仅为 Tik Tok 的海外市场拓展提供了丰富的版权、用户资源和技术支撑,还发挥了"化敌为友"、减少竞争对手、增强自身实力的战略作用。例如,音乐视频分享和互动社交应用 Musical.ly 在用户特征和产品功能方面都与 Tik Tok 有着很高的相似性,在北美同类产品中市场占有率居于前列。字节跳动在 2017 年 11 月收购 Musical.ly 后,于 2018 年 8 月将 Tik Tok 与 Musical.ly 合并,并继续沿用 Tik Tok 的名称。由此,Tik Tok 不仅在北美市场少了一个强劲的竞争对手,还获得 Musical.ly 已经与迪斯尼、维亚康姆、NBC 环

---

[1] 数据来源:陈萌.孤独的腾讯,跳动的字节[DB/OL].(2020-07-07)[2021-03-09]. http://www.cngold.com.cn/dealer/jyshp/20190707f12105n4274169501.html.

球、新闻集团等世界传媒集团在音乐、内容方面建立的合作关系以及过亿的国际市场用户。①

表 4.1 字节跳动公司海外投资进程

时间	投资对象	公司所在地
2016 年 10 月	内容聚合平台 Dailyhunt	印度
2016 年 12 月	新闻推荐阅读平台 BABE	印度尼西亚
2017 年 2 月	短视频应用 Flipagram	美国
2017 年 11 月	全球移动新闻服务运营商 News Republic	法国
2017 年 11 月	音乐视频分享和互动社交应用 Musical.ly	美国

三、技术的结构化

查尔德（Child）对企业间的关联提出了一个实用的分类，并指出企业运用不同合作方式的各类目的：降低风险、获得规模经济、技术交换、占据优先地位、进入决策圈、克服政府的障碍、国际扩展、准纵向一体化等。②

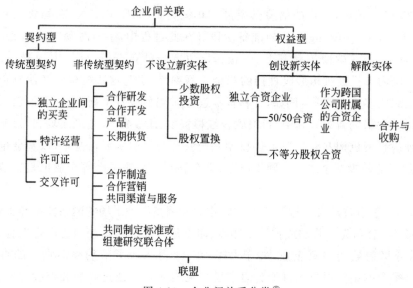

图 4.10 企业间关系分类③

从大众传播时代到网络传播时代，从报社、电视台到互联网公司、网络运营商，传媒业所涉及的各类组织和行动主体已经实践了图 4.10 中所归纳的所有关联方式。值得注意

---

① 王润珏,王夕冉.中国社交媒体的国际化探索与可持续发展——从抖音海外版 Tik Tok 谈起[J].对外传播,2019(10)：64-67+1.

② Child J. *Organization*: *Contemporary Principles and Practice*[M]. John Wiley & Sons, 2015：272.

③ [美]W.理查德·斯科特,杰拉尔德·F.戴维斯.组织理论：理性、自然与开放系统的视角[M].高俊山,译.北京：中国人民大学出版社,2011：343.

的是,信息技术在自我更迭和推动传媒产品、传播方式创新,促进媒介融合发生发展的同时,也不断改变着传媒及相关领域组织间的关系、催生着组织间新关联方式和路径。更重要的是,信息技术及以此为基础建构的技术系统正在内化为这个组织网络结构体系的一部分。

奥林科夫斯基(Orlinkowski)指出,技术是人类活动的产品,同时也具有结构的属性。也就是说,技术由社会行动者构建,物理上,它们是社会行动者在特定的社会情境下创造的成果,社会上,社会行动者赋予它们不同的意义;然而,一旦被开发和采用,技术就会走向客体化和制度化,与创造并赋予其意义的人们失去联系,变成对象的一部分,即组织的结构属性。① 如第四章第二节所列举的美联社人工智能新闻生产系统已经能够在无须人工介入的情况下完成生产和分发。而当这一系统面向其他内容生产或分发机构提供使用入口时,美联社与这些组织之间便在资金、信息联结的同时增加了由这一生产系统形成的联结关系。

信息技术也日益显现出对组织之间、行动主体之间联结关系的结构性介入。2021年春节期间,由新华网和阿里巴巴成立的内容科技公司新华智云,在江西滕王阁景区推出了中国景区首款个性化数字文创产品——定制化的景点短视频内容生产服务。该产品将设置在景点的交互设备采集与后台的智能生产平台相连接,将游客本人及所处的时空场景与数据库积累的滕王阁相关诗文、书画、图片等素材和动画、AR、抠图等技术相结合,由机器自动化地生成定制化的短视频。② 随着这一产品的正式推出,自动生成视频将有机会成为游客在滕王阁旅游活动的一部分。而游客也有可能在使用的过程中加入一定的创作或进行后期的加工,并进一步丰富后台的大数据积累。因此,这一文创产品的推出和运行不但创新了新华社、阿里巴巴与旅游景点的联结关系,还制造了全新的游客与内容平台、景点(人文环境/自然环境)与平台的数据、信息联结方式。这一情形正如朱波夫(Zuboff)的研究指出的,自动化和机器人技术消除了通过社会结构处理信息的需求,这些技术不仅能依据程序指挥设备,还能把设备、产品和过程的现状转变为数据。③ 未来,信息技术对融合化媒介系统中组织间网络结构、网络结构设计思路的影响还将不断加强。负责进行组织设计和网络关系设计的人必须决定是否、何时让这些技术来影响结构或者创造新的结构。

思 考 题

1. 为什么要对媒介产品进行调适与创新?有哪些具体的方法?
2. 媒介融合过程中,业务流程发生了哪些变化?

---

① [美]W.理查德·斯科特,杰拉尔德·F.戴维斯.组织理论:理性、自然与开放系统的视角[M].高俊山,译.北京:中国人民大学出版社,2011:161.
② 新华智云.中国景区上线首款个性化数字文创产品[DB/OL].(2021-02-21)[2021-03-09]. https://mp.weixin.qq.com/s/s97kDxBJpmO-p8J05d4wMg.
③ [美]W.理查德·斯科特,杰拉尔德·F.戴维斯.组织理论:理性、自然与开放系统的视角[M].高俊山,译.北京:中国人民大学出版社,2011:160.

3. 媒体机构如何实现业务流程重塑？试举例说明。

4. 不同的媒体机构组织结构类型分别有什么优势和劣势？

5. 媒体组织结构的变化会对组织内部的权力关系产生什么样的影响？

6. 媒介融合是如何影响组织之间的关系的？

7. 请结合一个具体媒体机构的特征和需求，为其进行组织内部结构和组织外部关系设计，并说明原因。

主要参考文献

1. [美]埃里克·施密特,乔纳森·罗森伯格,艾伦·伊格尔.重新定义公司：谷歌是如何运营的[M]靳婷婷译.北京：中信出版社,2015.

2. [美]本·霍洛维茨.创业维艰[M].杨晓红等译.北京：中信出版社,2014.

3. [美]彼得·圣吉.第五项修炼——学习型组织的艺术与实践[M].张成林译.北京：中信出版社,2009.

4. [美]布拉德·斯通.一网打尽：贝佐斯与亚马逊时代[M].李晶,李静译.北京：中信出版社,2014.

5. [美]大卫·柯克帕特里克.Facebook效应[M].沈路等译.北京：华文出版社.2010.

6. [美]霍尔.组织：结构、过程及结果(第8版)[M].张友星,刘五一,沈勇译.上海：上海财经大学出版社,2003.

7. [美]理查德·L.达夫特.组织理论与设计(第12版)[M].王凤彬,石云鸣等译.北京：清华大学出版社,2016.

8. [美]迈克尔·哈默,詹姆斯·钱皮.企业再造：企业革命的宣言书[M].王珊珊,胡毓源,徐荻洲译.上海：上海译文出版社,2007.

9. [美]迈克尔·哈默,丽莎·赫什曼.端到端流程：为客户创造真正的价值[M].方也可译.北京：机械工业出版社,2019.

10. [美]迈克尔·舒德森.发掘新闻：美国报业的社会史[M].陈昌凤,常江译.北京：北京大学出版社,2009.

11. [美]尼克·比尔顿.孵化Twitter[M].欧常智等译.杭州：浙江人民出版社,2014.

12. [美]尚克尔曼.透视BBC与CNN：媒介组织管理[M].彭泰权译.北京：清华大学出版社,2004.

13. [美]莎拉·弗莱尔.解密Instagram[M].张静仪译.北京：中信出版社,2020.

14. 水藏玺.业务流程再造(第五版)[M].北京：中国经济出版社,2019.

15. [美]托马斯·卡明斯,克里斯托弗·沃里,卡明斯,等.组织发展与变革(第7版)[M].李剑锋等译.北京：清华大学出版社,2003.

16. [美]塔洛克.经济等级制、组织与生产的结构[M].郑景胜译.北京：商务印书馆,2010.

17. [美]W.理查德·斯科特,杰拉尔德·F.戴维斯.组织理论：理性、自然与开放系统的视角[M].高俊山译.北京：中国人民大学出版社,2011.

18. 吴晓波.腾讯传(1998—2016)[M].杭州：浙江大学出版社,2017.

19. 吴军.浪潮之巅[M].北京：电子工业出版社,2011.

20. [英]西蒙·科特.媒介组织与生产[M].白莲,齐锐凌译.上海：复旦大学出版社,2014.

21. [美]迪伊·霍克.混序：维萨与组织的未来形态[M].张珍,张建丰等译.上海：上海远东出版社,2008.

22. 张德.组织行为学(第6版)[M].北京：高等教育出版社,2019.

23. 朱国云. 组织理论：历史与流派（第二版）[M]. 南京：南京大学出版社，2014.
24. Child J. *Organization：Contemporary Principles and Practice*[M]. John Wiley & Sons，2015.
25. Dailey L，Demo L，Spillman M. The Convergence Continuum：A Model for Studying Collaboration between Media Newsrooms[J]. *Atlantic Journal of Communication*，2005，13(3)：150-168.
26. Lawrence P R，Lorsch J W. Differentiation and Integration in Complex Organizations[J]. *Administrative Science Quarterly*，1967：1-47.

CHAPTER 5 第五章

媒介融合的区域国别模式(上)

第一节 美国的媒介融合模式

一、美国媒介融合的制度环境与国家规划

(一)美国媒介管理框架

自大众媒介诞生起,美国政府一直没有设立专门的媒介管理机构。直至今天,从联邦政府到各州、市政府,均无任何主管新闻的部门。第二次世界大战后成立的"美国新闻署"(USIA)主要负责对外宣传美国的政策和意识形态,不具备对国内新闻媒体的管辖权。联邦通信委员会(FCC)的建立也是出于对电台频率、媒体营业执照等公共资源的管理需要,同样无权进行新闻检查、干涉媒体的日常工作和编辑内容。在这种宽松的管理环境中,新闻媒体蓬勃发展,美国也因此成为世界传媒业强国。但是,出于治理国家的需求,政府会对大众媒介予以政策、法规等形式的规约与监管,在以私有制为主体的媒介商业模式与政府管制之间的相互制约中,有关"出版自由""新闻自由""言论自由"的界限和实现方式是贯穿美国媒介发展历程的焦点问题。[1] 罗斯福的"炉边谈话"、奥巴马的"新媒体总统"、特朗普的"推特治国"也都体现了政府权力和媒介力量的相互交织。[2]

具体来看,以下几个方面的力量对美国的媒体运作产生影响:

(1)国会。国会通过颁布相关法律法规对媒体运作产生直接影响。比如国会颁布《联邦通信法》并对其多次修订,调整FCC职能,改变FCC

---

[1] Van Belle D A. *Press Freedom and Global Politics*[M]. California: Greenwood Publishing Group, 2000.
[2] Graber D A, Dunaway J. *Mass Media and American Politics*[M]. Washington, D.C.: Cq Press, 2017.

规章;通过《1994年有线电视法》(Cable Act of 1994)对有线电视系统收费标准作出直接规定;通过《1996年电信法》(Telecommunications Act of 1996)放松媒介管制。同样,媒体的合法权利也会获得相应的法律保护。国会通过的《信息自由法》(Freedom of Information Act)保证了媒体对政府信息的新闻采集权;反诽谤法使得媒体在因合理批评政府或公众人物遭遇诽谤指控时获得法律支持;《隐私保护法》(Privacy Protection Act)和《电子计算机与隐私保护法》(Computer Matching and Privacy Protection Act)对媒体使用个人信息的尺度作出了规约。

(2)总统及其政府团队。总统及其团队对法律法规及市场准入原则的解释对媒体运作产生重要影响。如司法部对反垄断法的司法解释左右市场竞争局势:1967年司法部对反垄断法的严格解释阻止了美国电话电报公司(AT&T)对美国广播公司(ABC)的兼并;反之,对反垄断法的宽松解释则推动了20世纪80年代中期至90年代的兼并浪潮。此外,总统有权直接任命FCC主席及成员。

(3)联邦通信委员会(FCC)。FCC通过广播、电视、卫星和电缆在所有50个州、哥伦比亚特区和美国领土内监管州际和国际通信,是受国会监督的独立的美国政府机构,是负责实施和执行美国通信法律法规的联邦机构,对美国广播电视产业的控制和影响巨大且覆盖面广。FCC对传媒业最大的影响是发放电视台和电台的许可证,许可证时间期限结束后如果未得到更新,该媒体就无法继续经营。很多涉及广电产业发展的立法建议也来自FCC(详见表5.1)。

表5.1 联邦通信委员会(FCC)主要业务局及其职责[①]

业　务　局	主要职责
消费者与政府事务局 Consumer & Governmental Affairs Bureau	制定并实施消费者政策,回应消费者的询问和投诉;与各州、市政府在应急准备、新技术实施等关键领域保持合作伙伴关系。
执法局 Enforcement Bureau	执行相关法律法规以及FCC的条款和规则,对违法行为进行调查并迅速做出反应。
国际局 International Bureau	管理FCC在电信、卫星等方面的国际项目和涉外政策。
媒体局 Media Bureau	对正在运营的媒体(包括广播、电台、电视等)实施执照管理和政策监督,在促进传媒业创新发展方面起着关键作用,还处理卫星服务的许可事宜,并发布传媒业的相关数据和报告。
公共安全与国土安全局 Public Safety & Homeland Security Bureau	提供公共紧急警报服务,确保第一时间响应公众和各级政府的紧急需求。
无线电信局 Wireless Telecommunications Bureau	负责制定并执行国内商业和私人无限电信业务方面的政策,包括对移动电话、无线宽带等业务的管理,负责频道拍卖工作。
有线竞争局 Wireline Competition Bureau	确保所有美国人都能使用强大的、负担得起的宽带和语音服务,致力于促进通信行业的良性竞争,审查该行业的交易,并制定相应的规则和程序。

---

① 资料来源:[2021-03-20]https://www.fcc.gov/about-fcc/organizational-charts-fcc.

（4）联邦法院。市场主体对 FCC 政策、管理、执法的行为有任何无法通过投诉解决的不满，均可诉诸联邦法院。

（5）利益集团。广播电视集团和传媒行业组织为了维护自己的权益会对 FCC 施加影响。一旦它们认为 FCC 做出的决定威胁自身利益，会予以坚决抵制和反对，甚至与 FCC 对簿公堂。美国电视界最有影响力的两个组织是全国广播业者协会（NAB）和全国有线电视协会（NCTA）。

（6）公共机构。有组织且有法定代理权的公共团体可以就公众关心的问题向 FCC 施压。比如，20 世纪 70 年代，儿童电视行动组织呼吁保护儿童、控制不良节目，导致 FCC 对儿童电视节目采取限制措施。

（二）《1996 年电信法》与融合化的规制思路

1993 年美国政府提出 NII（国家信息基础设施，即信息高速公路）计划，建设可视电话、计算机通信、传真、无线和有线广播电视、电子出版等所有业务一体化的综合性网络，旨在通过该计划保证美国在信息时代的领导地位。美国当时所执行的《1934 年通信法》（Communications Act of 1934）与该计划存在诸多冲突，如通信和广播业的严格区分、区域市场的封闭隔离。1996 年 2 月，美国总统克林顿签署了《1996 年电信法》（Telecommunications Act of 1996），它是对美国《1943 年通信法》的全面修正。

《1996 年电信法》有三重目标：（1）促进竞争和减少管制，以获得较低的价格和较优的服务；（2）鼓励开发新电信技术；（3）保护消费者免受竞争之害，从中体现了美国政府基于"融合"理念的管制思路的变化。"激励竞争，放松管制"是新法的最大特征。

《1996 年电信法》取消了通信、传媒等多产业间的界限，放宽了对区域市场和企业规模的限制，放松了对广播电视业的所有权多元化限制，允许多种市场间的相互渗透，鼓励跨业兼并、强强联合，缩减其公共受托人义务。如，《1996 年电信法》中明确规定，禁止州或地方通过法律或管制方式设置进入市场的壁垒。美国的媒介融合浪潮也随之兴起。步入 21 世纪后，美国讨论并修改电信法，将宽带互联网接入业务纳入国家通信普遍服务范围之内，进一步促进通信、传媒等多产业间的互联互通。2011 年 10 月，FCC 设立"连接美国基金"（CAF，Connect America Fund）以加速推动移动宽带服务的普及。

二、美国媒介融合的行业实践

（一）大范围的跨行业兼并收购

20 世纪七八十年代，大型报业集团的兼并收购拉开了美国媒介融合行业实践的序幕，其中，以地方新闻和时尚杂志起家的纽豪斯报业集团（New House Newspapers）于 1981 年和 1983 年分别收购了国际著名的文学出版商兰登书屋和在意见杂志中声名远播的《纽约客》杂志，成为美国最大的杂志出版商之一。截至 1985 年，全国 1186 份日报被 156 家报业集团掌控，占日报总数的 71%。[①] 随后，兼并收购趋势从报业集团逐步扩散到

---

① 辜晓进.美国报纸的集团化管理（上）——近观美国报业管理（十一）[J].新闻实践，2005(02)：45-47.

整个媒体行业。1986年,大型工业公司通用电气(GE)以62.8亿美元收购美国全国广播公司(NBC)及其母公司美国无线电公司(RCA)。1989年,美国最大的出版公司——时代公司(Time)以140亿美元的价格跨行业兼并美国最大的电影唱片公司——华纳公司(Warner),在传媒市场引发轰动。

《1996年电信法》颁布后,传媒市场掀起一股跨行业兼并收购的浪潮。仅1990—1999年这十年,美国传媒产业发生的兼并收购案共计1294个(如图5.1所示),占美国总兼并收购案的63%。电台、有线电视和电视台是美国传媒业兼并收购的热门领域[①]。20世纪80年代,50家公司控制了几乎所有的媒体。《1996年电信法》颁布后,即1997年50家公司数减到了10家。21世纪初,通用电气(GE)、维亚康姆(Viacom)、迪斯尼(Disney)、贝塔斯曼(Bertelsmann)、时代华纳(Time Warner)、新闻集团(News Corporation)这6家公司统治了美国所有的大众传媒。[②]

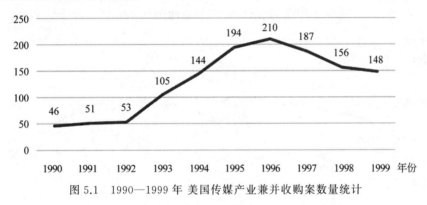

图5.1　1990—1999年美国传媒产业兼并收购案数量统计

这一时期,具有代表性的兼并收购案例包括:1996年,时代华纳(Time Warner)以75亿美元兼并特纳广播电视网(TNT)。1997年,美国最大的报业集团甘尼特公司(Gannett company)以17亿美元买下多媒体数字娱乐公司。1999年,维亚康姆(Viacom)以370亿美元收购了美国三大电视网之一的哥伦比亚广播公司(CBS)。2000年,美国在线(AOL)宣布以1650亿美元收购时代华纳集团,这是新媒体公司第一次收购传统媒体巨头,也是美国历史上最大规模的媒体兼并。新闻集团(News Corporation)在2003年耗资68亿美元收购全美最大的卫星电视节目供应商DirecTV公司,2006年以5.8亿美元现金收购MySpace的母公司Intermix Media公司,2007年以56亿美元收购道琼斯公司(Dow Jones & Company)。

兼并重组后的公司在跨行业经营、跨领域经营、跨地区经营过程中加速了全国性市场的形成;其他行业的资本进入电信、传媒领域后也为产业发展注入新的力量。时代华纳、迪斯尼、维亚康姆等一批大型综合性传媒集团逐渐成型,美国的媒介融合与传媒产业由分散走向集中的过程同步发生。

---

① Peltier S. Mergers and Acquisitions in the Media Industries: Were Failures Really Unforeseeable? [J]. Journal of Media Economics, 2004, 17(4): 261-278.

② [美]本·H.贝戈蒂克安.媒体垄断[M].吴靖,译.石家庄:河北教育出版社,2004:6-16.

但兼并收购的完成只是传媒集团融合发展的中间步骤。兼并收购后的业务整合、人事资源整合、机制整合、企业文化整合等一系列的系统性的整合才是影响企业可持续发展的决定性因素。实际上,在诸多兼并收购案中,有接近一半的案例以整合失败而告终。美国在线与时代华纳合并后就曾因经营理念、管理方式、管理层权力纷争等原因陷入巨额亏损。2003年第一季度,美国在线-时代华纳公司亏损为542亿美元,创下美国商业史上最大的季度亏损纪录。

(二)报纸与影视娱乐业务的发展

受互联网兴起的影响,美国报业出现了明显的下滑趋势,据皮尤研究中心公开数据显示(见图5.2),2003—2009年,美国日报年总发行量从5519万份降至4565万份,降幅达17.27%,而2011—2017年,日报总发行量从4442万份降至3095万份,降幅高达30.33%。①此外,2003—2018年期,报纸行业广告总收入从462亿美元降至143亿美元,降幅达69%。②

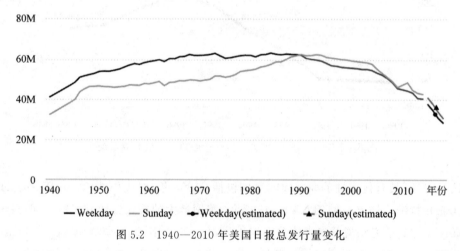

图5.2 1940—2010年美国日报总发行量变化

开办新闻网站、开发移动客户端、建立"付费墙"、运营社交媒体平台账号成为美国报业融合化转型的几种主要方式。例如,1993年,《华尔街日报》网络版上线,1996年开始实行收费制度,并在网站上增设了个人兴趣推送、社区互动等功能;随后又开发了面向移动终端的客户端;2007年《华尔街日报》的推特开通官方账号正式开通。2009年5月12日,默多克宣布新闻集团旗下的报纸结束免费服务,《泰晤士报》《华尔街日报》《世界新闻》等都全面开始对在线内容实行付费阅读模式。

在广电行业,2010—2019年美国地方电视台数量从745家降至706家,下降5.2%。面对冲击,传统新闻生产机构进军新媒体领域,重塑内容生产流程、完善与创新产品体系、调

---

① Pew Research Center. Newspapers Fact Sheet [EB/OL]. https://www.journalism.org/fact-sheet/newspapers, 2019-07-08/2021-03-26.

② Pew Research Center. 5 Charts on Views of Press Freedom around the World [EB/OL]. https://www.pewresearch.org/fact-tank/2020/05/01/5-charts-on-views-of-press-freedom-around-the-world, 2020-05-01/2021-03-26.

整组织结构以维持和提升自身在传媒市场的竞争地位。以传统影视娱乐业务为基础的线上付费视听服务成为老牌传媒集团重点发展的新媒体业务。以电视剧制作为特色的CBS通过付费视频订阅服务开展数字化业务。2014年,CBS发布数字化订阅平台CBS All Access,用户可通过该平台实现在多终端对CBS任何节目内容的点播,其App也实现了与智能电视的互联互通。同年11月,CBS建立数字新闻直播频道CBSN,用户可以在任意时间通过网络收看视频直播内容。

迪斯尼依托电影IP,以家庭娱乐业务为切入口,进军数字化视听服务领域。2014年迪斯尼发布可供用户线上观影的Watch ABC应用软件。同时,迪斯尼通过电影IP开发单机、社交和移动游戏,拓展互动媒体业务,并进军儿童教育领域。2019年11月,迪斯尼又上线针对家庭型用户的Disney+付费在线流媒体平台,用户可在该平台观看迪斯尼旗下的所有电影产品。据其公布的2020年第二财季报告显示,包含该平台在内的迪斯尼媒体网络业务在第二财季内实现营业收入72.57亿美元,占总营业收入的40%,是唯一没有受新冠肺炎疫情太大影响的部门。

(三)互联网新媒体的发展

2000—2018年,美国互联网普及率从43.08%[①]提升至87.27%[②],互联网用户总数达28552万人。截至2019年年底,4G服务基本实现美国人口的全部覆盖,5G服务已经覆盖了60%的美国人口。[③] 美国新媒体公司伴随着美国互联网的普及迅速成长。

首先,新媒体公司提供的在线流媒体服务对传媒集团的影视娱乐业务造成冲击。以租赁DVD起家的奈飞公司(Netflix)依托互联网推出在线流媒体视频点播服务,并通过精品自制内容策略形成了广泛的市场影响,其出品的代表性剧集包括《纸牌屋》系列、《黑镜》系列等。其次,互联网企业不断推出的新型媒体服务产品,改变了公众的媒介消费习惯和美国传媒业的市场格局。到2020年年末,美国在线视频服务收入超过240亿美元,其中Netflix、亚马逊和迪斯尼的订阅用户数量居于前三位(如表5.2所示)。[④]

表5.2 美国网络视频服务订阅用户数量

应 用 名 称	用户规模(百万)
Netflix	75
Amazon Prime Video	50
Disney+	45
Apple TV+	40

---

① 数据来源:[2021-03-20]https://www.statista.com/statistics/209117/us-internet-penetration/.
② 数据来源:[2021-03-20]https://www.cia.gov/the-world-factbook/countries/united-states/#communications.
③ FCC. Fourteenth Broadband Deployment Report[EB/OL].(2021-01-19)[2021-03-29]. https://docs.fcc.gov/public/attachments/FCC-21-18A1.pdf.
④ David Curry. Video Streaming App Revenue and Usage Statistics[EB/OL].(2021-05-07)[2021-05-30]. https://www.businessofapps.com/data/video-streaming-app-market/#2.1.

续表

应用名称	用户规模(百万)
Hulu	35
NBC Universal Peacock	15
YouTube Premium	15
HBO Max	8.5
ESPN+	8.5
CBS All Access	4.5

自2003年起,LinkedIn、脸书、YouTube、推特、Tumblr、Snapchat等社交网站相继崛起,并迅速抢占了传媒市场,对以传统媒体为经营主业的集团造成前所未有的冲击。2019年,超过2.46亿美国人使用社交网络发布图片、点赞和评论他人的内容,或发送私人信息。由于超过70%的美国人口拥有社交媒体账户,这些平台和服务已成为过去几十年中最受欢迎的在线活动之一。截至2020年6月,全球最大的社交媒体平台Facebook活跃用户数量规模达26亿,远超世界任何一个国家的人口数量。到2023年,美国的社交网络用户预计将增加到约2.57亿。①

三、美国媒介融合的未来趋势

(一)缩小数字鸿沟与促进创新:政府层面的发展目标

FCC在其发布的《战略计划2018—2022》(*Strategic Plan 2018-2022*)中,将"缩减数字鸿沟"和"促进创新"列为当前最重要的两项战略性任务。总体来看,通过建立宽松的监管环境,引导多样化主体进入信息通信行业,促进私营机构投资,是FCC实现上述两个目标的主要策略。②

FCC在计划中指出,高速互联网和宽带对经济机会而言至关重要,但在美国,宽带对太多地区而言是难以负担的。因此,FCC计划通过建立一个鼓励私营机构投资的监管环境促进宽带服务的普及。具体措施包括创造宽松的监管环境,最大限度地促进私营机构在农村、山区等偏远的地方扩大宽带部署范围;加强业界、政府和各州政府之间的协调合作,营造鼓励参与的市场环境,促进相关领域的创业投资;提高频谱的分配和使用效率,满足消费者对移动连接的需求。

FCC同时指出,通过制定政策促进新技术、新服务的引入,培育一个具有竞争性且充满活力、创新力的通信服务市场是机构当前的关键性优先事项。FCC将确保机构的行动和监管制度能够反映当前的市场现实,以促进就业,扩大经济机会,消除进入壁垒和投资壁垒。具体措施包括允许广播电视公司创新,充分利用互联网的力量,通过实施下一代广

---

① Social Media Usage Worldwide,[2020-07-29][EB/OL]. https://www-statista-com.uow.idm.oclc.org/study/12193/social-networks-statista-dossier/.
② FCC. Strategic Plan 2018-2022,[2021-05-29][EB/OL]. https://www.fcc.gov/about/strategic-plans-budget.

播电视标准全面进入数字时代;采用更加灵活和具有针对性的监管方式,而非广泛的、基于危害性预判的监管方式;通过国际电信和卫星计划,促进高质量的全球互联通信基础设施建设;FCC将在遵守《通信法》的基础上加快将新技术、新服务、新设备推向市场的进程。

(二) 智能化技术的应用与反思:行业实践的关注焦点

美国的传媒业在智能化技术的研发和应用方面一直处于全球领先地位,并形成了媒体、科技公司、新媒体、高等院校为主体的共同协作模式。在内容生产方面:2010年,西北大学用StatsMonky软件实现从网站自动抓取数据信息完成赛事新闻写作;2014年《洛杉矶时报》的机器人记者Quakebot仅用时3分钟便完成了一则地震新闻的写作和发布,引发行业震动。《华盛顿邮报》的新闻机器人Heliograf能够为受众提供私人定制新闻。2016年美联社上线的自动化撰稿机器人WordSmith具有基于文稿生成音频报道的能力。同时,还有更多的机器人和算法被应用于信息的分发、选题分析、用户画像、与用户的实时交流等层面。苹果的Siri、微软的小冰等智能助手与用户的交流互动已将新闻、位置等各类信息服务和生活服务紧密联系在一起。在媒体、互联网企业之外,美国已经发展出了一批具有代表性的传媒业相关机器人研发企业,如叙事科学公司、自动化洞察力公司、伊索公司等。

但人工智能技术的开发和应用在提升传媒业生产能力、生产效率、交互能力的同时,也带来了社会各界的担忧,主要集中在两个方面:一是,技术性失业及其产生的负面影响。2008—2019年,美国报纸的新闻编辑室从业人数从11.4万人降至8.8万人,下降23%。① 2020年,李开复在演讲中指出,收入和教育程度处于低位的人将因工作的流失而受到严重伤害,越是具有重复性和常规性的工作越容易被取代。人工智能的应用已经形成了对许多传媒业人工岗位的替代,"失业危机"不仅成为员工个人的生存挑战,也成为社会发展的不安定因素。伊利诺伊大学计算机教授纳尔斯泰特(Klara Nahrstedt)指出,人工智能在许多领域取得成功的先决条件之一是在教育方面投入巨资,以对人们进行面向新工作的重新培训。② 二是,人工智能对大数据的依赖及由此带来的隐私安全问题。基特勒(Fredirch Kittler)认为,数字媒介的硬件和软件都具有隐蔽性。在软件的遮蔽下,用户看不到自己受到了硬件的限制;而软件本身可以使用户与计算机交流,但用户却一点都不知道其背后的详细过程,容易给人们造成一种开放的假象。③ 2018年3月中,美国《纽约时报》和英国《卫报》披露的脸书用户信息泄露事件震惊全球。事件中,剑桥分析公司在未经用户同意的情况下收集了脸书至少5000万用户的信息,并用于2016年美国大选广告的精准投放。在媒体和平台借助人工智能技术提高内容定制化生产、推送能力时,往往依赖大量个人和集体行为数据的生成、收集、处理和共享,并用于对个人行为进行预测和

---

① Pew Research Center. U.S. Newspapers Have Shed Half of Their Newsroom Employees Since 2008 [EB/OL]. (2020-05-26) [2021-03-29] https://www.pewresearch.org/fact-tank/2020/04/20/u-s-newsroom-employment-has-dropped-by-a-quarter-since-2008.
② Mike Thomas. The Future of Artificial Intelligence Will be Charted by Man, Not Machine [EB/OL]. (2019-06-08) [2021-06-08] https://builtin.com/artificial-intelligence/artificial-intelligence-future.
③ 邓建国.机器人新闻:原理、风险和影响[J].新闻记者,2016(09):10-17.

引导,这将对隐私权和言论自由的保障构成威胁。

第二节　英国的媒介融合模式

一、英国媒介融合的制度环境与国家规划

(一) 英国广播电视制度的发展

第一阶段,BBC 垄断时期。1922 年英国广播公司(British Broadcasting Company,BBC)成立,标志着英国广播电视事业的开端。1923 年,希克斯委员会调查报告建议英国的广播运营应单纯依靠征收执照费进行,同时建立统一的委员会来替代私营公司。1927 年,民营公司改组为公营的英国广播公司(British Broadcasting Corporation,BBC),采取特许独占垄断经营的方式,获取皇家特许状,由英王任命决策委员会来组织管理。至此,英国广播电视业进入 BBC 垄断时期。

第二阶段,双头垄断时期。英国政府严格限制行业内部竞争,引发了对公共广播电视制度的讨论。1954 年,英国政府推行新广播法案,在广播电视体制中引入竞争机制与广告,并组建独立电视局负责管理。1955 年英国独立电视公司(ITV)成立,该公司仍以公共服务为目标,具有公共服务性质;但 ITV 打破 BBC 垄断地位,英国电视产业开始实行公共和商业广播电视并存的体制,英国广电行业进入双头垄断和有限竞争阶段。

第三阶段,媒介市场化。20 世纪 70 年代起,英国公共广播电视制度越来越关注公共广播的筹资和生存能力,并将新媒体发展纳入现有广播监管系统,公共服务理念受到冲击。

20 世纪 80 年代,有线广播、电视及无线卫星广播的发展为媒介融合提供技术支持。在此背景下,以英国为代表的欧洲传媒业面临两个方向:一是打破垄断,在放松管制的旗帜下尽可能多地私有化。二是延续既有政策,并试图通过公共投资和保护主义来开发媒体的潜力——将公共服务模式应用于新领域①。在这一时期,英国政府出台多部法案,推动广播电视市场化进程。1982 年,根据《1981 年广播法》的要求,第四频道(Channel 4)开播,推动英国电视产业中小制作力量迅速发展。1988 年,英国撒切尔政府发布《90 年代的广电业:竞争、选择和质量》白皮书,建议集中力量改革双头垄断的格局,推动广播电视业市场化。

1990 年,《1990 年广播电视法》规定广播电视的经营权以最高出价人为优先,为商业广播电视的发展提供了法律保证,许多新的私营广播公司通过投票竞价的方式获得了地区性特许经营权。20 世纪 90 年代末,尽管受到国内监管限制,卡尔顿(Carlton Communications)、SMG 和格拉纳达公司(Granada Media)等 ITV 公司②积极参与了一系

---

① Van Cuilenburg J, McQuail D. Media Policy Paradigm Shifts: Towards a New Communications Policy Paradigm[J]. European Journal of Communication, 2003, 18(2): 181-207.

② ITV Network 指英国免费电视网络。这一网络不隶属于某一家公司或机构,而是由 15 个单独的区域广播许可证组成,彼此之间共享节目内容,共同运营区域电视服务,同时也提供网络广播电视服务。2016 年后,15 个许可证由两家公司持有,其中大多数由 ITV plc 的一部分 ITV Broadcasting Limited 持有。

列企业活动,努力与其他国家媒介公司的运营模式接轨。2000年,英国媒体集团皮尔森(Pearson)与比利时的奥迪菲纳(Audiofina)和德国的贝塔斯曼(Bertelsmann)电视集团合并,创建了庞大的泛欧电视企业①。这一时期,媒介市场化改革使英国的媒介整合和媒介所有权结构发生了根本性变化,形成了公共广播电视系统与商业广播电视系统并存的二元结构。

英国政府先后颁布多项方案,持续推进数字化转型战略,如2012年《政府数字化战略》、2014年《政府数字包容战略》、2015年"数字政府即平台"的理念等。2017年,英国政府颁布《数字英国战略》(UK Digital Strategy),该战略指出,英国将继续加强基础设施建设,加大设计、开发和运营现代化数字公共服务投入,以满足公众数字化需求,将英国建设成为数字政府的引领者。

(二) 通信办公室(Ofcom)

在公共服务理念与媒介市场化的交锋中,英国于2003年通过新《通信法案》(Communication Act),成立新的监管机构——通信办公室(Office of Communication,Ofcom),取代原有的通信领域的五个监管部门(如图5.3所示)。Ofcom直接对议会专门委员会(该委员会同时负责贸工部与文化、媒体和体育部的有关事务)负责,在财务上接受国家审计办公室的监督,完全独立于政治,具有高度透明和可延续性特性②。

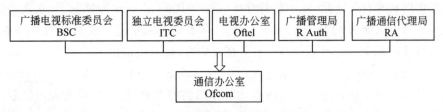

图5.3 英国媒介监管机构的调整

通信办公厅的职责包含以下六个部分③:(1)确保公民使用含宽带在内的通信服务;(2)确保各公司提供优质电视和广播节目;(3)避免观众和听众受到电视、广播和点播节目中有害信息的侵害;(4)保护公众各项权益及隐私,避免公众受到不公正待遇;(5)监督通用邮政服务的运行,并在全国范围内统一邮政价格;(6)以最有效的方式使用无线电频谱。

Ofcom作为英国通信服务的监管者,肩负着同欧盟接轨的职能。欧盟媒介管理机构、媒介管理政策和法律框架的制定由欧盟委员会(The European Commission)统一领导,同时下设几个相关的管理总局,共同协调和推进专门的执行机构和服务支持机构负责政策的实施、执行等工作。Ofcom代表英国参加欧盟的多项活动,在频谱、电信、内容监管等方面积极同欧盟对接,以平衡英国各利益相关方和英国消费者的需求。2020年1月30日,欧盟理事会投票通过英国脱欧协议,英国于1月31日23:00正式脱离欧盟,此举对欧盟

---

① Doyle G. *Media Ownership: The Economics and Politics of Convergence and Concentration in the UK and European Media*[M]. 2002:123.
② 唐亚明,王凌洁.英国传媒体制[M].广州:南方日报出版社,2007:160.
③ What is Ofcom[EB/OL].(2020-7-21)[2021-5-11],https://www.ofcom.org.uk/about-ofcom/what-is-ofcom.

与英国媒介管制框架及媒介融合进程的影响有待观察。

（三）电视收视许可证（TV Licensing）

"二战"后，为恢复广播电视业的发展，英国决定开始收取电视许可费。《1923年无线电报法》正式引入许可证制度，该制度要求任何收听广播、观看或录制直播电视节目的家庭都必须持有电视许可证并缴纳许可费。1946年6月，英国将许可证制度正式引入电视领域。1971年2月废止许可证中的广播部分。英国电视许可证最初由英国邮政总局(GPO)负责发行，1991年4月后，BBC接管电视许可证的管理职能，负责收取许可费和监督许可证系统的运行，收取的许可费用于支持BBC的广播、电视和在线服务。

随着媒介融合的发展，英国政府也更新了电视收视许可证所涉及的服务领域。当前，英国政府要求，任何观看、录制直播电视广播节目或在iPlayer上观看、下载BBC节目、实时直播和点播节目的家庭和企业都必须拥有许可证并缴纳许可费，如果在没有许可证的情况下观看或录制直播电视，可能会被处以最高1000英镑的罚款。收视许可证可用于电视机、电脑、笔记本电脑、平板电脑、手机以及任何可以接收电视信号的其他设备。截至2020年4月1日，彩色电视的许可证费用为每年157.50英镑，黑白电视许可费为每年53英镑。

自2016年9月起，观看BBC电视点播节目也需要缴纳收视许可费，但这并不适用于其他流媒体播放平台。因此，在不观看直播电视或BBC iPlayer的情况下，观众不缴纳许可费依然可以合法使用ITV Hub、All 4、My 5等在线视频平台。以ITV Hub平台为例，在电视节目播出几个小时后平台即可更新视频资源，观众可借助ITV的实况转播服务免费观看几乎所有的电视节目。仅通过Netflix、Amazon等付费平台收看视频节目的用户，也无须缴纳收视许可证费用。由于新媒体和互联网的发展，近年来收视许可证收入呈现下降趋势，政府也因此加大了对不缴纳收视许可费的非法收视行为的稽查力度。

二、英国媒介融合的行业实践

（一）报业的融合探索

第二次世界大战以后，英国报业呈现产权集中化趋势。在全国性报纸市场中，86%的发行量均来自于新闻国际、三一镜报、每日邮报和通用信托、北壳四大报业集团。英国政府就报纸兼并收购问题出台各项政策，要求大的报纸的收购及兼并需要符合公平贸易法案的要求。但这些政策收效甚微，报业集中化趋势持续加强。在经济不景气和各种新媒体的冲击下，英国报纸发行量持续下滑，广告不断流失，而新的盈利点尚未形成，报业步履维艰[①]。据英国出版物发行量稽查局（Audit Bureau of Circulations, ABC）统计，在2000年年初，英国16家收费的全国性日报和星期日报纸的发行总量为2120万份；10年后报纸总发行量跌至1640万份，下跌了近23%；2010—2020年，发行量又大幅下跌55%，至740万份。

---

① 唐亚明.英国报业转型发展新趋势[J].全球传媒学刊,2016,3(03):33-43.

在报业集中化及发行量下降的压力下,英国传统纸质报业陷入生存危机。但作为现代报纸的发源地之一,英国仍有大量中年、老年群体保留阅读报纸的习惯,使得报业的市场基础依旧存在。传统报业积极参与市场化改革,从商业模式、内容生产模式方面参与媒介融合进程。

商业模式方面,伴随互联网的兴起,纸媒大力发展互联网广告业务,但收入尚不足以弥补纸质广告流失的年平均值。2013年英国传统报纸广告收入下降4亿英镑,网络版报纸收费增收1亿英镑,其余3亿英镑亏损由其他途径填补。英国报业背靠大财团,调度资金,对商业模式进行变革,通过开设电子版报、收费墙等方式开展数字化业务,积极同社交媒体合作以扩大营销网络;也与商业机构合作,承担数据分析、活动策划等业务,扩大传统纸质媒体的收入来源。以英国"三大报"之一的《卫报》为例,该报先后于2009年、2011年提出"开放数据"及"开放式新闻"的新理念,加速纸媒向电子报纸的转变。该报为弥补自2007年开始的严重亏损,采用向读者直接募捐的方式维持收支,同时通过开设付费会员、数字会员等方式扭转该报的运营难题。

内容生产方面,为打破不同部门的生产壁垒,提升生产效率,英国各大报纸对采编人员进行业务培训,变革内容生产模式。2006年,《每日电讯报》率先打破原有的以生产平台(如报纸、App、网站)为间隔的生产分组,按照职位等级由内而外排列办公区域,形成"蜘蛛网状"的环形生产空间。这一变革打破不同编辑部门间的内容隔阂及空间障碍,为多元化内容生产提供可能性。2013年,《泰晤士报》建设新的采编平台,并对从业人员进行统一业务培训,以适应数字化与纸质媒体并行的采编模式。

(二) BBC 的融合探索

英国皇家宪章规定了英国广播公司(BBC)的职责是告知、教育和娱乐公众,并支持英国的创意产业经济。作为英国历史最悠久的公共广播电视媒体,BBC较早推动媒介融合及数字化转型进程,为纸质媒体、商业电视机构的融合提供借鉴。

内容生产方面,2007年,BBC成立统一的多媒体新闻编辑部(Single Unified Multimedia Newsroom),服务于BBC所有的新闻平台。"统一编辑部"实现了BBC内部资源平台(信息资源、人力资源等)的共享,同时保证不同平台新闻制作的采编播流程方式统一,极大改革了新闻生产的组织架构及生产模式,提升了新闻生产的效率。2008年,BBC对从业人员进行全方位培训,同时建立四个负责生产相应内容的生产团队(包括新闻中心、视觉中心、北部中心、音频与音乐中心),利用BBC的Fabric系统,把BBC内部的1500个编辑终端和所有的素材全部联系起来,以网络化的模式完成数字内容的生产和多渠道、多终端的分发[1],打破原有依据频道划分的内容生产结构。

多平台运营方面,BBC总裁马克·汤普森于2006年提出"马提尼媒体"概念,指BBC要顺应数字时代发展,将BBC打造为无论何时、何地、何种设备都可消费BBC生产内容的媒体。2011年,BBC提出"1-10-4"多平台融合战略,即"One Service, Ten Products,

---

[1] 龙思薇.海外传媒集团数字化转型的路径与思考[J].现代传播(中国传媒大学学报),2013,355(08):9-12+28.

Four Screens"模式,具体指 BBC 旗下的内容生产与信息服务均属于 BBC 这一品牌,品牌提供包括新闻、儿童、天气在内的十个产品,所有产品都服务于电视、电脑、平板电脑及智能手机四个终端。

数字化转型方面,BBC 邀请电视设备制造厂商召开峰会,牵头多家无线电视台组建数字联盟,从而提高大众对数字电视的接受程度。2013 年,时任 BBC 总经理托尼·霍尔在演讲中宣布 BBC 从 2014 年开始将陆续开启数字媒体发展计划,并将该计划作为 BBC 未来的运营策略中心。在演讲中,霍尔提出包括新型 iPlayer、BBC Store、Open Minds 服务、Shakespeare 数字典藏等在内的十项方案,为 BBC 数字媒体的进程提供框架指引与战略远景。

以数字媒体发展计划的代表——iPlayer 为例,2007 年,BBC 推出 iPlayer 平台,为多个移动终端(包含智能手机、智能电视、电脑等)提供视频内容,并同苹果、谷歌、微软等平台达成合作,为其免费提供 BBC iPlayer 的 App 业务。2014 年,在数字媒体发展计划的影响下,BBC 以"我的 BBC"(My BBC)为宗旨,对 iPlayer 进行互动界面优化与播放内容升级。次年,iPlayer 开始采用 H5 标准,提升平台网络兼容度,改善用户体验[①]。2020 年,英国人使用 iPlayer 播放器的日均时间已经从 4.7 分钟增加到 5.9 分钟,且约有五分之一的观众是 16~34 岁的青年人[②]。

为了尽可能多地吸引不同特征和不同需求的用户,BBC 十分注重社交媒体平台的官方账号运营。例如,BBC 仅在推特平台运营的新闻类账号就包括六个类别:一是综合性新闻账号,如 BBC News、BBC Breaking News;二是内容系新闻账号,如 BBC Politics、BBC Sport、BBC Business 等;三是区域系新闻账号,如 BBC News(UK)、BBC News(Word)、BBC Asia 等;四是多语种系新闻账号,如 BBC 阿拉伯语频道、BBC 中文频道等;五是 BBC 频道/栏目系列,如 BBC News Night、BBC World Service 等;六是 BBC 其他新闻服务系列,如新闻验真频道 BBC Reality Check 等。BBC 新闻系列账号根据其内容、区域、语言定位的不同,发送的内容也有明显差异,但这些账号都互相关注,并保持着一定频率的互动,相互支撑、相互引流。例如,BBC Breaking News 的频道简介中直接写道:本频道为来自 BBC 的突发新闻更新,更多新闻故事和事件分析请关注 BBC UK 或 BBC 国际,体育新闻请关注 BBC Sport。通过建立细分化频道体系,BBC 在平台中建构起多维度、立体化的新闻信息传播网络,不仅能够与需求差异显著的受众群体建立精准化的社交新闻信息流转关系网络,形成品牌集成效应,还能够为各类新闻信息提供输出平台和渠道,最大化新闻的传播价值。

(三) 商业广播电视机构的融合探索

英国政府于 2000 年发布《通信的新未来》白皮书,强调政府在数字时代放松媒介管制

---

① 王梦宇.欧洲广播电视的媒介融合实践研究——以英国 BBC 和欧洲 RTL 为例[J].中国电视,2018(05):100-103.

② Ofcom's Annual Report on the BBC[EB/OL].(2020-11-25)[2021-03-20].https://www.ofcom.org.uk/__data/assets/pdf_file/0021/207228/third-bbc-annual-report.pdf.

的必要性。至 2003 年年底,英国有线电视已形成由两家大有线电视公司(NTL 公司和 Telewest 公司)和少量地区性的小有线电视公司覆盖全国的格局;同时英国的卫星电视经营机构也形成了英国天空广播公司(BSkyB)一家独大的格局[①]。

英国 2003 年的新《通信法》撤销了对非欧洲经济区的私人或团体拥有媒介的限制,外国企业首次可以持有英国的全国性地面商业电视网股权。根据这一法规,除默多克集团可以购买 ITV 以外的商业无线电视台之外,迪斯尼、维亚康姆等跨国公司在不拥有英国报纸的前提下,可拥有更大的英国无线电视投资空间。这一法令直接导致无线电视领域的巨变,例如 2006 年,BSkyB 击败有线电视集团 NTL,成功购得独立电视台 17.9% 的股份,成为独立电视台的最大股东,这标志默多克集团除了在报业、出版领域占据领先地位,也成功进入英国无线电视领域,与 BBC、ITV 之间竞争转播权。

商业广播电视机构积极谋求跨行业合作,进行兼并重组。BSkyB 选择外部变革方式,即与电信运营商展开合作,协助其推进无线网络覆盖,并配合旗下软件 Sky Go 的服务,使用户在公共场所能够随时通过无线终端接入宽带网络观看其节目。2012 年,YouView 诞生,作为传统广电机构、电信运营商和互联网跨行业合作产品的代表,同三家电信运营商(EE、Orange、T-Mobile)和多家广播电视媒体(包括 BBC、ITV、Channel 4、Channel 5 等)在资本和运营中建立全面合作关系[②],对 70 多家英国电视机构进行整合,为用户提供互联网观看资源。

(四)新媒体的发展

英国互联网建设起步较早,截至 2009 年 3 月底,英国十分之九的家庭拥有数字电视,三分之二国民拥有宽带,超过四分之一的家庭有数字视频录像机,约 1790 万手机用户(占手机用户总数的四分之一)使用 3G 服务。在此背景下,社交媒体及数字媒体在英国快速发展。英国社交媒体用户数量稳定上升,2015 年英国活跃的社交媒体用户为 3800 万人,占总人口的 59%,英国成年人人均拥有 1.9 个社交账户。2017 年英国互联网用户数量攀升至 6027 万,较 2015 年上升 33 个百分点[③]。社交媒体中,YouTube 和脸书在英国占据绝对的领先地位,使用率均达到 73%。

其中,英国的媒体公司对年轻群体的新闻信息、特别是严肃新闻信息需求十分关注。在脸书平台上,全球最受用户喜爱排名前十位的新闻频道中有两个频道的定位为年轻群体的专属新闻媒体,分别是拥有 4400 万用户的 UNILAD(@uniladmag)和拥有 3900 万用户的 LADbible(@LADbible)。这两个频道的实际归属均为英国的新兴传媒集团 LADbible Group。该集团成立于 2012 年,是一家专注为 16~30 岁的年轻人(互联网原生代)提供新闻、娱乐、社区服务的社交媒体服务商,已经通过自有网站、客户端、脸书、Instagram、Snapchat、推特、YouTube 等渠道建立起超过 6200 万用户的国际性在线青年

---

① 温飙.看英国广播电视体制的改革之路[J].传媒与教育,2016(01):56-68.
② 王晓培,常江.英国传统媒体的媒介融合:开放、坚守与共赢[J].对外传播,2016(11):15-18.
③ Digital in 2018:World's Internet Users Pass The 4 Billion [EB/OL].(2018-1-30)[2021-05-13],https://wearesocial.com/blog/2018/01/global-digital-report-2018.

社区,从年轻群体视角出发进行新闻呈现、时事解读,鼓励年轻人积极参与欧盟公投、英国脱欧等严肃的时政话题的讨论。①

三、英国媒介融合的未来趋势

(一) 英国媒介融合的发展趋势

总体来看,英国的媒介融合仍在持续推进的过程中。

一方面,传统媒体仍在探索运行模式转型路径,以解决在融合发展中遇到的内部管理机构分散、生产模式效率低下等问题。例如,部分媒体在实际操作中仍然停留在较为初级的融合层面,只是将报纸内容复制到另一平台中,并未针对不同媒介受众的特点进行在地化修改。2019年商业电视机构的收入累计下降至22亿欧元,较2018年下降3.5%,预计2020年电视广告收入将下降17%~19%。

另一方面,新媒体业务随着信息基础设施的建设持续发展。2019年年末,英国智能手机普及率已达到83%,互联网电视普及率达64%,2020年前后,英国加大全光纤网络建设投入,提供"共享农村网络"(SNR),发布共享频谱接入计划,以提高英国光纤和4G覆盖率。②

2020年新冠肺炎疫情的发生加速了视频点播(SVoD)业务在英国流行,原创内容对于传媒市场竞争的重要性进一步体现。截至2020年第一季度,英国使用网飞(Netflix)、亚马逊、NOW TV平台视频点播业务的家庭已达1500万户,在16~34岁的英国人中,每日使用视频点播服务观看视频的比重为32%,远超使用YouTube(22%)和直播电视(20%)的比重。③ Ofcom调查指出,大部分英国观众订阅视频点播服务是被原创内容所吸引,而无论是内部制作还是外包公司生产,原创内容都是吸引观众的关键因素。由此可见,视频订阅服务对扭转英国广电业的发展的颓势具有重要意义,因此后疫情时代下媒介转型与融合依然要以提升产品质量为核心。

(二) 英国媒介融合中出现的问题

隐私保护问题。互联网的广泛使用在为用户带来便利的同时也诱发诸多隐患,Ofcom与英国信息专员办公厅的研究显示,2019年81%的青少年和62%的成年人表示,他们曾在过去的一年中感受到互联网的负面影响,其中,有7%的互联网用户因担心个人隐私泄露而没有下载任何内容信息类软件④。隐私泄露问题成为英国媒介融合过程中不容忽视的隐患。

---

① 参见:[2020-01-20]https://www.ladbiblegroup.com/about-us/.
② Ofcom's Annual Report on the BBC[EB/OL].(2020-7-21)[2021-03-17],https://www.ofcom.org.uk/__data/assets/pdf_file/0032/198770/ofcom-annual-report-and-accounts-2019-20.pdf.
③ Media Nations 2020:Interactive report[EB/OL].[2021-05-13],https://www.ofcom.org.uk/research-and-data/tv-radio-and-on-demand/media-nations-reports/media-nations-2020/interactive-report.
④ Online Content Study:Changes in the Distribution,Discovery and Consumption of Lawful and Unauthorised Online Content[EB/OL].(2015-11-6)[2021-03-25],https://www.ofcom.org.uk/__data/assets/pdf_file/0033/99483/online-content-study-010316.pdf.

虚假信息问题。路透社研究所指出,63%的英国人在关注新闻时,会关注新闻是否真实。但伴随基础设施的建设与在线服务的发展,较低的互联网接入成本导致信息供应者及传播渠道的激增,在线平台使用户轻松地访问各种信息,虚假信息也借此以新的方式在互联网中传播。包括网站、社交媒体(如脸书)、视频共享平台(如 YouTube)、新闻聚合平台(如雅虎)等在线平台中虚假信息激增,严重影响了英国互联网信息管制及媒介运营环境。Ofcom 研究报告指出,仅 2018 年 9 月—2020 年 8 月,研究样本中的 177 个虚假信息网站平均每月访问量突破 1400 万,这些网站的大部分流量来自于在线平台(如搜索引擎或社交媒体)。[①] 虚假信息日益成为英国互联网发展的一大现实困境。

政治广告泛滥问题。在线平台提供的信息极大便利了民众的生活,但平台依据个人信息为用户大量推送政治广告。以谷歌公司为例,谷歌依据用户的年龄、性别和地理位置为用户推送政治广告,但推送所依据的标准并未向公众公开;Ofcom 研究显示,只有 49%的搜索引擎用户可以从上下文中准确识别广告,且在脸书中有 3%的政治广告未添加广告标签,这意味着公众政治广告的推送机制不具有透明度,严重违背了欧盟颁布的《虚假信息操作守则》。[②]

第三节　俄罗斯的媒介融合模式

一、俄罗斯媒介融合的制度环境与国家规划

(一)转型期的媒介体制变迁

1991 年苏联解体从政治、经济、文化等方面对俄罗斯传媒体制造成了冲击。政治方面,俄罗斯政治体制从传统的一党执政模式向西方政治体制转变;经济方面,从计划经济向市场经济过渡,全社会面临着严重的债务危机与社会冲突;文化方面,长期忽视文化开放、多样性的苏联在转型期迎来文化失范的冲击。在转型期,俄罗斯的传媒体制也摒弃了原有的共产主义传媒体制,建立起国有国营和有限商业运作并行的媒介体制。俄罗斯大众传媒体制在转型期大致可分为三个阶段:

(1)政治纷争与经济改革初期(1991—1995 年)。1991 年,俄罗斯颁布《大众传播法》规定大众传媒体制获得自由传播的权力,取消出版审批制度和新闻检查,实行出版登记许可制度。该法不但奠定了俄罗斯联邦今后新闻传媒发展的基调,而且联邦政府更加强调宪法保障人民思想与言论自由的责任[③]。这一时期传媒所有制形式多元化,私有媒体逐渐涌现,商业报刊、广播电视机构和广播公司出现,但缺乏健全的法律和严密的监管体系,媒介运行常常陷入无序状态。1994—1995 年,俄罗斯政治相对平稳,但经济状况持续恶

---

① Understanding Online False Information in the UK[EB/OL].(2021-01-27)[2021-05-13],https://www.ofcom.org.uk/__data/assets/pdf_file/0027/211986/understanding-online-false-information-uk.pdf.

② 《虚假信息操作守则》(*Code of Practice on Disinformation*):该守则于 2018 年由谷歌、脸书、推特、Mozilla 等网络平台及广告行业的主要代表同欧盟委员会合作开发,旨在清理互联网虚假信息、帮助和确保民主选举的正当性及完整性。

③ 吴非,胡逢瑛.俄罗斯媒体资本运作与政府角色[J].新闻记者,2004(11):44-46.

化。报纸的发行量仍在下降,将目标受众定位在高收入阶层、以广告为主要利润来源的商业报纸取得了较大发展。这一时期,俄罗斯的广告市场得到了初步发展,第一批广播电视网络逐步形成。1995年,叶利钦曾设想在俄罗斯建立一种"总统—寡头—媒体"三者互动的模式,寡头负责媒体的管理和资金来源的问题,并在大问题上支持总统或政府的决策。但此时俄罗斯经济处于低迷状态,金融寡头难以从这种互动模式中获取实际收益,只能与政府进行政治利益的交换。

(2) 金融寡头垄断时期(1996—1998年)。1996年,俄罗斯的总统选举使各大财团和金融寡头们意识到媒介对社会舆论的巨大影响,金融巨头们将报业作为扩大自身影响力的主要目标。报业也出于自身发展需要,投靠财团和金融巨头以获取经济支持和庇护。1996年之后,俄罗斯逐渐形成了寡头—媒体的互动的模式,二者在新闻自由和市场经济的理论下相互配合,总统需要配合二者的互动。到1997年,俄罗斯已经形成以寡头为中心的政治经济形态。① 这一阶段,俄罗斯专业精英的范围开始扩大,新的传媒寡头集团不断涌现,最具代表性的是别列佐夫斯基和古钦斯基。20世纪90年代后期,这两家集团控制了俄罗斯70%的媒体。这一时期,俄罗斯传媒业总体上得到了一定发展,数字电视、卫星电视和网络媒体崛起,外国资本进入俄罗斯传媒行业并达到一定规模。

(3) 媒体整合时期(1998—2000年)。1997—1998年,叶利钦先后颁布《全俄国家广播电视公司的问题》和《关于完善国家电子媒体的工作》,宣布在俄罗斯国家电视台的基础上成立跨媒体国家垄断集团——全俄罗斯国家广播电视公司,该公司以国家股份为基础,覆盖范围达89个行政区、自治共和国。该举措表明,俄罗斯联邦政府已经开始逐渐收回各大电视台的新闻自由权,逐渐形成中央与地方共同建设新闻媒体的构想。② 1998年经济危机后,俄罗斯国家政治趋于稳定,经济恢复性增长,国家开始有计划地支持传媒,媒介产业发展迎来新的机遇。同时,俄罗斯意识到寡头控制传媒对社会的严重危害,逐步加强了对传媒的控制。1998年叶利钦签署《关于完善国营电子媒体的工作》总统令,正式将所有中央和地方国营广播公司、新闻信息社和奥斯坦基诺电视技术中心纳入全俄国家广播电视公司统一调度管理。此后普京打击古辛斯基和别列佐夫斯基两大寡头集团,标志着俄罗斯传媒"寡头时代"的结束,政府再次掌握了传媒领域的主动权。1999年,俄罗斯新闻出版广播电视和大众传播部成立,对新闻传播事业进行监管。

(二) 普京时期的大众传媒体制

20世纪90年代,俄罗斯的传媒法规定,全俄罗斯广播电视委员会为各电视台颁布许可证,且许可证每年都需要审核一次。但在叶利钦执政期间,电视经营许可证制度未得到各大电视台的接受和支持。2000年普京执政后,全俄罗斯国家广播电视公司控制电视塔的发射权,实质上掌控了电视许可证的发放权。自普京执政以来,俄罗斯广播电视业基本以国家媒体为主导和核心,政府掌控广播电视业。

2004年,普京颁布法令,宣布成立文化与大众传播部,将原有的文化部同俄罗斯广播

---

① 吴非,胡逢瑛.俄罗斯传媒体制创新[M].广州:南方日报出版社,2006:37,75.
② 吴非,胡逢瑛.俄罗斯传媒体制创新[M].广州:南方日报出版社,2006:78.

电视台进行合并,此举标志着俄罗斯联邦正式将媒介管理纳入政府文化体系范围内。这一时期,普京媒介管理的基本思路是:媒体不该全面商业化,但媒体从业者可占有媒介集团的股份并享有分红,以此对媒介从业者起到激励作用。这一时期,俄罗斯开启"媒介国家化"进程,俄罗斯的国有能源企业将资金注入金融寡头旗下的媒体中,政府及国企得以逐步瓦解古辛斯基、别列佐夫斯基和霍多尔科夫斯基垄断集团。俄罗斯媒体正式从寡头媒体的商业化时代进入了中央联邦级媒体的国家化时代,国家政府派媒体战胜了自由民主派媒体,成为 21 世纪初期俄罗斯媒体的主流。[①] 俄罗斯传媒集团所有制演变的主要趋势是商业资本减少,国家资本和混合资本比例增加,以及由此带来的俄罗斯传媒产业集中化。目前俄罗斯联邦广播公司(国有企业)、俄罗斯天然气工业股份公司(混合所有制企业)以及 Prof 媒介公司(商业企业)三家媒介公司主导着俄罗斯的媒介市场。

普京执政时期,俄罗斯传媒互动模式(如图 5.4 所示)已经有了巨大的改变,财团和金融寡头对媒体的影响局限在资金层面,总统和国有企业通过行政管理和运营管理等方式掌握对媒体的管理权。同时,政府为减小媒体从业者和金融企业的沟通障碍,设立新闻记者公会及保护记者基金会作为双方沟通的中介,负责政府政策的上传下达,以及与西方国家媒体进行沟通和协调。俄罗斯的传媒体制呈现鲜明的国家色彩,体现出强政府的特点。

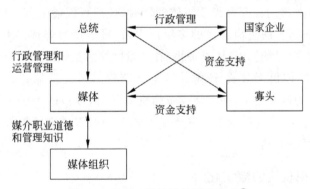

图 5.4　普京时代的媒体管理模式[②]

二、俄罗斯媒介融合的行业实践

俄罗斯媒介融合的实践可分为以下三个阶段:第一阶段为 1991—1996 年,媒介商业化和媒介资产最初呈现集中化趋势;第二阶段为 1996—2000 年,俄罗斯媒介集中的趋势达到了顶峰;第三阶段为 2000 年至今,这一阶段媒介融合的特点是媒体资产的再分配和媒体业务运营规则的改变。[③] 在此根据不同的媒介种类,对俄罗斯媒介融合的实践进行分类讨论。

---

① 吴非,胡逢瑛.俄罗斯传媒体制创新[M].广州:南方日报出版社,2006:37,74.
② 吴非,胡逢瑛.俄罗斯传媒体制创新[M].广州:南方日报出版社,2006:75.
③ Nordenstreng, Kaarle, Arja Rosenholm, and Elena Trubina, eds. *Russian Mass Media and Changing Values* [M]. Routledge, 2010:27.

(一) 纸媒的融合发展

由于网络媒体迅速发展,纸质报纸读者人数骤减,俄罗斯公民(尤其是年轻人)对报纸的兴趣普遍下降。数据显示,1993年,多达93%的俄罗斯人阅读报纸,到1997年降至78%,而2007年只有66%的人在最近一周内读过报纸。纸质报纸的发行量也逐年下降。据统计,2007年俄罗斯普通报纸的总发行量约为78亿份,在28 449家注册的报纸网点(包含周报和日报)中,只有大约15 000家正在实际出版[①]。传统媒体一方面面临新媒体带来的冲击;另一方面面对俄罗斯受西方制裁、经济状况萧条而导致的纸媒生产成本上涨。在双重因素的夹击下,俄罗斯传统纸质媒体借助技术,积极探索市场化变革转型[②]。

俄罗斯纸质媒体积极开拓广告业务。根据俄罗斯印刷媒体发行学会的统计报告显示,2004年俄罗斯全年的报纸销量为3.21亿份,比2003年增长了575万份。2004年俄罗斯的印刷市场空前发展,印刷媒体与电子媒体的市场容量达到60亿美元,较前一年增长了近10亿美元,纯利润达到5.3亿美元,仅2004年俄罗斯传媒在广告市场赚取30亿美元的利润。

俄罗斯报业在融合中采取多介质传播的举措,大部分纸媒都开设了电子版,形成跨网络的媒体。一些报业集团在开办纸质媒体的同时,还拥有广播电台、电视台、网络等媒介载体,采用图、文、声、影、网全面覆盖的多渠道手段,增强纸质媒体的互动性和个性化[③]。例如,俄罗斯知名传统报纸《共青团真理报》在开设网络版报纸的同时,积极发展互联网和广播媒体,其广播媒体已经在多个城市运作并获得许可。根据特恩斯市场调研公司(TNS)俄罗斯分部的调查显示,在实施改革措施一年后,该报的市场份额升至15.6%,较往年增长1个百分点。部分报纸也采取增设专业副刊的方式来增加收益,如《商人报》先后开设汽车专刊、经济专刊等。

(二) 广播电视机构的数字化

1991年,俄罗斯联邦通过《大众传媒法》,此后第一批私有商业电视频道开始建立,私有电视频道逐步发展。1993年之后,莫斯科第六电视台与独立电视台正式开播,作为非国家绝对掌控的独立电视台,极大冲击了俄罗斯既有的广播电视市场结构。1999年俄罗斯联邦政府成立国家控股公司——全俄国家广播电视公司,该公司下辖两个电视频道、一家广播电台和一家通讯社,对全国的广播电视基础设施(包含传输线路、发射台和地区中转台等)进行集中管理[④]。如今,俄罗斯主要有三种广播公司:集中化的国家广播频道、互联网性质的国家频道和区域频道。此外,有线电视和卫星电视正在迅速发展,俄罗斯各类广播电视频道的总数达到近1500个。

---

① Nordenstreng, Kaarle, Arja Rosenholm, and Elena Trubina, eds. *Russian Mass Media and Changing Values* [M]. Routledge, 2010: 22.
② 赵永华,朱玺. 俄罗斯媒介融合:技术与市场的双重驱动[N]. 中国社会科学报,2019-08-22(003).
③ 李玮. 俄罗斯报业概览[J]. 中国报业,2009(09):70-73.
④ 张丹. 变化中的俄罗斯传媒[J]. 新闻与传播研究,2004(03):65-72+56-96.

媒介融合的现实基础是数字化①，俄罗斯广播电视媒介在融合时代走上数字化发展道路。政府在《关于在俄罗斯联邦采用欧洲数字电视广播系统的条例》中制定了广播电视领域在2015年实现技术转换和技术升级的计划，统一采用MPEG-4编码的欧洲DVB-T规格，该工程预计将耗资100亿美元。2009年，俄罗斯联邦政府颁布第985号法令，批准了《2009—2018年俄罗斯联邦电视和广播广播的发展计划》（FTP），其主要目标是：开发俄罗斯联邦的信息空间，并为俄罗斯居民提供联邦多频道广播，保证提供一定质量的全俄强制性公共电视频道和广播频道。

截至2018年年底，俄罗斯已经建立了包括5040个发射站在内的数字广播电视网络，每个发射站涵盖20个数字电视频道，覆盖面积达1700万平方公里，覆盖总人口的98.4%，标志俄罗斯数字地面电视广播网络已经建设完成②。截至2019年10月14日，俄罗斯21个地区的全国电视频道关闭模拟信号，正式完成向地面数字广播电视的转换。③

借助数字化进程的推动，俄罗斯各大广播电视台积极发展网络电视，步入网络化、数字化进程，智能电视的发展呈现井喷式增长状态，2015年与2016年连续两年俄罗斯智能电视的销售增长量超过100%。此外，互联网视频服务（OTT）也在俄罗斯得到迅速发展。据俄罗斯市场调研公司DierctNFO发布的报告显示，从2011年开始，俄罗斯的OTT服务市场市值逐年上涨，截至2015年已超过20亿卢布。

（三）今日俄罗斯（RT）电视台

RT的前身是2005年成立的俄罗斯第一个全时段英语新闻频道"Russian Today International"。作为"俄罗斯的CNN"，RT的创办宗旨是打破美国对西方世界舆论的垄断，以专业方式反映俄罗斯的真实形象，为全球受众提供西方主流媒体之外的不同声音。

作为俄罗斯媒介融合的成功范例，RT基于融媒体平台，重组和整合国家传统媒体资源，推动媒体融合发展和提升国际影响力。截至2014年，RT在纽约、伦敦等世界19个国家和地区设立了22个记者站。目前，RT下设多语种电视频道，包括英语、俄语、德语、法语、阿拉伯语、西班牙语等频道，电视节目覆盖全球100多个国家和地区，覆盖人数超6.44亿。同时，RT大力拓展卫星转播渠道，仅英语频道就有23个卫星向全球转播。④

RT在报道中注重报道内容的差异化。受国际化定位的影响，RT首先以报道国际社会和受众广为关注的新闻为主，关注国际热点；其次才是俄罗斯经济、文化等内容。RT在具体报道中，采取与西方国家不同的传播价值观，

在互联网时代，RT借力互联网和移动社交平台扩大品牌效应，提升自身国际影响

---

① 赵永华，朱玺. 俄罗斯媒介融合：技术与市场的双重驱动[N]. 中国社会科学报，2019-08-22(003).
② Федеральноеагентствопопечатиимассовымкоммуникациям, Цифровоевещание. [EB/OL]. [2021-04-09], https://fapmc.gov.ru/rospechat/digdtaltv.html.
③ РТРС, МоскваиМосковскаяобластьотключилианалоговоевещаниефедеральныхтелеканалов. [EB/OL]. (2019-04-15) [2021-04-08]. https://moscow.rtrs.ru/tv/efirnoe-televeshchanie/moskva-i-moskovskaya-oblast-otklyuchili-analogovoe-veshchanie-federalnykh-telekanalov/.
④ 中国国际广播电台. 俄罗斯媒体格局与融合发展：以"今日俄罗斯"为例[M]. 北京：世界知识出版社，2016：87.

力。2009 年,RT 创办视频网站 Free Video,为全球 185 个国家和地区的 16 000 个电视视频和新闻机构提供高品质的视频内容免费下载服务,在形成用户规模后,开始推行付费下载业务。同时,RT 积极投入自身官网(www.rt.com)的建设和运营(如图 5.5 所示),并在官方网站上提供自有和非自有平台、App、电商平台的入口,使之成为 RT 互联网矩阵的入口集成平台;官方网站的月访问量超过 2600 万。RT 还在 YouTube、脸书、推特以及俄罗斯本土社交网站 VK 中开设官方账号,经常发布新闻、视频等独家内容,并提供新闻直播服务。截至 2021 年 4 月 30 日,RT 的 YouTube 平台官方主账号"RT"订阅用户数量超过 424 万,"RT 美国"(RT America)订阅用户超过 117 万;脸书官方主账号(@RTnews)关注用户超过 700 万;推特主账号(@RT_com)关注用户超过 298 万。

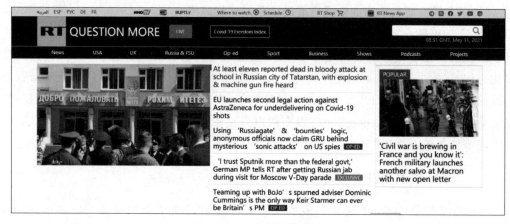

图 5.5　RT 官方网站界面

三、俄罗斯媒介融合的未来趋势

(一)俄罗斯媒介融合的发展趋势

得益于 4G 基础设施建设、第四代智能手机的普及、在线服务的全面发展以及互联网消费结构的变化,网络媒体的飞速发展仍是俄罗斯媒介融合的主要趋向。截至 2019 年年末,俄罗斯宽带互联网服务市场覆盖了 3348 万个家庭,比 2018 年增加了 10 万新用户[①]。2019 年前三个季度,俄罗斯联邦的移动互联网流量为 109 亿 GB,比 2018 年全年增长近 7%,与上年同期相比,俄罗斯移动互联网流量增长了 52%[②]。

面对互联网新媒体的冲击,俄罗斯网络电视、网络媒体、电子书和网络音视频等数字化内容高速发展,步入网络媒体时代。但是,由于部分俄罗斯公众依然保持纸质阅读习惯,在传统媒体和新媒体相互融合中出现了独特的网络媒体反向融合纸媒的特点,部分互

---

① Telecom Daily,ШПД 2020:прогнозыэкспертов.[EB/OL].(2019-12-30)[2021-04-09].http://tdaily.ru/news/2019/12/30/shpd-2020-prognozy-ekspertov.

② Известия,Интернетнеостановишь:мобильныйтрафикРФвырос 1,5 раза.[EB/OL].(2019-12-30)[2021-04-09].https://iz.ru/959246/valerii-kodachigov-anastasiia-gavriliuk/internet-ne-ostanovish-mobilnyi-trafik-v-rf-vyros-v-15-raza.

联网媒体开始出版纸质报刊,如俄罗斯的国际时尚网站 style.com 开始发行纸质版杂志,向传统纸质媒体进军。

同时,俄罗斯的传媒集团的融合化和资本化运作改革也在加速。俄罗斯媒介融合的代表——俄罗斯商业咨询控股集团(RBC),前身为 1993 年成立俄罗斯咨询通讯社。RBC 集团的业务涵盖纸质报刊、广播电视、网站等方面,已成为俄罗斯最具影响力的媒体公司。该集团借助统一的信息生产中心 RBC300,实现了"一次采集,多种生成"的产业模式,最大限度满足受众的需求,实现了"商业模式最优化"①。2005 年,漫步者媒介集团率先将股份投放至国际市场。2006 年,STS 媒介集团也进入了纽约股市。两家公司在首次公开募股中获得了丰富的资金支持(漫步者媒介集团增加了 5000 万美元,STS 媒介集团增加了 3.46 亿美元),为俄罗斯媒介产业融合的国际化进程提供了良好示范。

(二) 俄罗斯媒介融合面临的问题

数字化发展不平等。俄罗斯通信基础设施发展缓慢,地区间发展不平衡的现状依旧存在。截至 2003 年,俄罗斯仍有 14 000 个小居民点(人口数为 250~500 人)缺乏互联网接入条件。为解决这一困境,政府为偏远地区居民免费提供现代数字服务,包括远程医疗、在线教育、公共服务和电子商务等。2019 年,俄罗斯联邦政府对互联网基础设施的建设投入达到 1268 亿卢布,相较于 2018 年增长了 19%②,为俄罗斯媒介融合的进程及网络媒体的持续发展提供保障。

监管措施与法律体系的不完善。俄罗斯在媒介融合中缺乏切实可行的监管措施和专业发展计划。在俄罗斯的互联网媒体上充斥着大量同质化、碎片化的信息和谣言,互联网信息环境驳杂。同时,俄罗斯政府没有专门的以媒介融合为导向的发展计划。以广播电视行业为例,政府没有颁布联邦广播电视发展计划,也没有数字化和一揽子计划。有关通信许可的国家立法也太旧,无法考虑新的技术成就。"最后一英里"(即为家庭重新配备数字设备、DVB-T 天线和机顶盒)的问题仍然悬而未决。

陷入国家与市场的双重困境,媒介寻租等乱象丛生。俄罗斯《大众传媒法》的颁布在某种程度上促进了俄罗斯联邦内新闻传播事业的蓬勃发展,但也导致政权、媒体与经济改革之间产生了不可调和的新矛盾③。俄罗斯看似取消了新闻审查制度,但实际上政府依然可以以股权形式参与媒介集团的经营管理。而市场化改革也诱发新的矛盾,俄罗斯媒介"或者缺乏政治改革的有效配合,或者是民主转型的不彻底,使权力精英得以充分运用政治权力的行政干预职能……导致整个社会出现形形色色的腐败问题,媒体领域的腐败和寻租只是表现之一"④,阻碍媒介融合的进程。

---

① 赵永华,朱玺.俄罗斯媒介融合:技术与市场的双重驱动[N].中国社会科学报,2019-08-22(003).
② РАЭК,ЭкономикаРунета 2019-2020 [EB/OL].(2018-07-17)[2021-04-10],https://raec.ru/activity/analytics/9884.
③ 吴非,胡逢瑛.俄罗斯媒体资本运作与政府角色[J].新闻记者,2004(11):44-46.
④ 陈卫星,徐桂权.权力衍续与媒介寻租:中国与俄罗斯的比较制度分析[J].国际新闻界,2010,32(07):50-55.

思 考 题

1. 《1996 年的电信法》对美国的媒介融合产生了什么样的影响？
2. 美国联邦通信委员会(FCC)的职权范围有哪些？
3. 英国通信办公室(OFCOM)是如何建立起来的？其权责范围有哪些？
4. 媒介融合背景下英国电视收视许可证制度发生了哪些变化？
5. 俄罗斯的媒介融合经历了哪几个阶段？有何特征？
6. 今日俄罗斯(RT)采取了哪些媒介融合策略？

主要参考文献

1. 陈卫星,徐桂权.权力衍续与媒介寻租：中国与俄罗斯的比较制度分析[J].国际新闻界,2010,32(07)：50-55.
2. [美]弗雷德里克·西伯特,韦尔伯·施拉姆.报刊的四种理论[M].北京：中国人民大学出版社,1980.
3. [英]格雷厄姆·默多克,章戈浩.大众媒体的政治经济学[J].新闻与传播评论,2004(00)：18-24+232.
4. 辜晓进.美国传媒体制[M].广州：南方日报出版社,2006.
5. 韩晓宁,王军.探求转型之路：国际传媒集团的变革与回归[J].现代传播(中国传媒大学学报),2017,39(04)：119-124.
6. [丹]克劳斯·布劳恩·延森.媒介融合：网络传播、大众传播和人际传播的三重维度[M].刘君,译.上海：复旦大学出版社,2012.
7. 龙思薇.海外传媒集团数字化转型的路径与思考[J].现代传播(中国传媒大学学报),2013,355(08)：9-12+28.
8. 邱鸿峰.美国、欧盟媒介融合政策述评——兼论作为政治-电视场域互动中介的制度化文化资本[J].国际新闻界,2011,33(12)：17-24.
9. 唐亚明,王凌洁.英国传媒体制[M].广州：南方日报出版社,2007.
10. 田中阳.新自由主义背景下的美国媒体兼并浪潮及其启示[J].新闻与传播研究,2007(01)：2-10+93.
11. Becker J. Lessons from Russia：A Neo-authoritarian Media System[J]. *European Journal of Communication*，2004，19(2)：139-163.
12. Budnitsky S, Jia L. Branding Internet Sovereignty：Digital Media and the Chinese-Russian Cyberalliance[J]. *European Journal of Cultural Studies*，2018, 21(5)：594-613.
13. Compaine B M, Gomery D. *Who Owns the Media：Competition and Concentration in the Mass Media Industry*[M]. Routledge，2000.
14. Erdal I J. Coming to Terms with Convergence Journalism：Cross-media as a Theoretical and Analytical Concept[J]. *Convergence*，2011，17(2)：213-223.
15. González J, Torres J. *News for all the People：The Epic Story of Race and the American Media*[M]. Verso Books，2011.
16. Gurevitch, Michael, et al., eds. *Culture, Society and the Media*[M]. London：Methuen，1982.
17. Hallin, Daniel C., and Paolo Mancini, eds. *Comparing Media Systems beyond the Western World*[M]. Cambridge University Press，2011.

18. Helmus T C, Bodine-Baron E, Radin A, et al. *Russian Social Media Influence: Understanding Russian Propaganda in Eastern Europe*[M]. Rand Corporation, 2018.
19. Huang E, Davison K, Shreve S, et al. Facing the Challenges of Convergence: Media Professionals' Concerns of Working across Media Platforms[J]. *Convergence*, 2006, 12(1): 83-98.
20. Huang J S, Heider D. Media Convergence: A Case Study of a Cable News Station[J]. *The International Journal on Media Management*, 2007, 9(3): 105-115.
21. Jenkins H. The Cultural Logic of Media Convergence[J]. *International Journal of Cultural Studies*, 2004, 7(1): 33-43.
22. Jones A. *Powers of the Press: Newspapers, Power and the Public in Nineteenth-Century England*[M]. Routledge, 2016.
23. Kolodzy J. *Convergence Journalism: Writing and Reporting across the News Media*[M]. Rowman & Littlefield, 2006.
24. Meikle G, Young S. *Media Convergence: Networked Digital Media in Everyday Life*[M]. Macmillan International Higher Education, 2011.
25. Newman M Z, Levine E. *Legitimating Television: Media Convergence and Cultural Status*[M]. Routledge, 2012.
26. Nisbet M C, Lewenstein B V. Biotechnology and the American Media: The Policy Process and the Elite Press, 1970 to 1999[J]. *Science communication*, 2002, 23(4): 359-391.
27. Panagiotopoulos P, Bigdeli A Z, Sams S. Citizen-Government Collaboration on Social Media: The Case of Twitter in the 2011 Riots in England[J]. *Government Information Quarterly*, 2014, 31(3): 349-357.
28. Thompson J B. *The Media and Modernity: A Social Theory of the Media*[M]. Stanford University Press, 1995.
29. Thornicroft A, Goulden R, Shefer G, et al. Newspaper Coverage of Mental Illness in England 2008-2011[J]. *The British Journal of Psychiatry*, 2013, 202(s55): s64-s69.
30. Vartanova E. The Russian Media Model in the Context of Post-Soviet Dynamics[J]. *Comparing Media Systems beyond the Western World*, 2012: 119-142.

CHAPTER 6 第六章

媒介融合的区域国别模式(下)

第一节 中国的媒介融合模式

一、中国媒介融合的制度环境与国家规划

(一)新中国媒介制度的变迁与管理框架的形成

1949年中华人民共和国成立后,在中国共产党的领导下确定了"党管媒介"的制度模式,奠定了媒介国有化的根本基调。1978年改革开放以后,在媒介国有化的基础上,从广告和发行领域掀起的媒介改革浪潮使得"事业单位企业化管理"的框架逐渐形成。20世纪90年代迎来"采编与经营剥离"和"制播分离"的二次改革。在所有权层面,媒介归国家所有;在经营运作层面,存在事业单位和企业两种并行的运作机制,即传统的新闻采编业务按照事业单位的运行体系进行管理,而广告、发行等经营性业务从原单位剥离成立企业化公司并进行股份制改造,媒介的市场属性逐渐凸显。21世纪初中国加入WTO后,在以"政企分开、企事分开、产权明晰、责任明确"为原则的文化体制改革的框架下,媒介迎来了"事业产业两分开"的第三次改革。

在此过程中,我国的媒介融合管理相关机构也经历了多次调整,包括根据互联网管理需求设立国家互联网信息办公室;根据行业发展和管理需要进行的国家广电总局与新闻出版总署的合并、拆分和职能调整;成立统筹各领域信息安全和信息化重要问题的中央网络安全和信息化领导小组,后改为中共中央网络安全和信息化委员会。目前,我国媒介融合所涉及的党政主要管理部门如表6.1所示。

表 6.1 媒体相关的管理部门分布及其主管内容①

部门名称	管理内容
中共中央网络安全和信息化委员会办公室(国家互联网信息办公室)	指导、协调、督促有关部门加强互联网信息内容管理;负责网络新闻业务及其他相关业务的审批和日常监管;指导有关部门做好网络游戏、网络视听、网络出版等网络文化领域业务布局规划;协调有关部门做好网络文化阵地建设的规划和实施工作;负责重点新闻网站的规划建设等。
中共中央宣传部	负责指导、协调中央各新闻单位的工作;指导宣传文化系统制定政策、法规;管理新闻出版行政事务,统筹规划和指导协调新闻出版事业、产业发展,监督管理出版物内容和质量,监督管理印刷业。
国家广播电视总局	拟订广播电视、网络视听节目服务管理的政策措施,起草相关法律法规草案,制定部门规章、行业标准、推动广播电视领域产业发展,制定发展规划、产业政策;负责对各类广播电视机构进行业务指导和行业监管;实施依法设定的行政许可,组织查处重大违法违规行为。
工业和信息化部	指导推进信息化建设,协调维护国家信息安全;总体把握互联网服务内容,协调公用通信网、互联网、专用通信网的建设,促进网络资源共享,拟订网络技术发展政策,负责重要通信设施建设管理,监督管理通信建设市场,会同有关方面拟订电信业务资费政策和标准并监督实施等。
国务院新闻办公室	推动中国媒体对外说明中国、指导和协调对外新闻报道,制定并负责组织实施对外新闻事业的发展规划。
文化和旅游部	贯彻落实党的文化工作方针政策;管理全国性重大文化活动、指导;管理文艺事业,指导艺术创作生产;统筹推进基本公共文化服务标准化、均等化。

(二) 媒介融合的制度安排

1999 年信息产业部(2008 年被整合划入工业和信息化部)和国家广播电影电视总局(2018 年调整为"国家广播电视总局")发布的《关于加强广播电视有线网络建设管理的意见》(国办发〔1999〕82 号)明确规定:电信部门不得从事广播电视业务,广播电视部门不得从事通信业务。这一电信业和广电业之间的准入壁垒长期制约着中国的媒介融合尝试,致使 ISP(互联网业务接入提供商)业务许可申请多次被驳回②。

2008 年国务院颁布《关于鼓励数字电视产业发展若干政策的通知》(国办发〔2008〕1 号)明确提出,鼓励广播电视机构利用国家公用通信网和广播电视网等信息网络提供数字电视服务和增值电信业务;在符合国家有关投融资政策的前提下,支持包括国有电信企业在内的国有资本参与数字电视接入网络建设和电视接收端数字化改造。

2010 年 1 月国务院颁布《推进三网融合的总体方案》(国办发〔2010〕5 号)将"三网融合"③上升至"培育战略性新兴产业的重要任务",并在全国 12 个城市/地区启动试点。同年 10 月,国务院颁布《国务院关于加快培育和发展战略性新兴产业的决定》(国发〔2010〕

---

① 具体管理内容整理自各部门官方网站。
② 冉华,窦瑞晴.媒介融合的制度供给与现实路径[J].中国媒体发展研究报告,2016(00):85-97+297.
③ "三网融合"即推动广播电视业务和电信业务的双向准入,允许符合条件的广电企业经营增值电信业务、基于有线电视网络提供的互联网接入与数据传送增值业务等电信业务。符合条件的国有电信企业可开展除时政类节目之外的广播电视节目生产、制作、传输、转播等网络音视频节目服务。

32号)再次强调着重加快三网融合的进程。2012年广电总局发布《关于IPTV集成播控平台建设有关问题的通知》(广局〔2012〕43号)对"三网融合"的重要业务——IPTV(交互式网络电视)集成播控平台建设作出战略安排和架构部署。

2014年8月18日,中央深化改革领导小组会议通过《关于推动传统媒体和新兴媒体融合发展的指导意见》,成为推动传统媒体与新兴媒体深度融合的顶层设计。2016年国家新闻出版广电总局发布《电视台融合媒体平台建设技术白皮书》和《广播电台融合媒体平台建设技术白皮书》,对台网的融合媒体平台建设提供了技术指导。

2020年6月30日,中央全面深化改革委员会第十四次会议审议通过《关于加快推进媒体深度融合发展的指导意见》(2020年9月26日中共中央办公厅 国务院办公厅印发),从重要意义、目标任务、工作原则三个方面明确了媒体深度融合发展的总体要求,要求深刻认识全媒体时代推进这项工作的重要性紧迫性,坚持正能量是总要求、管得住是硬道理、用得好是真本事,坚持正确方向,坚持一体发展,坚持移动优先,坚持科学布局,坚持改革创新,推动传统媒体和新兴媒体在体制机制、政策措施、流程管理、人才技术等方面加快融合步伐,尽快建成一批具有强大影响力和竞争力的新型主流媒体,逐步构建网上网下一体、内宣外宣联动的主流舆论格局,建立以内容建设为根本、先进技术为支撑、创新管理为保障的全媒体传播体系。

近年来,习近平总书记也在多个重要场合对"媒介融合"做出了一系列重要指示(见表6.2),体现出党和国家对媒介融合的高度重视。

表6.2 习近平总书记有关"媒介融合"的讲话

时 间	地点/会议	代表性论述
2013年8月19日	全国宣传思想工作会议	手段创新,就是要积极探索有利于破解工作难题的新举措、新办法,特别是要适应社会信息化持续推进的新情况,加快传统媒体和新兴媒体融合发展。①
2014年8月19日	十八届中央全面深化改革领导小组第四次会议	推动传统媒体和新兴媒体融合发展,要遵循新闻传播规律和新兴媒体发展规律,强化互联网思维,坚持传统媒体和新兴媒体优势互补、一体发展,坚持先进技术为支撑、内容建设为根本,推动传统媒体和新兴媒体在内容、渠道、平台、经营、管理等方面的深度融合,着力打造一批形态多样、手段先进、具有竞争力的新型主流媒体,建成几家拥有强大实力和传播力、公信力、影响力的新型媒体集团,形成立体多样、融合发展的现代传播体系。要一手抓融合,一手抓管理,确保融合发展沿着正确方向推进。②
2015年12月25日	视察解放军日报社时的讲话	要研究把握现代新闻传播规律和新兴媒体发展规律,强化互联网思维和一体化发展理念,推动各种媒体资源、生产要素有效整合,推动信息内容、技术应用、平台终端、人才队伍共享融通。③

---

① 在创新中赢得主动权——六论学习贯彻习近平总书记8·19重要讲话精神[N].人民日报,2013-08-29.
② 习近平主持召开中央全面深化改革领导小组第四次会议强调 共同为改革想招一起为改革发力 群策群力把各项改革工作抓到位.李克强、刘云山、张高丽出席[N].人民日报,2014-08-19.
③ 曹智,栾建强,李宣良,李刚.习近平在视察解放军报社时强调 坚持军报姓党坚持强军为本坚持创新为要 为实现中国梦强军梦提供思想舆论支持[N].人民日报,2015-12-27.

续表

时间	地点/会议	代表性论述
2016年2月19日	新闻舆论工作座谈会	随着形势发展,党的新闻舆论工作必须创新理念、内容、体裁、形式、方法、手段、业态、体制、机制,增强针对性和实效性。要适应分众化、差异化传播趋势,加快构建舆论引导新格局。要推动融合发展,主动借助新媒体传播优势。①
2016年4月19日	网络安全和信息化工作座谈会	要着力推动互联网和实体经济深度融合发展,以信息流带动技术流、资金流、人才流、物资流,促进资源配置优化,促进全要素生产率提升,为推动创新发展、转变经济发展方式、调整经济结构发挥积极作用。②
2018年8月21日	全国宣传思想工作会议	要加强传播手段和话语方式创新,让党的创新理论"飞入寻常百姓家"。要扎实抓好县级融媒体中心建设,更好引导群众、服务群众。③
2019年1月25日	中共中央政治局就全媒体时代和媒体融合发展举行第十二次集体学习	推动媒体融合发展、建设全媒体成为我们面临的一项紧迫课题。要运用信息革命成果,推动媒体融合向纵深发展,做大做强主流舆论,巩固全党全国人民团结奋斗的共同思想基础,为实现"两个一百年"奋斗目标、实现中华民族伟大复兴的中国梦提供强大精神力量和舆论支持。④
2020年6月30日	中央全面深化改革委员会第十四次会议	推动媒体融合向纵深发展,要深化体制机制改革,加大全媒体人才培养力度,打造一批具有强大影响力和竞争力的新型主流媒体,加快构建网上网下一体、内宣外宣联动的主流舆论格局,建立以内容建设为根本、先进技术为支撑、创新管理为保障的全媒体传播体系,牢牢占据舆论引导、思想引领、文化传承、服务人民的传播制高点。⑤

二、中国媒介融合的行业实践

(一)初步探索阶段(20世纪90年代)

20世纪末互联网技术的迅猛发展引发了全球信息传播领域的深刻变革,为了响应国家线上新闻宣传的需求,也为了实现自身经营发展的目标,国内传统媒体纷纷创建新闻网站以进军互联网领域。1993年12月《杭州日报·下午版》尝试电子化传输,是我国纸媒的首次"触网";1995年10月《中国贸易报》在网上创建电子日报,拉开了我国报纸上网的

---

① 杜尚泽.习近平在党的新闻舆论工作座谈会上强调 坚持正确方向创新方法手段 提高新闻舆论传播力引导力 刘云山出席[N].人民日报,2016-02-20(1).
② 姜洁.习近平主持召开网络安全和信息化工作座谈会强调 在践行新发展理念上先行一步 让互联网更好造福国家和人民 李克强刘云山出席[N].人民日报,2016-04-20(1).
③ 张洋.习近平在全国宣传思想工作会议上强调 举旗帜聚民心育新人兴文化展形象 更好完成新形势下宣传思想工作使命任务 王沪宁主持[N].人民日报,2018-08-23(1).
④ 习近平在中共中央政治局第十二次集体学习时强调 推动媒体融合向纵深发展 巩固全党全国人民共同思想基础[N].人民日报,2019-01-26(1).
⑤ 习近平主持召开中央全面深化改革委员会第十四次会议强调 依靠改革应对变局开拓新局 扭住关键鼓励探索突出实效 李克强王沪宁出席[N].人民日报,2020-07-01(1).

序幕,到 1996 年年底,我国已有包括《人民日报》《解放日报》《北京日报》在内的 20 多种报纸杂志在互联网上发行了电子版。同时,广播电视领域也积极进军互联网,1996 年广东人民广播电台首次成功入网,同年 12 月中央电视台创办的 CCTV.COM("央视网"前身)上线试运行。1995 年中国新闻社在香港创办网站、1997 年新华社宣告新华通讯社网站("新华网"的前身)成立,网上通讯社的业务得以开展。

中国的互联网商业媒体也开始出现。1997 年,瀛海威、chinabyte 网站的开通和网易公司的创立拉开了中国商业网站发展的序幕。1998 年,第一个搜索引擎"搜狐"上线;腾讯成立,并推出即时通信工具 OICQ;门户网站"新浪网"诞生。1999 年,各大商业网站纷纷进军电子商务领域,开展 B2C、B2B、C2C 等业务,阿里巴巴、当当网、携程网都在这一年诞生。

商业网站依托技术、平台、资金等优势,凭借快速的信息发布建立了市场竞争优势,但与传统媒体机构创建的新闻网站不同,商业网站没有"新闻采编权",大多直接转载新闻网站的内容,从市场和版权两个层面对传统媒体造成冲击。为了规范市场秩序,1999 年 4 月 16 日国内 23 家上网新闻媒体在北京召开会议,通过《中国新闻界网络媒体公约》,对网络媒体引用转载的相关版权问题作出了明确的规范和限制。

(二)全面展开阶段(2000—2014 年)

这一时期,新闻网站蓬勃发展,并成为体制改革的重要试点领域。2000 年 5 月,对北京传统媒体资源进行整合发布的"千龙新闻网"和对上海大部分媒体资源进行集成的"东方网"相继成立。这两个网站突破了传统新闻网站的"资讯提供"的功能,提出了"服务衔接、电子商务拓展"的发展目标。千龙新闻网是由北京市委宣传部牵头建立的政府背景的新闻网站,采用现代企业制度运作,这也是首家获得国务院新闻办公室批准的综合性新闻网站。

2000 年 12 月,国务院新闻办公室先后批准人民网、新华网、中国网、央视网、国际在线、中国日报网、中青网等中央网站为我国首批重点新闻网站,千龙网、东方网、北方网、东北新闻网、浙江在线、红网、中国江西网等 24 家全国重点地方新闻网站。2001 年,新闻网站建设力度进一步加大,省、自治区、直辖市及计划单列市的重点新闻网站纷纷建立或确立,基本形成了以传统媒介资源为依托的中央、省级、市级的三级新闻网站布局。

2009 年 9 月,国新办下发《关于重点新闻网站转企改制试点工作方案》通知,将人民网、新华网、央视网 3 家中央重点新闻网站和千龙网、东方网等 7 家地方重点新闻网站部署为转企改制试点,在体制上实现了由文化事业单位向互联网文化企业的转型。2010 年人民网进行股份制改造,两年后正式挂牌上市,公开发行股份数 6910.5 万股,发行募集资金金额 13.4 亿元人民币,拉开了我国新闻网站的上市序幕。

同时,广电领域的媒介融合速度也在加快。2003 年后,广播电视媒体全面启动数字化转型的实践,通过台内数字化、有线电视数字化、地面无线广播电视数字化、卫星广播电视系统数字化等实践,广电系统在实现传统业务数字化改造的同时,还开展了数字电视、IPTV、手机电视、网络电视、NGB、CMMB、DAB 等业务,"台网合作"模式逐渐形成。2008

年年末,省级以上电台、电视台直播系统数字化率达到90%以上。

2003年上海广播电视台在上海启动IPTV的技术试验和业务试点,2005年上海广播电视台获得广电总局颁发的首张IPTV集成运营牌照,并开始与中国电信、中国联通的IPTV业务合作。2010年,三网融合试点方案出台,明确提出了试点地区电信企业可以开展IPTV传送和分发业务,内容集成播控平台由广电机构建设。同年出台的《关于三网融合试点地区集成播控平台建设有关问题的通知》(344号文),提出了建立以CNTV为IPTV集成播控主平台、地方试点电视台为集成播控分平台的二级播控机制。2012年,CNTV成为唯一一家IPTV中央集成播控总平台。电信运营商通过与拥有IPTV牌照的广电企业合作,获得开展IPTV业务的资格,从包括影视公司、地方广播电视台以及国外内容提供商进行内容采购,再借助集成播控平台完成内容的分发。

网络视频服务获得快速发展。2005年,56网正式在广州开通上线,成为我国第一家网络视频分享网站,网络视频业务在我国起步。2005—2006年,土豆网、PPStream、优酷网相继上线,网络视频用户高速增长。2005年7月,CNNIC首次将"在线影视"列为用户经常使用的网络服务的调查内容。根据调查结果,2005年6月30日,网民总人数为10 300万人,使用率为37.8%,视频用户约3893万人;到2006年年末,网民总人数为13 700万人,使用率为36.3%,用户数约为4973万人,增长27.7%。[①]

自2009年起,以家电厂商、牌照方、互联网视频网站等为代表的产业主体进行互联网电视(OTT TV)业务的尝试。2011年6月,由有线电视网络运营商、内容服务牌照方、集成业务牌照方、电视台、内容提供商等联合组建的"DVB+OTT融合创新联盟"成立,标志着广电领域与互联网的融合进入了新的发展阶段。

这一时期,以新浪微博、微信为代表的社交媒体迅速发展,它们不仅成为吸引大量用户的新型媒介服务平台,还为传统媒体数字化转型提供了重要途径。到2014年年末,社交媒体用户规模达到58 776万,普及率达90.6%,成为我国第一大互联网应用。

(三)加速推进阶段(2015年以后)

以2014年8月18日中央深化改革领导小组会议通过《关于推动传统媒体和新兴媒体融合发展的指导意见》为标志,媒介融合被提升至国家意志层面,主流媒体的融合转型和全媒体国家传播体系建设提速,数据挖掘、人工智能等技术在传媒领域的应用更加广泛。

这一时期,新华社的"快笔小新"、南方报业的"小南"、人民日报社的"小融"等智能机器人的应用极大地提高了新闻生产的速度和质量。2014年光明日报社成立"融媒体中心",形成网站滚动播报、社交媒体同步直播、视频节目跟踪解读、纸质媒体纵深报道的立体化报道方式。2015年和2016年新华社分别组建全媒体报道平台和全球视频智媒体平

---

① 数据来源:中国互联网信息中心.第16次中国互联网络发展状况统计报告[EB/OL].(2005-07-16)[2021-05-08]. http://www.cnnic.net.cn/hlwfzyj/hlwxzbg/200906/P020120709345358978614.pdf. 中国互联网信息中心.第19次中国互联网络发展状况统计报告[EB/OL].(2007-01-19)[2021-05-08]. http://www.cnnic.cn/hlwfzyj/hlwxzbg/hlwtjbg/201206/t20120612_26710.htm.

台,2017年人民日报社中央厨房建设完成,这些新平台、新模式都聚焦于对系统生产流程进行智能化管理,探索报道的可视化,打通采编、技术与新媒体加工的各个环节。

2018年3月,中共中央印发《深化党和国家机构改革方案》,决定整合中央电视台(中国国际电视台)、中央人民广播电台、中国国际广播电台,组建中央广播电视总台,这一举措更是被视为顺应媒介融合发展趋势、构建现代新型主流媒体的重大举措,这次合并也实现了国家级广播电视机构全媒体资源的集成(如表6.3所示)。

报业将"移动化"作为转型的关键路径。人民网研究院发布的《2018中国媒体融合传播指数报告》显示,全国284份中央、省级、省会城市及计划单列市主要报纸融合转型进一步加快,自建网站或依托报业集团网站进行传播的报纸占比96.8%,报纸微博开通率为93.3%,微信开通率为98.2%,新闻聚合平台入驻率为95.4%,自建客户端比率为90.8%(含自建报纸客户端和报业集团/报社客户端)。

县级融媒体中心广泛建立,国家传播体系建设进一步完善。2018年,全国宣传思想工作会议上,建设"县级融媒体中心"的任务首次提出,随后全国范围内县级融媒体中心建设工作迅速铺开,至2020年年底已经基本实现全国范围的全覆盖,近千家县级融媒体中心取得网络视听节目许可证。

新媒体发展的移动化、社交化、视频化趋势日益明显。2011年由4人组成的创业团队打造的GIF快手将短视频引入移动端。2013年,新浪的短视频生产平台"秒拍"、腾讯的短视频应用"微视"相继面世。随着小影、小咖秀、美拍等越来越多的短视频平台推出、快手的改版和2016年抖音的正式上线,短视频社交、网络直播成为新的媒介使用流行新热潮。

三、中国媒介融合的未来趋势

2020年9月26日,《关于加快推进媒体深度融合发展的指导意见》(以下简称《意见》)正式印发,由此明确了中国未来一段时间媒介融合的主要内容和任务。《意见》指出,要以先进技术引领驱动融合发展,用好5G、大数据、云计算、物联网、区块链、人工智能等信息技术革命成果,加强新技术在新闻传播领域的前瞻性研究和应用,推动关键核心技术自主创新。要推进内容生产供给侧结构性改革,更加注重网络内容建设,始终保持内容定力,专注内容质量,扩大优质内容产能,创新内容表现形式,提升内容传播效果。要深化主流媒体体制机制改革,建立适应全媒体生产传播的一体化组织架构,构建新型采编流程,形成集约高效的内容生产体系和传播链条。要发挥市场机制作用,增强主流媒体的市场竞争意识和能力,探索建立"新闻+政务服务商务"的运营模式,创新媒体投融资政策,增强自我造血机能。①

融合化媒介系统将更加深入地与中国社会运行和公众的日常生活相结合。2014—2020年,中国互联网普及率从47.9%提升至70.4%,网民数量由6.32亿上升至9.89亿,手机网民数量由5.27亿上升至9.86亿。2020年,新冠肺炎疫情发生以来,大数据技术、

---

① 中共中央办公厅 国务院办公厅印发关于加快推进媒体深度融合发展的意见[EB/OL].(2020-09-26)[2021-05-08].http://www.gov.cn/xinwen/2020-09/26/content_5547310.htm.

表 6.3 中央广播电视总台现有主要媒体资源一览表

原账号主体	旗下主要产品	产品类型									总台成立后主要媒体产品	品牌栏目	其他资源子公司	其他
		自有媒体							合作媒体						
		网站	微信公众号	微博	客户端安卓	客户端苹果	头条号	脸书	国际推特	国内	国际				
中央电视台	38 个电视频道	√	√	√	√	√	√						《新闻联播》《焦点访谈》	中国国际电视总公司	互联网电视牌照
	央视网	√	√	√	√	√	√	√	√			独立播出频道：中央广播电视总台4K 超高清频道	央视春晚	中视传媒股份有限公司	IPTV 集成播控总平台
	CGTN	√	√	√	√	√	√	√	√	大剧院古典客户端			小央视频	天脉聚源（北京）科技有限公司	
	央视新闻		√	√	√	√	√	√							
	CBox 央视影音			√	√	√	√								
	熊猫频道		√	√	√	√	√	√	√						
	CCTV 微视		√	√	√	√	√								
中央人民广播电台	16 个广播频率	√	√	√	√	√	√					5G 新媒体平台：央视频	《央广财经评论》《新闻纵横》	央广传媒发展总公司	互联网电视牌照
	2 个电视频道	√	√	√	√	√	√					超高清视音频领域国家重点实验室			
	央广网	√	√	√	√	√	√								
	200 余家海外电台（含合作电台）										中俄头条客户端				
中国国际广播电台	CIBN	√	√	√	√	√	√		√				环球资讯 轻松调频 世界华声	国广环球传媒控股有限公司	互联网电视牌照
	国际在线	√	√	√	√	√	√		√						
	环球资讯广播	√	√	√	√	√	√								

移动通信技术和多样化的传播平台在疫情防控期间发挥了关键作用,具有代表性的功能包括电子防疫健康码、线上会议室、在线直播、在线医疗、舆情疏导、在线娱乐、电子商务等功能。截至2020年12月,健康码累计申领近9亿人,使用次数超过400亿人次;在线教育、在线医疗用户规模分别为3.42亿、2.15亿,占网民整体34.6%、21.7%。网络政务服务用户规模达到8.43亿。①

关注非网民群体的公共性媒介服务。截至2020年12月,我国非网民规模为4.16亿。从年龄来看,60岁以上的老年群体是非网民主要群体,占非网民比例46.0%。② 非网民在新冠肺炎疫情期间遭遇到出行、支付、就医、获取公共服务等方面的诸多不便。因此,政府对于非网民群体的公共服务供给也更加关注。2020年年末,国务院印发《关于切实解决老年人运用智能技术困难实施方案》,旨在解决老年人面临的数字鸿沟问题。《方案》提出在各类日常生活场景中,必须保留老年人熟悉的传统服务方式,充分保障在运用智能技术方面遇到困难的老年人的基本需求;紧贴老年人需求特点,加强技术创新,提供更多智能化适老产品和服务,促进智能技术有效推广应用,让老年人能用、会用、敢用、想用。③

第二节 日本的媒介融合模式

一、日本媒介融合的制度环境与国家规划

1985年,日本通产省在有关日本产业结构调整的报告中提出"技术融合"的概念。20世纪90年代,邮政省开始对广播电视与通信领域发生的融合现象展开调研。随后,涉及政府机构职能、政策法律框架的一系列调整相继展开。

(一)日本媒介融合相关政府机构的调整

20世纪80年代,在国内经济走低、欧美国家私有化改革以及新自由主义思潮的共同影响下,日本对政府机构改革、打造宽松市场环境,释放民间活力的需求不断增强。1996年,桥本内阁正式推出"行政改革"计划方案。改革历时5年,以建立一个适应新时代的"小而有效的政府"为目标,对政府职能进行了重新定位,对日本三网融合的推进影响深远。

一是撤并机构,理顺政府部门职能范围。此次政府机构改革实际上是一次"大部制"的建设尝试,日本政府由原来的一府22省(厅)合并为一府12省(厅)。其中,邮政省、总务厅、自治省合并为总务省,主管行政组织、运营管理、人事管理、电气通信、放送(新闻)、

---

① 数据来源:中国互联网信息中心.第35次中国互联网络发展状况统计报告[EB/OL].(2015-02-03)[2021-05-08].http://www.cnnic.cn/hlwfzyj/hlwxzbg/hlwtjbg/201502/P020150203548852631921.pdf.中国互联网信息中心.第47次中国互联网络发展状况统计报告[EB/OL].(2021-02-03)[2021-05-08]. http://www.cnnic.cn/hlwfzyj/hlwxzbg/hlwtjbg/202102/P020210203334633480104.pdf.
② 数据来源:中国互联网信息中心.第47次中国互联网络发展状况统计报告[EB/OL].(2021-02-03)[2021-05-08].http://www.cnnic.cn/hlwfzyj/hlwxzbg/hlwtjbg/202102/P020210203334633480104.pdf.
③ 国务院办公厅印发关于切实解决老年人运用智能技术困难实施方案的通知[EB/OL].(2020-11-15)[2021-05-18]. http://www.gov.cn/zhengce/content/2020-11/24/content_5563804.htm.

邮政事业①公平贸易、公害调整等事务。这意味着三网融合所涉及的主要产业领域实现了管理归口的统一。2001年，日本政府将"IT战略本部"和"IT战略会议"统一合并为内阁的"高度信息通信网络社会推进战略本部"负责国家IT战略的制定与推进。2003年，总务省下设信息与通信政策中心（Institute for Information and Communications Policy），负责信息行业研究和政策规划制定；2004年，总务省英文名称变更为"Ministry of Internal Affairs and Communications"，进一步凸显出日本政府对"信息""传播"的重视。

二是调整中央地方权力结构，提高地方自主性。1996年，桥本内阁开始推出权限委让、放宽或废除某些国家干预的系列改革措施，推进地方分权，充实地方财源。地方政府可以依据各个地区经济社会发展状况、各个阶层的多样化需求，做出自主性的管理决策与相应的管理举措；中央政府则将集中精力于国家总体发展直接相关政策的制定和实施。此举一方面理顺了中央与地方的关系，加强了地方的自主性和自立性；另一方面提供了一个更加自由和灵活的产业发展环境，从而提高管理效率，激活日本经济。

（二）日本媒介融合的国家规划

日本国家层面的媒介融合规划被纳入国家的信息化发展整体规划之中，大致可分为三个阶段：

1. 第一阶段：2000—2005年，基础设施建设与信息技术导入

2000年，日本通过《IT国家基本战略》正式决定IT立国，到2005年把日本建设成为世界上最先进的IT国家。日本由此进入了国家信息化建设的快车道，三网融合开始全面推进。

2001年，日本出台《e-Japan战略》（e-Japan Strategy）。《e-Japan战略》分为两个阶段：第一阶段为2001—2003年，重点发展网络基础设施建设、电子商务、电子政务和人力资源储备四个领域。其中网络基础设施建设被放在首要位置，集中建设高速和超高速互联网；第二阶段为2003—2005年，集中关注信息技术的应用和使用效率的提高。

2004年，政府调查发现，日本初步完成由窄带向宽带的网络建设，有线网络覆盖面和速率显著扩大和提升，但DSL、CableModem和FTTH的实际使用率都非常低。2004年3月，日本政府召开"实现无所不在的网络社会"政策座谈会，u-Japan计划随即出台。"u"是"Ubiquitous"（泛在性），重在建设基于物联网概念的、有线和无线结合的网络环境，实现信息和通信技术社会生活多个方面的应用。

2. 第二阶段：2006—2009年，探索信息技术的解决方案

2006年1月，日本政府发布《u-Japan推进计划2006》（u-Japan Promotion Program 2006），旨在使日本由信息技术导入过渡到信息技术解决方案探索的新阶段，同时通过应用环境升级、提高用户素养等措施预防"信息技术的消极影响"（negative aspects of ICT）。计划中明确提出加强电信与广播电视的业务融合和资源整合的目标。u-Japan战略中的u代表着四个层面的理念，除却泛在性，还包括普及性（universal）、用户导向性（user-

---

① 2003年之前隶属总务省，之后改为国营的邮政公社。

oriented)和独特性(unique)三方面。因此,相较于侧重技术升级的 e-Japan 战略而言,u-Japan 战略则更多地将各类社会需求纳入其中,以社会问题为导向,着眼于多样化的服务与应用,希望通过信息技术解决日本社会发展中切实存在的服务与安全问题。

同时,日本《新IT改革计划》(New IT Reform Strategy)也从 2006 年开始实施,集中关注通过信息技术解决日本经济发展和结构转型中的社会问题,如医疗服务、社会安全、数字鸿沟等;目标在于建设每个人都能随时随地都能够切实感受到 IT 好处的社会。[1]

3. 第三阶段:2009 年以后,全面信息化下的深度融合

u-Japan 战略实施阶段正值全球金融危机肆虐之际,尽管 2008 年日本互联网基础设施建设与普及工作已基本完成,但日本政府指出各部门对信息技术的使用进程仍处于缓慢发展阶段。为解决这一问题,日本政府于 2009 年推出《i-Japan 战略》,瞄准深度信息化需求,针对政府、学校与医院三大公共部门补拨 1 万亿日元预算,旨在以政府部门为引领,深层次、全面地利用和发展全国信息技术。该计划的推出标志着日本开始进入全面建设信息化社会的"深度融合"阶段。"i-Japan"阐述了实现信息化社会的战略目标和步骤:到 2015 年,日本的移动互联网速度将达到 100Mb,固网速度达到 1G;在硬件设施升级的基础上提升 ICT 技术应用水平,完善社会问题的解决方案、提高公共部门信息化应用水平;通过数字化社会的实现,提升国家的竞争力,参与解决全球性的重大问题。i-Japan 计划中还包括一个"三年紧急计划"(Three-Year Emergency Plan),重点关注通过信息业的发展刺激日本经济尽快走出金融危机的阴影。[2]

2019 年,日本政府推出汇总官民综合数字战略的《IT 新战略》[3],主要内容是实现把设置于全国的约 20.8 万个交通信号灯作为第 5 代(5G)移动通信系统基站的设置场所使用。此举意在助力普及这一高速大容量、有望在工业及生活等领域广泛使用的下一代通信规格。日本政府计划最晚到 2020 年年底在所有都道府县开通 5G 服务。

(三)日本媒介融合相关法律体系的调整

随着"IT 立国"发展战略的确立,日本政府加大了法律体系建设的力度,着力改变原有的纵向结构的法律体系,出台多个三网融合专项政策,从技术开发与应用、市场运作与管理、产业发展等多个角度建构起三网融合的政策和法律框架(如表 6.4 所示)。

2001 年 1 月,日本政府通过《高度信息通信网络社会形成基本法》明确表示推动信息化发展,建立"高度信息通信网络社会"。2001 年,连续出台《利用电信服务进行广播电视服务法》和《通信广播电视融合相关技术开发促进法》分别为基础设施共享与融合、融合相关技术的研发提供了制度支持。2006 年 1 月至 6 月间组织了"通信与广播电视事业改革委员会",制定了《通信与广电事业改革促进方案》。

---

[1] Ministry of Internal Affairs and Communications. Structure of the "U-Japan Policy Package"[EB/OL]. (2011-05-18)[2021-06-10]. http://www.soumu.go.jp/menu_seisaku/ict/u-japan_en/new_plcy_pckg.html.

[2] Law & Policy for Broadband Deployment in Japan[EB/OL]. (2011-05-18)[2021-06-10]. http://www.soumu.go.jp.

[3] 中国商务部.日本内阁敲定 IT 新战略利用交通信号灯建 5G 基站[EB/OL].(2019-06-17)[2021-06-10].http://www.mofcom.gov.cn/article/i/dxfw/cj/201906/20190602873167.shtml.

2010年3月,《广播电视法修正案》提交国会审议。修正案目的在于实现信息业、电信业、广播电视业法律体系由"垂直结构"向"平行结构"过渡,并将现有的电信和广播电视法律体系整合为统一的信息通信政策体系。①

版权保护方面,日本先后于2009年、2012年、2014年三次修订《著作权法》,不断强化对网络违法下载、网络盗版等媒介融合过程中出现的新型侵权方式的打击,扩大版权保护范围,加大对侵犯版权行为的处罚力度。

表6.4 三网融合背景下的日本信息与电信业法律框架

传统法律体系		基本原则	新的"信息通信政策"	
电信	广播电视	· 信息自由传播 · 保障普遍服务 · 维护信息和通信网络的安全可靠	内容	媒介服务法
电信业务法 有害内容信息 相关法	利用电信服务进行广播电视服务法 有线电视法 有线广播法 放送法		传输服务	电信事业法
			传输设施	电波法、有线电信法
电波法			平台	制定保障开放的规则
有线电信法			其他规则	保障跨领域经营自由、公平竞争的规则

二、日本媒介融合的行业实践

日本新闻协会发布的数据显示,日本虽在2010—2020年报纸的发行量减少了1400万份左右②,广播电视的广告市场份额也在持续下降,但和其他国家传统媒体市场占有额的断崖式下跌相比,日本传统媒体呈现的是缓慢的下降趋势。得益于日本国民良好的阅读习惯、日本报业完善的配送制度、合理的报纸定价与报业开展的多元业务,以报业为首的传统媒体在日本依然占有相当的市场份额。为了延续这一优势,日本传统媒体在融合转型的过程中,在向新媒体借势的同时,也通过对版权保护的不断完善与对国民阅读习惯的持续培养,巩固了传统媒体的市场竞争优势,促使传统媒体与新媒体发展持较为均衡的状态。

(一)日本纸媒的融合实践

在报网联动层面,日本纸媒向新媒体借势,成立报纸网站,改变传统的阅读模式,不仅实现了用户在线阅读,同时开发了手机媒体的移动端发行业务,推出系列"读报纸"业务,向手机用户输送报纸新闻的语音版本。例如,朝日新闻社于2011年正式推出电脑与移动端的收费电子报业务,发布可供用户24小时阅读的《朝日新闻Digital》,内容涵盖《朝日新闻》几乎全部的新闻与视频,《朝日新闻》的订阅用户如若想接收此项业务需每月额外支付

---

① Law & Policy for Broadband Deployment in Japan [EB/OL]. (2011-05-18) [2021-06-10]. http://www.soumu.go.jp.

② 日本新闻协会.报纸发行量变化数据[EB/OL]. (2020-10-01) [2021-05-26]. https://www.pressnet.or.jp/data/circulation/circulation01.php

1000日元(约合77元人民币)的费用,而非报纸订阅用户则需每月支付3800日元(约合290元人民币)以获得此项业务。《读卖新闻》则通过与出版印刷株式会社进行合作推出了"读卖PDA"业务,向手机用户发送各大报纸新闻的语音版以实现新增长①。

在数据库建设层面,日本报业充分开发并利用自身强大的既有资源,实现数据的直接价值化,将报道内容进行整合建立数据库以供用户实现便捷式查询。《日本经济新闻》早在1970年便已开通NEEDS数据库服务。1984年,日本经济新闻社建立了NIKKEI Telecom数据库,将旗下所有报纸的新闻信息集合在数据库中供用户付费检索、下载,成为日本国内数据库检索、下载服务的开创者,其数据库现拥有近20年的数据信息与180多万个企业用户,年销售额约达250亿日元,并以每年10%的速度增长,数据库成为日经集团的核心竞争力之一。

2010年3月,日本经济新闻社发布日经电子版,开发了以用户需求为导向的"推荐"功能,实现个性化与定制化内容推送,同时增加了非付费用户的可阅读内容、开设电子书商店等,形成跨媒体、跨界面、跨渠道的联动②。

日本纸媒还打破原有业务结构,设立媒体创新部门,从内部架构层面启动融合转型。其中,朝日新闻社以发展新产品、新业务为主要目的于2013年6月增设媒体实验室(Media Lab),主要负责媒体技术开发、项目孵化和资产管理投资③。在人员结构层面,该部门打破原本各小组承担独立职能的相对分割的局面,重设人员配置,采用全新的开放人员结构,其中技术、内容和运营人员各占三分之一,以此增强部门融合制作的能力。此外,在以拓展传统纸媒营收点为目的的投资层面,朝日新闻社于2017年设立投资子公司Asahi Media Lab Ventures④,对具有潜力的初创媒体公司进行投资,并提供业务与解决方案的支持,其中某些业务销售额达到1亿日元⑤,为报社开辟了全新的收入增长点。此外,朝日新闻社在2016年制定了五年运营计划,计划于2020年将传统的新闻社建设成为"共同思考、共同建设、服务于生活中每个人"的综合性媒体公司⑥。从公司战略层面进行融合迭代,开拓全新业务模式,打造社内外集散中心,将原有读者与经营资源相结合,以为用户带来全新的、升级的使用体验。

(二)日本广电业的融合实践

日本放送协会(Nippon Hoso Kyokai,NHK)成立于1925年,是日本最大的广播电视机构,也是日本唯一的公共广播电视机构。日本的《广播法》规定,只要拥有接收设备,就必须与NHK签订收视合同。因此,在数字化时代,NHK仍然以拥有可收看NHK电视

---

① 尹凤先.日本媒体融合的发展及其经验启示[J].新闻战线,2018(22):66-67.
② 崔保国,何丹嵋.《日本经济新闻》的数字化转型模式[J].搜狐传媒,2013(05).
③ 朝日新闻社. Media Lab [EB/OL]. [2021-05-23]. https://www.asahi.com/shimbun/medialab/.
④ 朝日新闻社. Media Lab [EB/OL]. [2021-05-23]. https://www.asahi.com/shimbun/medialab/index.html#BUSINESS.
⑤ 朝日新闻社. Media Lab [EB/OL]. [2021-05-23]. https://www.asahi.com/shimbun/medialab/index.html#BUSINESS.
⑥ 中国记协.向不确定的未来挑战《朝日新闻》探索媒体发展新路[EB/OL].(2017-02-22)[2021-05-23].http://www.xinhuanet.com/zgjx/2017-02/22/c_136075549.htm.

节目的接收设备的所有家庭和机构公平负担的收视费为主要收入来源。2018年,收视费收入占NHK收入的97.6%(如图6.1所示)。

图 6.1　2018 年 NHK 收入构成①

NHK的媒介融合策略主要包括两个方面:一是以技术应用为核心的内容生产方式和传播方式的转型探索,包括4K、8K技术的应用,官方网站、移动客户端NHK+的建设,实施类型化内容集成管理等;二是以日本社会发展需求依据的专门性内容和内容服务的设计,包括增强社会安全支持能力、开发数字化社会所需的教育和教育内容。2011年福岛地震发生以后,NHK加强数字化安全和保障支持网络的建设,将数字化广播与互联网、移动互联网结合,建立重大灾害信息的广播服务网络。NHK建设的中小学在线教育平台在2020年校园因新冠肺炎疫情关闭期间发挥了重要作用(如图6.2)。

图 6.2　NHK 中小学在线教育平台界面

日本商业广播电视机构非常注重对数字化平台的建设,主要包括两个方面:一是机构官方网站的建设;二是垂直类数字化内容服务产品的建设。例如,日本最大的商业广播电视机构TBS将其官方网站(https://www.tbs.co.jp/)建设成为包括直播、点播、新闻资讯、电子商务功能的综合性视听服务平台,并专门开设了能够匹配多样化终端的应用服

---

① NHK 收入构成[EB/OL].[2021-05-20]. https://www.nhk.or.jp/corporateinfo/english/corporate/index.html.

务,包括新闻服务平台 TBS NEWS、免费视频服务平台 TBS FREE、付费视频服务平台 Paravi。

在日本商业广播电视机构的融合化探索策略中,较有特色的是日本电视台、朝日电视台、TBS 电视台、东京电视台和富士电视台这五家主要商业广播电视机构形成的合作发展模式。2015 年,为了应对传统电视频道观众流失和国内外视频网站的竞争,五家机构联合成立 TVer 公司,并推出视频点播服务平台 TVer。该平台为用户免费提供五家商业广播电视机构生产的新闻、电视剧、纪录片、动漫、体育赛事等视听内容。每集电视节目播出后的七天内,用户都可以在平台进行免费点播。该平台可以在电脑、手机、平板电脑以及支持安装应用程序的电视机上使用。2020 年 9 月,月度视频播放量突破 1 亿人次。随着用户数量的增加,2021 年 4 月,日本最大的有线运营商 J：COM 将 TVer 的专属按钮加入其新款遥控器设计中(如图 6.3 所示)。2021 年,五家机构又联合开展了为期一个月的、基于互联网电视的电视观看数据联合实验,尝试通过聚合五家机构多样化内容的收视数据,更好地把握数字化阶段用户的电视内容收看习惯和偏好。

图 6.3　2021 年 J：COM 新款遥控器界面

(三) 日本新媒体的发展

日本的新媒体机构大多有知名的企业和财团作为支撑。最大的门户网站和搜索引擎雅虎日本(https://www.yahoo.co.jp/)由日本软银公司和美国雅虎公司合资成立的雅虎株式会社负责运营;日本本土最大的综合门户网站和搜索引擎 GOO 隶属于日本最大的电信公司 NTT;本土门户网站 livedoor(https://www.livedoor.com/)隶属于 LINE 公司。该公司成立于 2000 年,前身是 NHN 公司,也是日本知名社交媒体平台 LINE 的运营方,主要关联公司涉及在线支付、证券、风险投资、医疗保健等多个行业。2021 年 3 月,软银集团旗下 Z Holdings(前身为雅虎日本)与 LINE 正式实施经营合并。新公司拥有约 2.3 万名员工,用户总数约为 1 亿,其搜索、社交媒体服务均是日本第一。

MIXI 是近年来在日本年轻人中流行起来的本土社交平台。MIXI 的发展经历了两个阶段:起步阶段,MIXI以垂直化服务和社群化运营为主要特色,通过两类服务体系,明确划分公域和私域的入口,日志和信息类主要为用户提供点对点的服务,以供用户维护线上社交关系;以兴趣话题分类的社群评论等则为用户提供了点对面的服务,发展了数百万线上社群,覆盖多领域、多年龄层次的用户。为应对推特、脸书、Tik Tok等来自海外市场的竞争压力,MIXI转换发展路径,大力发挥本土优势,建立"社交+"模式,以社交为基础进军游戏及体育等领域,其自主研发的《怪物弹珠》游戏大获成功[1],以更契合日本民众使用习惯的本土社交媒体角色在日本新媒体市场中独树一帜。现在,MIXI的母公司MIXI集团以"新兴娱乐产业"为定位,建立起了涉及数字娱乐、体育(含博彩)、生活方式服务的业务结构。

三、日本媒介融合的未来趋势

日本媒介融合的发展伴随着日本社会整体的数字化转型,信息通信技术的市场化是二者基础,同时也是日本经济的主要产业之一。2020年日本信息和电信产业的GDP为44.2万亿日元,占日本国内所有产业的8.7%;此外,通过通信服务的扩展以及通信网络的发展和完善而发展起来的日本ICT市场占世界市场的6.4%的份额,除欧盟外,这是仅次于美国和中国的世界第三大市场。根据日本总务省2020年5月底公布的数据,移动宽带方面截至2020年3月底,日本移动通讯用户达到15 262万,相比上年同期的13 664万新增1598万。宽带无线接入(Broadband Wireless Access,BWA)用户达到7121万,年增497万;3G用户下滑至3227万,相比上年同期减少890万[2]。

随着5G技术的普及,日本政府批准了内阁制定的IT新战略,即"世界上最先进的数字国家创造宣言/公共私人数据使用促进计划"。新的IT战略要求与新的技术形式将使日本经济、生活方式、工作方式、教育、行政、医疗和防灾等各个领域的理念与发展走向发生转变,日本未来媒介融合也将围绕着5G技术,开展智能化转型,以此打造智慧型国家[3]。

在媒介融合环境方面,总务省将进一步在重点领域发挥促进和引导作用:一是,日本将注重提升内容产品在国际市场的竞争力。总务省正在与广播公司、版权所有者及相关机构合作,在财务和体制方面为优质的海外市场扩展优质广播内容提供支持,以创建一个平台,扩大日本内容产品和服务在海外市场的份额;二是,总务省将继续加强广播网络的提升。例如,加快无线电服务的地理覆盖,加强广播设施的灾害保护措施,以便及时通过广播、特别是无线电向公众提供灾害信息等。此外,2014年1月,总务省建立了智能电视时代字幕调查委员会,该委员会正在推进旨在通过智能电视提供多种语言字幕和传播字幕广告的政策审查。

探索超级老龄化社会的信息化解决方案是日本未来数字化社会建设的重要内容,融

---

[1] MIXI. History[EB/OL]. [2021-05-30]. https://mixi.co.jp/en/company/history/.
[2] 数据来源:日本总务省.通信利用动向调查[EB/OL]. (2020-05-29)[2021-05-08]. https://www.soumu.go.jp/johotsusintokei/statistics/data/200529_1.pdf.
[3] ICT战略[EB/OL]. (2019-05-31)[2021-05-29]. https://www.soumu.go.jp/menu_news/s-news/01tsushin06_02000191.html.

合化的媒介系统也被纳入其中。日本政府认为，日本已经走在世界其他地区之前步入超级老龄化社会，面临着经济发展、社会保障、人民生活等多方面的挑战，通过常规的政策、措施难以有效解决，有必要借助信息通信技术和网络的力量来寻求出路。为此，总务省设立了"为超老龄化社会设计信息和通信技术解决方案理事会"，以审议促进利用信息通信技术应对超老龄化社会带来的挑战和建立新的社会模式的政策。2013年5月，该理事会发布题为《实现智能铂金社会》的报告，提出了充分运用数字智能技术、互联网、物联网、多媒体终端等基础设施，为超龄社会提供日常生活、保健、陪护、医疗、物流、娱乐、交流等多方面服务的智能化铂金社会建设思路。①

第三节 新加坡的媒介融合模式

一、新加坡媒介融合的制度环境与国家规划

新加坡是一个由多种族、多语言、多元文化组成的移民社会，深受马来、南亚、东亚和欧亚文化的影响。截至2020年6月底，在新加坡定居人口中华人占总人口的76.2%；其次是马来人，占比15.1%；以及印度人，占比7.4%②。与此同时，作为与世界各国有着密切经贸往来、高度全球化的城市国家，新加坡设有四种官方语言，其中英文是新加坡国内外行政、经济和教育的主要用语。较为特殊的殖民地传统和人文特征，使得新加坡传媒制度与相应规划形成了独具特色的实践与发展路径。

（一）"发展新闻"传播制度

新加坡特定的国情使其把经济发展、社会安定以及种族和睦作为发展的首要目标。为了实现这一目标，新加坡实行"发展新闻"（development journalism）的传播制度，即媒体应积极传播国家意识并支持和宣传政府制定的政策，成为政府发展国民经济和促进种族和睦的伙伴。③ 按照英国学者丹尼斯·麦奎尔（Dennis McQuail）的归纳，"发展新闻"的传播制度具有四个主要特征：（1）大众传播活动要以推动国家发展为首要任务，必须与政府政策保持一致；（2）媒体应遵循经济优先的原则，并满足社会需求，在享受自由的同时，更要负有责任；（3）媒体应优先传播本国文化并优先使用本民族语言；（4）国家有权对媒体进行审查和管制，以保障国家发展和社会稳定。④ 因此，新加坡政府对本国媒体、在新加坡落地和运营的外国媒体都采取了较为严格的管理策略。虽然新加坡政府对信息的自由流动持支持态度，但对境外媒体的发行权则实行严格的政府审批制度。

在发展新闻制度的实施过程中，新加坡政府与本国媒体之间形成了较为独特的合作

---

① Smart Platinum Society[EB/OL][2021-05-23] https://www.soumu.go.jp/english/icb/index.html.
② 新加坡国家人口及人才署.新加坡2020人口简报[EB/OL].[2021-05-04]. https://www.population.gov.sg/files/media-centre/publications/pib-2020-final.pdf.
③ 赵靳秋,郝晓鸣.新加坡大众传媒研究：媒介融合背景下传媒监管难的制度创新[M].北京：中国传媒大学出版社,2012：46.
④ 郭庆光.传播学教程[M].北京：中国人民大学出版社,1999：145.

伙伴关系。例如,新加坡政府十分重视培养公民的国家意识,倡导"一个种族、一个国家、一个新加坡"的观念。新加坡政府十分重视媒体在传播共同价值观过程中的作用,同时运用报纸、杂志、广播、电视等传统媒体和互联网、手机等新型传播渠道开展共同价值观的正面宣传。新加坡的免费电视频道每年播出超过3000个小时的公共服务节目,以多样化的形式提高共同价值教育的覆盖面。

(二)新加坡的媒介融合监管体系

新加坡通信和信息部(Ministryof Communications and Information,MCI)是新加坡媒介融合相关领域的综合管理部门,负责对媒体内容、行业竞争、宽带网络服务等方面进行监管,并根据全球和新加坡的媒体发展提供内容分类标准,协调管理频道频率。该部门以"让心与心相通,为所有人创造繁荣的数字化未来"为使命,责任范围包括:监督信息通信技术、网络安全、媒体的发展;对国家图书馆、国家档案馆、公共图书馆的管理;政府的信息和公共传播政策制定。

通信和信息部还设有专门的机构负责网络发展、媒体融合及公共服务。其中,网络安全局(Cyber Security Agency of Singapore,CSA)负责监管网络安全战略、网络教育及其外延、网络产业发展;信息通信媒体发展局(Infocomm Media Development Authority,IMDA)成立于2016年10月,由原媒体发展局和信息通信发展局重组而成,负责促进和规范信息通信和媒体领域的融合,不断探索融合化的监管能力提升。国家图书馆委员会(National Library Board,NLB)负责管理国家图书馆、两个公共图书馆和国家档案馆,通过国家图书馆和综合公共图书馆网络提供可信、可访问和全球互联的图书馆和信息服务,促进阅读、学习和信息素养。个人数据保护委员会(Personal Data Protection Commission,PDPC)是《个人数据保护法》的主要执行机构,负责促进和加强个人数据保护,以促进企业和消费者之间形成信任环境。

目前,新加坡与媒介融合相关制度框架由以下几个部分构成:一是法律和条例,如《广播法》《电信法》《电影法》《报纸和印刷厂法》《公共娱乐法》《不良出版物法》《个人数据保护法》《垃圾邮件控制法》;二是业务守则,如《媒体市场行为守则》《电视广播标准业务守则》《音频文本操作规范》《OTT、点播和利基服务守则》《免费广播节目守则》《电视和广播广告赞助守则》;三是标准与准则,如《下一代全国宽带网络服务指南》《电影分类准则》《音频材料准则》《媒体分类数据库》。

以上述法律制度体系为依据,新加坡政府主管机构对多项媒介融合相关业务采取许可证或注册许可制度,政府部门通过业务的审批、审核、监管、惩罚(暂停核发、吊销许可证)对行业和行业主体进行监管。具有代表性的许可证包括全国免费广播服务许可证、全国订阅电视服务许可证、互联网服务许可证、OTT TV服务许可证等。

(三)数字化转型背景下的国家战略规划

2006年4月,新加坡出台了国家信息化蓝图"智慧国2015"(Intelligent Nation)计划,该计划旨在通过推进信息通信技术在政府和主要支柱产业的应用,提高新加坡的经济竞争力和创新能力,致力于打造"智慧国",建设覆盖全岛的数据收集、连接和分析基础设施及操作系统,以提供更好的公共服务。其目标包括:到 2015 年,信息通信行业价值实现翻一番,达到 260 亿新加坡元;信息通信行业出口收入增长 3 倍至 600 亿新加坡元;增加 8 万个工作岗位;新加坡境内九成家庭使用宽带,学龄儿童家庭电脑拥有率达到 100% 等。在达成"智慧国 2015"计划的目标之后,2014 年 12 月,新加坡政府发布了"智慧国 2025"(Smart Nation)计划,该战略计划为前一个计划的升级版,其目的在于实现新加坡的数字化转型,包括卫生、交通、教育、城市发展、金融等领域的数字化变革。①

2018 年,新加坡政府发布《数字化就绪蓝图》(*Digital Readiness Blueprint*,以下简称"《蓝图》")阐述了智慧国 2025 目标的实现举措,并提出了"数字化就绪度"(Digital Readiness)的概念和基本数字促成因素(如图 6.4 所示)。《蓝图》指出,数字化就绪度包括数字接入、数字素养、数字参与三个方面。数字接入是指人们能够接触到数字技术且拥有负担得起的数字基础设备;数字素养指人们拥有使用数字技术的动力和技能;数字参与指利用数字技术提高生活质量。除上述三个方面外,数字化就绪度还包括减少网络霸凌、社交隔离等负面影响,为社区和群体沟通创造机会。基于上述内容,《蓝图》提出了战略目标,包括以下四个重点:一是扩大和增强数字访问的包容性;二是将数字素养注入国民意识;三是增强社区和商业力量在推动技术广泛应用中的作用;四是通过设计促进数字包容②。

图 6.4　新加坡《数字就绪蓝图》提出四个基本数字促成因素③

二、新加坡媒介融合的行业实践

新加坡国内的传媒业由新加坡报业控股集团(Singapore Press Holdings,SPH)和新加坡传媒集团(Mediacorp)所主导,分别以报纸和电视为主营业务。这两家传媒集团的数字化探索也就成为新加坡媒介融合行业实践的代表。

---

　　①　新加坡智慧国家 2025 计划[EB/OL].[2021-05-05]. https://www.sginsight.com/xjp/index.php?id=12669.
　　②　新加坡数字就绪蓝图[EB/OL].[2021-04-18]. https://www.mci.gov.sg/en/portfolios/digital-readiness/digital-readiness-blueprint.
　　③　新加坡数字就绪蓝图[EB/OL].[2021-04-18]. https://www.mci.gov.sg/en/portfolios/digital-readiness/digital-readiness-blueprint.

(一)新加坡报业控股集团的融合实践

新加坡报业控股集团于1984年8月4日由海峡时报报业集团、新加坡新闻出版有限公司和时代出版有限公司合并而成,旗下拥有18种报纸,产品体系垂直细分且几乎覆盖全部领域,比较具有代表性的包括英文报纸《海峡时报》、中文报纸《联合早报》,此外出版语言还包含马来语、泰米尔语等多语种。报业控股还经营着100多种杂志和20多家网站,集团旗下还拓展了电台、购物中心、房地产和出版社等多元业务,为报业控股集团开辟了多重盈利途径。

2006年前后,报业控股集团开始探索新媒体的业务布局,采取的主要措施包括两个方面:一是设立跨领域的数字业务子公司——SPH数字,将媒体、消费者、广告技术、数据分析等多领域的垂直领域数字业务整合在一起,并通过孵化、合资、风险投资、并购等方式寻找新的数字业务增长点;二是着力拓展纸质媒体的网络化发行渠道,建立数字化的付费订阅模式。官方网站、移动客户端和博客是报业控股集团旗下报纸最常用的网络发行方式。

其中,《联合早报》作为新加坡报业控股集团出版的最有代表性的华文报纸,是新加坡报业数字化转型的积极探索者,其融合实践策略也具有一定的代表性。

1995年,《联合早报》开始上网。电子版报纸的发行使《联合早报》能够通过互联网将报纸内容迅速传送到世界各地,从而克服了海外发行的困难。《联合早报》在融媒体探索过程中,密切关注着华文用户及其新闻信息使用偏好、华文用户集中地区的媒体发展趋势。一方面,《联合早报》十分重视官方网站的建设,在早报电子版基础上发展起来的zaobao.com,以《联合早报》为主要新闻来源。2013年,早报进一步推出专为本地华文读者设计的新加坡版网站zaobao.sg,纳入更多丰富视觉元素。2016年,zaobao.sg进一步纳入两家夜报《联合晚报》和《新明日报》的内容,并制作特制数字化内容和视频,成为"三合一"华文综合新闻和资讯平台。zaobao.com在中国大陆的每日页览量超过500万,每月独立访客达500万。以本地和中国大陆以外地区读者为主的zaobao.sg享有每日50万页览量,每月独立访客超过200万。① 另一方面,《联合早报》积极开发面向多终端、多平台的数字新闻内容服务产品。在前期的电子报、电子邮箱资讯服务"每日新闻简报"以外,《联合早报》先后推出了面向手机和平板电脑的移动客户端,其中应用于平板电脑的App,能够提供印刷版报纸的PDF格式内容。《联合早报》也充分运用脸书、推特、微信、微博、QQ等社交媒体平台发布新闻、联系用户。

总体来看,受传媒业数字化转型的影响,以报纸杂志作为核心收入来源的报业控股营收不断下跌,但数字化业务呈现出增长态势。报业控股集团发布的截至2月底的2021上半财年业绩显示,集团半年营收下跌4.2%,主要是因传统媒体业务的营业收入下跌;但数字媒体业务持续增长,数字报纸的日均发行量增20.2%至41.6万份,占总报纸发行量的

---

① 数据来源:[2021-05-31]. https://www.zaobao.com/about-us。

53%,首次超越印刷版报纸销售量,数字发行收入也增加 40.3%[1]。

(二)新加坡传媒集团(Mediacorp)的融合实践

新加坡传媒集团是一家具有浓厚政府色彩的、以广播电视业务为主的传媒集团。其历史可以追溯至 1965 年新加坡独立时成立的新加坡广播电视台(如图 6.5 所示)。2001 年,新加坡国际传媒通信公司进行企业重组,成立商业化的新加坡传媒集团(Corporation of Singapore, Mediacorp Singapore)[2],由淡马锡控股。同年,新加坡报业控股获得电视广播牌照,短暂结束新传集团对新加坡广电行业的垄断。

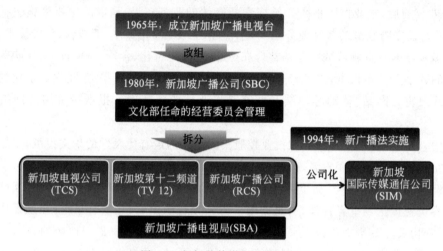

图 6.5　新加坡传媒集团发展历程

2004 年,鉴于新加坡电视市场的激烈竞争和李光耀的个人观点影响,新传集团与新加坡报业控股决定合并成立新公司——新传媒电视控股(私人)有限公司(Mediacorp TV Holdings Pte Ltd.)。新传集团持有新公司 80% 股权,新报控股持有 20% 股权,新传集团承担新组织的运行。由此,新加坡的广播电视行业重新回到垄断状态,新传集团也成为新加坡广播电视数字化转型的实践主体。

在开展广播电视服务数字化、高清化建设的过程中,新加坡传媒集团将融合实践的重点放在了"第二屏幕"(即移动终端屏幕)上。集团成立社交电视小组促成"第二屏幕"即时互动,将节目切成不同时段,利用电视广告时间段告诉观众怎样与第二屏幕的手机实现互动体验,并带动产品营销。经过多重尝试,新加坡传媒决定弃用二维码扫描、音频链接等流行模式,而是采用准时推送、一号通用、自动 App 的方式进入。[3] 2010 年 11 月,集团推出新加坡首份付费互动数字杂志《风格》(*Style*),在其中集成了图片、视频、电子商务、移

---

　　[1] 联合早报.报业控股上半年净利上扬 26.1% 媒体业务税前盈利跌 70.9%[EB/OL].(2021-03-31)[2021.05.04]. https://www.zaobao.com.sg/zfinance/news/story20210331-1135419.

　　[2] 与之相应,Television Corporation of Singapore (TCS) 更名为 MediaCorp TV;Radio Corporation of Singapore (RCS) 更名为 MediaCorp Radio;TV12 (TV12 Singapore) 更名为 STV12 (Singapore Television Twelve)。

　　[3] 曾繁诗,董三仁.整合公共传播力量推进媒体融合发展——新加坡媒体融合发展的经验与启示[J].今日海南,2014(11):38-40.

动定位等多样化的形式和功能。

2015年,集团组建数字团队(Digital Group),以强化数字战略。数字团队肩负着让集团成为一个真正的数字化集团的重任。该团队组建了数字优先的新闻编辑室,使突发新闻得以在数字化平台上率先发布,早于集团的电视、广播和印刷媒体等;同时还投资了新加坡、印度尼西亚的多家数字原生公司,尝试为集团引入新的内容、服务和发展思路。到2020年年末,集团广播网覆盖用户超过340万人,接近新加坡成年人口的80%。新加坡收听率排名前十的广播电台中,8家为集团旗下的广播电台。同时,集团数字广播网络用户数量较2019年年末增长了52%,增至103万,用户每周平均收听时长超过8小时。[①]

新加坡传媒集团也是国外视听服务企业进入新加坡市场的主要合作伙伴。例如,2010年,新加坡传媒与微软合作推出在线新闻娱乐平台xinmsn(www.xinmsn.com),该平台内容涵盖新闻、免费视频点播、电台,并集成了微软的邮件、MSN等功能。2020年8月,新加坡传媒成为YouTube新加坡的首个本土多频道网络(MCN)合作机构。今天的新传媒集团旗下媒体平台涵盖电视、广播、报纸、杂志、电影、数字和家庭外媒体,提供50多个品种、四种语言的媒体产品(英语、普通话、马来语和泰米尔语),包括在线分类、互联网电视点播和高清电视广播。

三、新加坡媒介融合的未来趋势

(一)监管思路的调整与完善

当前,新加坡的媒介融合依然被纳入国家数字化发展的整体框架,体现出"强政府"的特征。新加坡政府认为媒介融合从根本上改变了媒体内容的分发和消费方式,使公众能够随时、随地、随心所欲地访问跨地域的媒体内容。行业参与者正在通过引入新的多平台和互动服务来应对融合机遇,但政府为传统媒体平台和行业结构设计的政策和监管框架不再能够应对融合媒体环境的新兴特征。2012年3月,新加坡政府成立一个媒体融合检查小组,以研究在融合媒体环境下对消费者、业界和社会造成影响的问题,并就如何应对这些挑战提出建议。该小组在结项报告中提出了以下几个方面的建议,这些建议也成为新加坡融媒体规制和数字化战略制定的方向。[②]

一是融媒体内容监管方面。应建立适用于所有媒体的、基于年龄的内容分类框架。由于视听内容的影响力更大,应该有比文本内容更加细分的年龄分级。鉴于融媒体内容的巨大数量和无边界性,需要确立政府、行业、社区之间的共同责任,实现合作监管,并辅之以公众教育和社区宣传。父母应当在保护儿童免受内容影响方面发挥更大的作用。

二是内容生产能力提升方面。媒介融合带来了互联网电视、OTT TV等新的媒体服

[①] 数据来源:Mediacorp's Radio Network Sees Growth in Audience, Reaching 80% of Adults in Singapore Weekly[EB/OL].[2021-05-20]. https://www.mediacorp.sg/en/mediacorp-in-the-news/media-releases/mediacorp-s-radio-network-sees-growth-in-audience-reaching-80-of-13829634?articleYear=2020&articleId=13829634.

[②] IMDA. Media Convergence Review Final Report[EB/OL].[2021-05-18]. https://www.imda.gov.sg/-/media/imda/files/regulation-licensing-and-consultations/consultations/media-convergence-review/1-media-convergence-review-final-report.pdf?la=en.

务和内容需求，但新加坡本土原创内容几乎依赖新传集团一家，这使得许多机构从其他国家购买内容，过低的本土内容占比不利于国家共同意识的形成。应通过税收优惠等方式鼓励本土机构进行影视内容生产，强制要求一定规模的广播电视机构必须将内容开支中的固定比例用于本土内容制作或拨入国家的综合内容制作基金。

三是加大网络版权保护力度。应该通过立法和站点屏蔽的方式加大对数字盗版行为的打击；通过多主体合作的方式加强对公众网络版权意识的培育，同时引导内容权利人重新思考他们的版权许可模式，以便于他们的内容更好地适应数字化时代不断变化的消费需求和消费模式。

四是更新监管体系和方式。将所有广播电视和在线内容服务纳入《广播法》的管辖范围，更新视听服务牌照制度的管理对象，对以海外市场为服务目标的广播电视机构实施许可证制度。

根据上述思路，新加坡建立起了新的三点支撑的互联网监管模式（Three-Pronged Approach to Regulation）：第一点是建立一个平衡、务实的框架，将互联网纳入广播牌照监管体系，互联网内容供应商和互联网服务商自动获得互联网类别牌照（Internet Class License），并需遵循互联网类别牌照的条件要求和互联网业务守则，禁止提供对新加坡有害或令人反感的内容。第二点是鼓励内容供应商制定行业的行为准则，以促进更大程度的行业自律，对现有的互联网内容法规进行补充。第三点是通过公众教育促进媒介素养提高和网络健康发展，强调使公众了解互联网的优缺点，使他们具备数字媒体的使用能力和辨别能力。[①]

（二）本土媒体生存方式的再探索

新加坡强调本土传媒机构在建立共同意识和社会信任方面的重要意义。在媒介融合的进程中，新加坡政府一直积极参与本地媒体融合发展，但其措施也并不总是能够获得成功。如前所述，2000—2005 年，新加坡政府曾允许报业控股集团和新加坡传媒集团进入对方的主营业务，印刷和广播有融合的趋势，希望竞争能刺激它们开发更好的本地内容，并在日益激烈的外国竞争中留住本地观众，但最终证明这种模式并不可行。2004 年，政府再次对行业进行直接调整，一家集团以广播电视为核心业务；另一家以报纸、出版为核心业务，以保持这两家公司的生存能力。

但是，新加坡的本土传媒机构也无法避免互联网和数字媒介对全球新闻业造成的结构性压力。2020 年发布的新加坡报业控股集团年报中显示，报业控股集团的媒体业务首次出现了 1140 万新币亏损。报业控股集团董事长李文献表示纸媒广告收入预计将维持过去五年的下降幅度，就算新冠肺炎疫情结束，也不太可能回到到过去的水平，就算有数字收入的扶持，媒体业务的亏损接下来预计将会持续而且扩大。因此，为保证内容质量以及本地媒体的多元性，报业控股集团于 2021 年 5 月 6 日宣布重组，将把所有媒体业务转入新成立的全资子公司 SPH Media，并将这家公司交由一个公共担保有限公司（Company

---

① Three-Pronged Approach to Regulation[EB/OL]. [2021-05-24]. https://www.imda.gov.sg/regulations-and-licensing-listing/content-standards-and-classification/standards-and-classification/internet.

Limited by Guarantee,CLG)成立的非营利机构管理。① CLG 将从上市公司中分离出来，不再由报业控股集团的管理层运营，媒体业务不再作为上市公司的一部分，也不再有业绩和股东分控的压力。它将作为一项寻求收入的业务运营，遵守通常的商业纪律，任何运营盈余都将重新投入媒体业务，政府和其他渠道拨款也变得更加容易。

2021 年 5 月 10 日，新加坡通信和信息部部长伊斯瓦兰（S Iswaran）在题为《数字时代蓬勃发展的本土新闻业》的部长发言中反复强调了本土新闻业对于新加坡国家和社会发展的重要意义，并阐述了报业控股集团此次重组的意义。他指出，为新加坡人报道的新闻本土媒体对国家的结构至关重要。本土媒体非常适应新加坡作为一个小城市国家、开放经济和多种族社会的独特环境。它们通过独特的新加坡视角帮助解释全球事件，分析它们对新加坡公众生活的影响。在国内，本土媒体不仅报道事件及其进展，还发表各种平衡的观点，为全国舆论提供信息，有助于促进全国共识。但是，报业控股集团传统媒体业务收入正在急剧下降，需要大量的投资以建立长期的数字化生存能力，报业控股集团上市公司内部新闻媒体业务模式已不再可行。因此通信和信息部提出，新加坡应该将这类全国性广播电台、报纸出版商和网络新闻平台作为一项惠及全社会的公共产品，在支持其媒体业务重组的同时，从国家层面为重组后的报业控股集团媒体业务建构具有可持续性的融资模式，以保障其能够继续实现良性运作，且新闻编辑部的工作不会受到资金来源的烦扰。政府也随时准备在数字化创新能力方面为重组后的报业控股集团媒体业务提供资金，以确保其具备数字化建设的基本能力。② 这次重组是新加坡政府主导的媒介融合转型发展路径的又一次重要尝试，将成为新加坡本土媒体融合发展重要的分水岭。如果成功，这一举措也将成为新加坡本土媒体机构数字化生存探索的实践新样本。

思 考 题

1. 影响中国媒介融合的因素有哪些？
2. 中国媒介融合大致可分为哪几个阶段？
3. 媒介融合的进程中，日本的制度环境发生了哪些变化？
4. 日本较有特色的媒介融合方式有哪些？
5. 新加坡的媒介融合监管制度由哪几个部分构成？
6. 新加坡在本土媒体的融合化生存模式探索方面做了哪些尝试？

主要参考文献

1. ［美］阿尔夫·托夫勒.第三次浪潮［M］.黄明坚，译.北京：中信出版社，2006.

---

① 卞和.报业控股面临重组 5 件事你要知道［EB/OL］.（2021-05-06）［2021-5-20］. https://www.zaobao.com.sg/news/singapore/story20210506-1144770

② S ISWARAN . A Thriving Local News Media in The Digital Age［EB/OL］.［2021-05-24］. https://www.mci.gov.sg/pressroom/news-and-stories/pressroom/2021/5/ministerial-statement-by-minister-s-iswaran-at-the-parliament-sitting-on-10-may-2021?page=2.

2. [美]丹尼尔·贝尔.后工业社会的来临[M].高铦等,译.北京:新华出版社,1997.
3. 范爱军.各国信息产业发展战略比较研究[M].北京:经济科学出版社,2008.06.
4. 胡正荣.传统媒体与新兴媒体融合的关键与路径[J].新闻与写作,2015(05):22-26.
5. 龙一春,童兵.日本传媒体制创新[M].广州:南方日报出版社,2006.
6. [新加坡]纽西·拉贾.威权式法治:新加坡的立法、话语与正当性[M].陈林林,译.杭州:浙江大学出版社,2019.
7. 裘涵,虞伟业.日本媒介素养探究与借鉴[J].现代传播(中国传媒大学学报),2007(05):128-130.
8. 日本通信技术研究所.通信概论[M].卢懋等,译.北京:人民邮电出版社,1999.
9. 日本通信协议手册编委会.新网络通信协议手册[M].陆玉库等,译.北京:电子工业出版社,1999.
10. 孙霄凌,朱庆华.日本信息通信政策研究及其对中国的启示(IV)——日本三网融合政策述评及其启示[J].情报科学,2010,28(11):1746-1753.
11. 王润珏.媒介融合的制度安排与政策选择[M].北京:社会科学文献出版社,2014(09).
12. 谢静,徐小鸽.媒介的组织传播模式及其与新闻生产的关系——上海与新加坡报纸的比较研究[J].新闻大学,2008(04):48-57.
13. 喻国明,苏林森.中国媒介规制的发展、问题与未来方向[J].现代传播(中国传媒大学学报),2010(01):10-17.
14. 赵靳秋.新加坡大众传媒研究:媒介融合背景下传媒监管的制度创新[M].北京:中国传媒大学出版社,2012.09.
15. 赵靳秋.媒介融合背景下新加坡传媒监管的制度创新与实践[J].现代传播(中国传媒大学学报),2011(06):28-32.
16. 朱春阳.媒介融合规制研究的反思:中国面向与核心议题[J].国际新闻界,2009(06):24-27.
17. 张志.日本广电媒介体制的经济学审视[J].国际新闻界,2003(01):34-41.
18. Consalvo M. Convergence and Globalization in the Japanese Videogame Industry[J]. *Cinema Journal*, 2009, 48(3): 135-141.
19. Donald S H, Keane M. *Media in China: New Convergences, New Approaches*[M]. Routledge, 2014: 3-17.
20. Jensen K B. *Media Convergence: The Three Degrees of Network, Mass and Interpersonal Communication*[M]. Routledge, 2010.
21. Kasza G J. *The State and the Mass Media in Japan, 1918-1945*[M]. University of California Press, 1988.
22. Kenyon A T, Marjoribanks T. Transforming Media Markets: The Cases of Malaysia and Singapore[J]. *Australian Journal of Emerging Technologies and Society*, 2007, 5(2): 103-118.
23. Lawson-Borders G L. *Media Organizations and Convergence: Case Studies of Media Convergence Pioneers*[M]. Routledge, 2006.
24. Lee T. *The Media, Cultural Control and Government in Singapore*[M]. Routledge, 2010.
25. Lin T T C. Convergence and Regulation of Multi-screen Television: The Singapore Experience[J]. *Telecommunications Policy*, 2013, 37(8): 673-685.
26. Masuda Y. *The Information Society as Post-industrial Society*[M]. World Future Society, 1981.
27. Meikle G, Young S. *Media Convergence: Networked Digital Media in Everyday Life*[M]. Macmillan International Higher Education, 2011.
28. Taniguchi M. Changing Media, Changing Politics in Japan[J]. *Japanese Journal of Political Science*, 2007, 8(1): 147.
29. Upham F K. *Law and Social Change in Postwar Japan*[M]. Harvard University Press, 2009.

CHAPTER 7 第七章

媒介融合与社会发展

第一节 媒介融合与个人成长

一、毕生发展的研究取向

毕生发展(lifespan development)是关注人类发展,对个体在生命历程中行为模式的发展、变化和稳定性进行研究的领域。在毕生发展研究中,依据年龄范围和个体差异将人的一生分为几个阶段进行考察:出生前(从受孕到出生);婴儿和学步期(出生到3岁);学前期(3~6岁);儿童中期(6~12岁);青少年期(12~20岁);成年早期(20~40岁);成年中期(40~60岁);成年晚期(60岁到死亡)。[①] 值得强调的是,这些阶段是社会建构的。社会建构是一个关于现实的共享观念,它被广泛接受,却反映了特定时期的社会文化功能。例如,在不同国家的教育体系下,"学前期"的年龄界限有所不同;不同国家、民族对于合法的婚姻年龄也有不同的认知和界定。

毕生发展的研究主题包括四个方面:

(1) 生理发展(physical development),考察身体各部分的构造(大脑、神经系统、肌肉和感官)以及发展中所需的饮食和睡眠等如何决定行为。

(2) 认知发展(cognitive development),考察学习、记忆、问题解决等方面的问题,尝试理解智能的发展和变化怎样影响个体行为。

(3) 人格发展(personality development),研究毕生发展过程中涉及个体和其他人区分出来的、独有特性的变化和稳定性。

(4) 社会性发展(social development),考察毕生发展过程中个体与他人的互动,以及他们的社会关系发展、变化和保持稳定的方式。

---

① [美]罗伯特·费尔德曼.发展心理学[M].苏彦捷,等译.北京:机械工业出版社,2017:3.

媒介对个人成长的影响一直是毕生发展研究关注的重点内容之一,例如看电视对智力的影响、电影/电视对儿童成长的影响、媒体对青少年社会态度的影响等。其中许多研究也被认为是有关传播效果的经典研究,例如耶鲁大学心理学教授霍夫兰(Carl Hovland)等人开展的态度与说服研究、可信性(credibility)效果研究;耶鲁大学心理学教授麦圭尔(William McGuire)开展的态度免疫(attitude inoculation)研究等。

近年来,随着媒介融合的不断深入,媒介对个人成长过程、成长环境、生存空间的嵌入程度不断加深,对个人成长影响方式、影响程度、影响持续性也随之变化,"毕生发展"成为考察媒介融合对人类发展和个体生命历程影响的重要视角。较有代表性的包括青春期的手机依赖性研究[1]、社交媒体依赖研究[2]、儿童的手机使用研究[3]、新媒体对亲子关系的影响研究[4]等。

二、媒介融合与未成年人发展

认知发展理论的代表、瑞士心理学家皮亚杰(Jean Piaget)专注于儿童发展研究。他认为,所有人都会以固定顺序经历一系列的一般认知发展阶段。每个阶段不仅信息的数量增长,信息和理解的质量也会发生改变。从广义来讲,人类思维是以图式进行组织的,图式是表征行为和动作的有组织的心理模式。婴儿的图式用来表征具体行为——吮吸、伸手以及每种单独行为的图式。年龄较大儿童的图式变得更加复杂抽象,如骑自行车或玩互动视频游戏所涉及的技巧。图式就像智能电脑的软件,指导并决定着如何看待和处理来自外部世界的数据。皮亚杰认为,儿童理解外部世界能力的发展可通过"同化"和"顺应"两个基本原理进行解释。同化是指人们根据当前认知发展的程度和思维方式来理解一个新体验的过程;顺应是指改变当前思维方式,来对出现的新刺激和事件进行回应。同化和顺应同时作用,带来了认知发展。

信息加工理论(informationprocessingapproaches)是皮亚杰理论之后的代表性认知发展理论。该理论源于计算机的发展,假设即使是复杂的行为,诸如学习、记忆、分类和思考,都可以被分解为一系列单独的特定步骤。与皮亚杰的观点相反,信息加工理论认为发展是量的增加而不是质的改变,认知发展的特征表现为信息加工方面不断增加的复杂度、速度和能力。按照这一理论,未成年人组织和操作信息的量变是认知发展的标志。

苏联发展心理学家维果斯基(Lev Vygotsky)认为,认知是社会交互的产物,因而更加关注发展和学习的社会性方面。维果斯基把儿童看作学徒,从成人和同伴指导者那里学习认知策略和其他技能。因此,儿童的社会和文化世界是儿童认知发展的源泉。维果斯基认为儿童认知能力是通过接触那些能够引发他们兴趣、但又不是很难处理的新信息而

---

[1] Chóliz, Mariano. Mobile-phone Addiction in Adolescence: The Test of Mobile Phone Dependence (TMD)[J]. *Prog Health Sci* 2012(2)1: 33-44.

[2] Wang C, Lee M, Hua Z. A Theory of Social Media Dependence: Evidence from Microblog Users[J]. *Decision Support Systems*, 2015,69(1): 40-49.

[3] Schüz. Mobile Phone Use and Exposures in Children[J]. *Bioelectromagnetics*, 2010,26(S7): S45-S50.

[4] Madianou M, Miller D. Mobile Phone Parenting: Reconfiguring Relationships between Filipina Migrant Mothers and Their Left-behind Children[J]. *New Media & Society*, 2011,13(3): 457-470.

不断发展的。在某一水平下,儿童几乎能够但又不足以独立完成某一任务,但在他们的帮助下是可以完成的。他将这二者之间的差距称为最近发展区(zone of proximal development,ZPD)。为了促进认知的发展,就必须由父母、教师或者能力更强的同伴在儿童的最近发展区内呈现新信息。与此同时,即使两个儿童在没有帮助的情况下都能够实现同样程度的发展,但是如果一个儿童得到了帮助,他就会比另一个儿童有着更大的进步。由他人提供的帮助或扶持被称为脚手架(scaffolding)。维果斯基认为,脚手架不仅能帮助儿童解决特定问题,而且能够促进儿童整体认知能力的发展。① 维果斯基虽然去世于20世纪30年代,但他强调社会交互在促进儿童认知发展中重要作用的观点正在得到越来越多的认可。

近年来,儿童、青少年对网络媒体以及互联网、手机等终端的使用已经成为发展心理学研究的新领域。

2010年,凯瑟家庭基金会(Kaiser Family Foundation)发布调查报告《M^2世代:8~18岁青少年生活中的媒体》。该报告基于对全美2000多名8~18岁的青少年对多样化媒体(电视、计算机、视频游戏、音乐、印刷品、手机、电影)的使用调查数据得出结论:年轻人每天暴露在各类媒介内容中的总时长高达10小时45分钟;移动化和在线化的媒介革命已经深入影响到美国年轻人的生活,他们睡觉前要做的最后一件事和醒来时要做的第一件事都和手机有关;媒体平台的多任务处理能力使年轻人能够在同一时间使用更多媒体,例如在阅读杂志或上网的同时听音乐、看视频。手机的发展进一步鼓励年轻人寻找更多的时间机会来使用媒体;家庭高速宽带、社交媒体、YouTube等设施和产品的发展都促进了年轻人媒介消费时长的增加。② 这意味着,到他们成年时,与正规的学校学习相比,他们将花费更多的时间使用电子屏幕媒体。因此,电子屏幕媒体具有巨大的、影响认知发展的潜力,无论这种影响是好的或坏的。③

多位学者的研究表明,在儿童成长的过程中,他们使用互联网主要用于交流、信息收集和玩游戏,而不是被动地体验故事叙事。④ 专注于目标的互联网使用(如,聊天、搜集信息、电子邮件、游戏,而不是专门的学习活动)可能促进儿童时期的认知发展。⑤ 整体来看,互联网带来了更多的感官刺激和主动参与。因此,在个体发展阶段,互联网对认知的影响可能会比此前的技术创新都要大。⑥

---

① [美]罗伯特·费尔德曼.发展心理学[M].苏彦捷,等译.北京:机械工业出版社,2017:144-145.
② Rideout V J, Foehr U G, Roberts D F. Generation M2: Media in the Lives of 8- to 18-year-olds[EB/OL]. Kaiser Family Foundation.(2010-01-20)[2021-05-01].https://www.kff.org/other/event/generation-m2-media-in-the-lives-of.
③ Anderson D R, Kirkorian H L. Media and Cognitive Development[J]. *Handbook of Child Psychology and Developmental Science*,2015:1-46.
④ Tarpley T. Children, the Internet, and Other New Technologies. In D. G. Singer & J. L. Singer (Eds.), *Handbook of children and the media*[M]. Thousand Oaks,CA: Sage,2001:547-556.
⑤ Hope A. Panopticism, Play and the Resistance of Surveillance: Case Studies of the Observation of Student Internet Use in UK Schools[J]. *British Journal of Sociology of Education*,2005,26(3):359-373.
⑥ Johnson G. Internet Use and Cognitive Development: A Theoretical Framework[J]. *E-Learning and Digital Media*,2006,3(4):565-573.

皮尤研究中心2010年发布的调查数据表明,数字化已经改变了美国青少年的交流方式。三分之二的青少年宁愿发短信给朋友,也不愿意给他们打电话。社交网络的交流也比面对面的对话更受欢迎。一半的青少年每天发送50条或更多的文本消息,或者每月发送1500条文本消息,三分之一的青少年每天发送100条以上的消息,或者每月发送3000条以上的文本。①

2019年3月,中国互联网络信息中心(CNNIC)发布的《2019年全国未成年人互联网使用情况研究报告》显示,随着移动互联网快速发展,我国未成年网民规模为1.75亿,互联网普及率达到93.1%。未成年网民中使用手机上网的比例为93.9%,未成年网民中拥有属于自己的上网设备的比例达到74.0%。互联网对于低龄群体的渗透能力持续增强,越来越多的未成年人在学龄前就开始使用互联网。未成年人的网上学习与学校课堂教育深度融合,网上娱乐和社交活动在不同学历段呈现不同特点。目前的网络素养教育尚不够完善,网络操作技能、网络防沉迷知识、网上自护意识和能力需要得到加强。②

但是,新媒体及媒介融合对儿童认知的负面影响也是显而易见的。例如,许多儿童和青少年正在成为网络欺凌(cyberbullying)这种新型欺凌行为的受害者;而一些青少年也通过给他人重复发送带有伤害性信息的短信、邮件实行网络欺凌。③ 安德森(Anderson)和他的同事们对超过13万名被试者的研究表明,暴力视频游戏是增加攻击性的危险因素。更高级别的暴力视频游戏与更多的攻击思维、攻击行为、攻击情绪是有关的,横向研究、纵向研究和实验法的结果一致,东西方之间没有差异,结果适用于男性和女性。玩暴力视频游戏的影响是随着时间积累的,还会与其他因素相互作用产生更为严重的后果。他们强调,对暴力视频游戏的研究应该从"是否会产生有害影响"转移到"学校、家长和社会应该对造成不良影响的暴力游戏做些什么"的议题上来。④

正如学者们强调的,与电视等媒体相比,互联网具有巨大的技术复杂性和社会复杂性,在对现代社会产生积极影响的同时,也产生了隐私暴露、安全性缺失、色情、网络犯罪等负面影响。这种技术与社会复杂性的独特结合,使得有关未成年人对互联网理解的研究更具挑战性和重要性。⑤

三、媒介融合与成年人发展

美国学者沙依(K. Warner Schaie)长期致力于成年人能力发展研究,用近50年的时

---

① Lenhart A, Ling R, Campbell S, et al. Teens and Mobile Phones: Text Messaging Explodes as Teens Embrace it as the Centerpiece of Their Communication Strategies with Friends[EB/OL]. Pew Internet & American Life Project.(2010-04-40)[2021-05-02]https://www.pewresearch.org/internet/2010/04/20/teens-and-mobile-phones.

② 中国互联网络信息中心.2019年全国未成年人互联网使用情况研究报告[R/OL].北京:CNNIC,2020.[2021-4-30].http://www.cnnic.net.cn/hlwfzyj/hlwxzbg/qsnbg/202005/P020200513370410784435.pdf.

③ Zacchilli T L, Valerio C Y. The Knowledge and Prevalence of Cyberbullying in a College Sample[J]. *Journal of Scientific Psychology*,2011,5: 12-23.

④ Anderson C A, Shibuya A, Ihori N, et al. Violent Video Game Effects on Aggression, Empathy, and Prosocial Behavior in Eastern and Western Countries: A Meta-analytic Review[J]. *Psychological bulletin*,2010,136(2): 151.

⑤ Greenfield P, Yan Z. Children, Adolescents, and the Internet: A New Field of Inquiry in Developmental Psychology[J]. *Developmental psychology*,2006,42(3): 391.

间对整个成年人智力能力的变化过程及其变化原因进行研究,并集中体现在他领导的"西雅图纵向研究"(The Seattle Longitudinal Study)中。该研究开始于1956年,在其后长达数十年的时间中,对5000多位年龄为25~88岁的成年人进行认知能力的追踪调查和评估,被试对象囊括整个"社会——经济"层次中75%的人群。①

沙依认为,在成年期之前,人们主要的认知发展任务是信息获得。因此,他将认知发展的第一阶段命名为获得阶段(acquisitive stage),包括整个儿童期和青春期。成年之前,个体收集信息很大程度上是为未来的运用做储备。在成年早期,情况发生了相当大的改变,关注点从未来转变到眼下。年轻人正处于实现阶段,即运用他们的智力实现有关事业、家庭和为社会做贡献的长期目标。在实现阶段(achievingstage),青年人必须面对并解决一些重要问题,例如从事何种工作、和谁结婚等,这类问题的决策将影响他们的后半生。在成年早期的最后阶段和成年中期,人们步入责任和执行阶段。在责任阶段(responsiblestage),中年人主要关注如何保护和照顾其配偶、家庭和事业等问题。在成年中期的中后阶段,很多人(但并非所有人)步入执行阶段(executivestage),个体开始参与和支持社会机构,可能参加城镇政府、宗教机构、服务单位、工会等拥有广泛社会影响的组织。成年晚期,个体步入重组阶段(reintegrativestage),关注具有个人意义的任务。人们不再将获得知识作为解决可能面对的潜在问题的手段,反而转向他们特别感兴趣的信息。他们对那些看似不能利己运用到生活中的事物兴趣减少。(如图7.1所示)。②

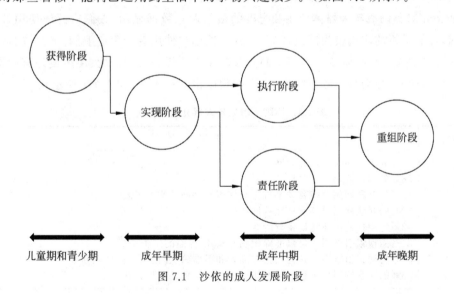

图7.1 沙依的成人发展阶段

媒介融合使媒体、媒体内容对成年人生活、工作、学习场景、时间的渗透更加深入,使成年人的生存环境呈现出媒体饱和(Media-Saturated)的状态。③ 英国通信办公室

---

① 乐国安,曹晓鸥.K.W.Schaie的"西雅图纵向研究"——成年人认知发展研究的经典模式[J].南开学报,2002(04):79-87.
② [美]罗伯特·费尔德曼.发展心理学[M].苏彦捷,等译.北京:机械工业出版社,2017:277.
③ Brown J D. Emerging Adults in a Media-Saturated World[M]//Arnett J J, Tanner J L. Emerging Adults in America: Coming of Age in the 21st Century. Massachusetts: American Psychological Association,2006:279-299.

(Ofcom)提出,在在线化的环境中,直接管理内容的可能性降低了,对公众媒体素养的要求增加了。媒体素养使人们拥有技能、知识和理解力,可以充分利用传统和新型传播服务所带来的机会。媒体素养还可以帮助人们管理内容和通信,并保护自己和家人免受使用这些服务带来的潜在风险。

Ofcom 开展的一项开始于 2005 年的"成年人媒体生活"民族志研究表明,年龄段和家庭环境对成年人的设备升级和服务选择具有显著影响,其中财务压力的影响最为明显。虽然约四分之一的人(涵盖各年龄段)对 Google Home、Amazon Echo、可穿戴设备、最新型号的手机表示兴趣,但主动更换的比例却并不高。成年人收看/收听"传统"广播电视的时间在减少,但至少会为一个流媒体视频服务付费。超过半数的被调查者遇到过有害或有关仇恨的内容,但多数人的第一知觉是忽略或阻断,而不是举报。他们对脸书的使用频次在减少,但在 Messenger、Instagram、WhatsApp 等其他社交平台上越来越活跃。①

2020 年新冠肺炎疫情发生以来,成年人的媒介生活已经发生明显变化,例如,家庭工作和远程学习已经成为常态,视频会议平台和功能的使用大大增加。这些平台对于人们在疫情期间保持工作、社交互动,以及为脆弱的朋友和家人提供支持方面体现出了明显的价值。人们会优先购买支持家庭工作和娱乐的技术设备,依赖 YouTube 等在线资源了解疫情相关医学信息。对于部分老年人而言,疫情成为推动他们数字技能提升的催化剂,他们首次使用了在线购物、视频会议等新的技术和应用。②

Ofcom 对英国成年人媒体使用和态度的最新调查数据显示,人们广泛地使用各种终端上网,智能手机的应用最为广泛,85%的互联网用户使用智能手机上网。62%的成年人使用各类终端参与在线游戏。处于不同阶段成年人的媒介使用行为、使用偏好有所差异,媒介对他们认知、社会行为的影响方式、影响程度也有所不同(如表 7.1 所示)。③

表 7.1　不同年龄成年人媒介使用情况

年　龄　段	使　用　情　况
16～24 岁	99%的用户在家使用互联网 96%的用户使用移动手机 12%的互联网用户将移动手机作为使用互联网的唯一工具 88%的互联网用户拥有社交软件主页 92%的用户使用任意设备玩游戏 54%的搜索引擎用户可以准确识别 Google 界面的广告 53%的搜索引擎用户认为网页有准确和不准确、公正和有偏见之分 28%的互联网用户了解公司在线更正个人信息的四种方式

---

① Ofcom. Adults'Media Lives 2019［EB/OL］.（2019-05-23）［2021-05-05］. https：//www.ofcom.org.uk/research-and-data/media-literacy-research/adults/media-lives.

② Ofcom. Adults'Media Lives 2021［EB/OL］.（2021-04-28）［2021-05-05］. https：//www.ofcom.org.uk/research-and-data/media-literacy-research/adults/media-lives.

③ Ofcom. Adults'Media Use and Attitudes Report 2020/21［EB/OL］.（2021-04-28）［2021-05-05］. https://www.ofcom.org.uk/__data/assets/pdf_file/0025/217834/adults-media-use-and-attitudes-report-2020-21.pdf.

续表

年 龄 段	使 用 情 况
25～34岁	99%的用户在家使用互联网 96%的用户使用移动手机 15%的互联网用户将移动手机作为使用互联网的唯一工具 89%的互联网用户拥有社交软件主页 82%的用户使用任意设备玩游戏 59%的搜索引擎用户可以准确识别Google界面的广告 62%的搜索引擎用户认为网页有准确和不准确、公正和有偏见之分 34%的互联网用户了解公司在线更正个人信息的四种方式
35～44岁	99%的用户在家使用互联网 96%的用户使用移动手机 13%的互联网用户将移动手机作为使用互联网的唯一工具 91%的互联网用户拥有社交软件主页 76%的用户使用任意设备玩游戏 62%的搜索引擎用户可以准确识别Google界面的广告 64%的搜索引擎用户认为网页有准确和不准确、公正和有偏见之分 36%的互联网用户了解公司在线更正个人信息的四种方式
45～54岁	97%的用户在家使用互联网 94%的用户使用移动手机 8%的互联网用户将移动手机作为使用互联网的唯一工具 86%的互联网用户拥有社交软件主页 62%的用户使用任意设备玩游戏 68%的搜索引擎用户可以准确识别Google界面的广告 69%的搜索引擎用户认为网页有准确和不准确、公正和有偏见之分 52%的互联网用户了解公司在线更正个人信息的四种方式
55～64岁	94%的用户在家使用互联网 86%的用户使用移动手机 8%的互联网用户将移动手机作为使用互联网的唯一工具 73%的互联网用户拥有社交软件主页 43%的用户使用任意设备玩游戏 70%的搜索引擎用户可以准确识别Google界面的广告 71%的搜索引擎用户认为网页有准确和不准确、公正和有偏见之分 51%的互联网用户了解公司在线更正个人信息的四种方式
65岁以上	77%的用户在家使用互联网 55%的用户使用移动手机 2%的互联网用户将移动手机作为使用互联网的唯一工具 59%的互联网用户拥有社交软件主页 30%的用户使用任意设备玩游戏 58%的搜索引擎用户可以准确识别Google界面的广告 72%的搜索引擎用户认为网页有准确和不准确、公正和有偏见之分 39%的互联网用户了解公司在线更正个人信息的四种方式

相当多的老年人在使用互联网、电脑等新的信息通信技术产品和媒介服务过程中遭受功能限制,例如人际交往方面的(我太老了、没有人教我)、生理功能方面的(记忆力减退)、结构方面的(拥有一台电脑的成本太高),阻碍了他们以与年轻人相同的方式使用新

媒体。通常,收入较高和受教育程度较高的老年人受到的约束相对较小,但随着个体年龄增长,受到的约束程度则在增长。① 新手老年用户更容易产生缺乏信任感、数据隐私泄露安全等担忧。年龄较大的用户也因为不觉得自己有能力处理这些问题而对加入在线社区或社交网络持消极态度。

移动互联网和智能手机的普及提高了老年人使用新技术的便捷度。中国互联网络研究中心的数据显示,截至2020年12月,中国网民增长的主体由青年群体向未成年和老年群体转化的趋势更加明显。50岁以上网民群体占比由2020年3月的16.9%提升至26.3%,用户数量高达2.6亿;其中60岁以上的网民数量超过1.1亿。②

社交媒体老年用户的增长也十分明显。2019年,荷兰统计局发布的统计显示,近年来,老年人的社交媒体使用量激增。特别是65~74岁的人群越来越活跃。2019年,这个年龄段的受访者中有76%表示他们使用过社交媒体,而五年前这一比例为40%。在75岁及以上的人群中,社交媒体的使用也有所增加。例如,通过WhatsApp交换文本消息在老年人中最为流行。③

老年人使用社交媒体的主要动机是娱乐、进行社交联系以及提供和接受社交支持。特别是如果用户持续参与在线社交网络,他们会受到使用过程中的愉悦感的激励。④ 社交媒体的使用还增加了代际交流的形式,降低了老年人对代际隔离感受。⑤ 社交媒体对老年人生活的参与,能够促进有关疾病预防、诊断和治疗的健康知识的传播。社交媒体的使用可以成为老年人减少孤独感、增强控制感和自我效能感的手段。社交媒体这些积极功能的发挥,需要老年人首先具备一定的数字素养和社交媒体知识。同时,老年人也可能在使用社交媒体的过程中,通过线上社区获得有害信息,或成为其他犯罪行为、个人数据泄露的受害者。⑥

第二节 媒介融合与社会变迁

一、媒介融合与社会互动

"社会互动"(social interaction)是指社会上个人与个人、个人与群体以及群体与群体

---

① Lee B, Chen Y, Hewitt L. Age Differences in Constraints Encountered by Seniors in Their Use of Computers and the Internet[J]. Computers in Human Behavior,2011,27(3):1231-1237.
② 中国互联网络信息中心.第47次中国互联网络发展状况统计报告[EB/OL].(2021-02-03)[2021-04-30].http://www.cnnic.net.cn/hlwfzyj/hlwxzbg/hlwtjbg/202102/P020210203334633480104.pdf.
③ CBS. More Elderly Active on Social Media[EB/OL].(2020-01-20)[2021-05-03].https://www.cbs.nl/en-gb/news/2020/04/more-elderly-active-on-social-media.
④ Nimrod G. Seniors' online communities:A quantitative content analysis[J]. The Gerontologist,2010,50(3):382-392.
⑤ Wang X, Gu J, Hu A, et al. Impact of Online Social Media Communication and Offline Geographical Distance on Elder Users' Intergenerational Isolation:from Technology Affordance Perspective[C]//International Conference on Human Aspects of IT for the Aged Population. Cham:Springer,2018:547-559.
⑥ Leist A K. Social Media Use of Older Adults:A Mini-review[J]. Gerontology,2013,59(4):378-384.

之间通过信息传播而发生的相互依赖性社会交往活动。① 它强调个体既不是游离于社会网络之外的孤立原子,也不是完全由社会结构所塑造;人是社会关系的总和,其行动受所处的社会结构、社会关系所制约。

社会互动早在 1908 年就被齐美尔在《社会学》中提及,在其发展过程中,又衍生出符号互动论、表演互动论和约定互动论等多个具有代表性的分支理论。尽管这些分支理论研究的侧重点各有不同,但它们都强调社会互动是以信息传播为基础的,人际沟通是实现社会互动的主要方式,象征符号的意义理解是达成有效人际沟通的关键性因素。因此电子媒介的出现对社会互动关系也产生了巨大影响。

1956 年,霍顿(Horton)和霍尔(Wohl)将"准社会互动"(Parasocial Interaction),也有学者称之为"类社会互动",引入社会学,认为准社会互动关系是观众通过媒体与角色之间存在的面对面近距离的、亲切的关系,这种关系类似于人际交往关系,比如电视节目主持人、商业广告名人、连续剧演员、体育赛事中的著名运动员等,他们与观众之间的关系即是一种准社会互动关系。随着信息传播方式的不断丰富,特别是以互联网为基础的虚拟通信的出现,社会互动形式出现了巨大变化。一些学者认为准社会互动不再局限于传统媒体的观众与媒介人物之间,互联网环境中的各类意见领袖和粉丝受众之间均属于准社会互动的范畴。②

媒介融合的深入带来新媒介形态不断出现,国内外学者开始对微博、抖音、微信等社交媒体中的各类意见领袖与受众关系进行研究。此外,依托互联网,意见领袖与受众之间的互动性增强,建构的准社会互动关系又有了一系列变化,这样的变化在电商直播中得到了很好的体现。学者指出,以直播为代表的媒介形态进化并非导致了情境的"消失",而是将既有的社会情境肢解成了一个个"自主"的新情景,当这样的新情景产生时,直播的互动将进一步消弭屏幕两边主体不对称的交往关系。因此,当媒介技术足够成熟时,看与被看的主体之间会建构出更为平等的社会互动关系。③

从社会的角度观察,信息环境同物理环境之间的界限逐渐消弭,让梅罗维茨所说的"信息与场景关联的消失"成为现实,麦克卢汉语言的"地球村"也逐渐变得清晰,社会互动不再受地域的限制。依托互联网,大众社会互动的广度得以拓宽,物理距离对社会互动关系的影响不断削弱,构筑起"普遍他域"基础上的全新互动关系;新的选择性的社会关系模式取代领土束缚的人类互动形式,因此在各个层面上的跨区域、全球性的社会互动成为可能。

从受众的角度观察,社会互动关系的构建不再仅依赖于"共同经验",而被置换成个性化、垂直化的"个体经验"。因此,不同的媒介形态对于当前社会互动关系形成了重构。

二、媒介融合与社会结构

美国著名社会学家布劳(Peter Blau)认为,为社会结构下定义的方式大体有三种:一

---

① 郑杭生.新编社会学概论[M].北京:中国人民大学出版社,2003,124.
② 包敦安,董大海,孟祥华.浏览者感知发帖者类社会互动关系研究.管理学报[J]. 2011,8(7):101-102.
③ 周勇,何天平."自主"的情境:直播与社会互动关系建构的当代再现——对梅罗维茨情境论的再审视.国际新闻界[J].2018,12:6-18.

是将社会结构看作社会关系和社会地位的组合;二是将社会结构看作是作为全部社会生活和历史的基础的深层结构;三是将社会结构看作是由社会或其他集体中的人们的分化了的社会地位构成的多维空间。①

社会与技术发展促使媒介形态转变;与此同时,作为全球传媒业发展的重大现实和重要趋势,媒介融合也深刻影响着社会的发展与变革。尼葛洛庞帝认为:随着数字化时代的到来,人类已从现实化生存走入数字化生存或虚拟化生存,加剧了社会分层引起的社会结构的变化。近年来,随着媒介融合的深入推进,其对社会关系、社会阶层、社会权力结构等的影响备受学者关注。

社会关系是描述社会结构的基本维度,人与人之间的关系模式变化,往往是社会结构变迁的表征。② 多名学者研究发现,媒介融合在不同程度上改变了原有社会关系。美国传播学者保罗·莱文森曾经说:手机像细胞,"无论走到哪里,它都能够生成新的社会、新的可能、新的关系"③。格兰诺维特研究了强弱连接关系在互联网关系网络下的新特征。他认为,强连接能将作为个体的一个个人结合为群体,但弱连接关系可以将不同的群体结合为更大的网络社会。因此媒介融合改变了社会关系链的形态,加强了社会联系,改善了社会联系的效果。④

媒介与阶层关系研究一直是国内外学界关注重点。关于媒介融合对社会阶层产生的影响,学者们持不同意见。一些学者认为,媒介融合进一步促使社会阶层固化。对数字空间互动的期待,增加了个人对虚拟时空的投入,有时这样的投入会侵占现实生活的精力和时间。当整个社会出现这样的趋势时,不同阶层之间的分化将会变得严重,社会利益团体的边界也会逐渐明晰和固化。⑤ "数字革命带来的远远不是改善每一个人生活的基础运动;日益增加的证据表明,它增加了特权者的优势而将边缘穷困者有系统地排除在外。"⑥ 另一部分学者则持相反意见:数字科技所创造的公用媒介为我们建立起了一个以网络化数字媒介为载体、有机混合了社会精英与普通大众的中间化信息使用及传播群体。这个迅速壮大中的媒介新社群主张不再以物质财富、地位、权力等传统标准来划分自己的阶层归属,而是将信息传播力与影响力作为更重要的价值尺度,其中主要包括信息沟通、意见表达及舆论整合的能力。⑦ 在融合媒介营造的空间中,普通民众,甚至那些处于最边缘、最底层的弱势群体、边缘群体也拥有了某些话语权,开始对某些公共事件发出自己的声音。⑧

---

① Blau Peter M. *Approaches to the Study of Social Structure*[M].Chicago:Open Books Publishing Ltd.,1976.
② 孙立平."关系"、社会关系与社会结构[J].社会学研究,1996(05):22-32.
③ [美]保罗·莱文森.手机:挡不住的呼唤[M].何道宽,译.北京:中国人民大学出版社,2004:xiv.
④ 刘颖悟,汪丽.媒介融合的四大影响[J].传媒,2012(09):72-74.
⑤ 陈力丹.新媒体对社会结构的影响[J].民主与科学,2013(6).
⑥ MurdockGraham, Peter Golding. Dismantling the Digital Divide:Rethinking the Dynamics of Participation and Exclusion[M]//Andrew Calabrese, Sparks Colin. *Toward a Political Economy of Culture:Capitalism and Communication in the Twenty-First Century*. Lanham,MD:Rowman & Littlefield,2004:244.
⑦ 周笑,傅丰敏.从大众媒介到公用媒介:媒体权力的转移与扩张[J].新闻与传播研究,2009,16(05):74-78+109.
⑧ 姜卫玲,陈长松.融合媒介的空间特性及其社会影响[J].新闻战线,2011(11):66-68.

在人类社会发展史上，每一种新媒体的出现不仅会引发既有媒体生态结构的变化，还会对社会运行方式、群体间连接方式以及乃至权力的格局产生重大影响。在关于媒介融合如何影响社会权力结构的研究中，学者们探讨了媒介融合与文化权力、民主政治等的联系。媒介技术的融合打破了信息的传统消费方式，改变了信息传播的单向模式，使得信息传播权由媒介机构向受众转移。就目前来说，文化的变迁、法律的规制和经济的实力将最终决定媒介融合的变革方向，并将决定新的媒介时代文化与权力的分配。① 在施拉姆和约翰·V.帕夫利克（John V. Pavlik）看来，媒介融合提供了新的民主和监督渠道。"在美国，数字化革命是政治领域里最有趣的进步，换句话说，政治的需要才是美国数字化革命的直接动力。数字化的民主功能是任何其他传播渠道所无法比拟的，因为它的自由赋予任何使用者更多的民主权力。"②

在媒介融合的进程中，媒介社会化与社会媒介化相互交织，对融合化媒介的使用经历以及个人成长的媒介环境，因其对社会群体的深远影响而成为社会群体分类、代际划分的标志。例如，"互联网原住民"成为"90后"群体的重要标签；"00后"一代被称为"移动互联网原住民"；"10后"的儿童则从小就习惯了与人工智能机器人的交流互动。技术和媒介的代际更替使得不同代际群体的信息接触习惯和思维方式深受影响，也在更深层面上影响着他们对文化、身份、权力的理解。从短期来看，媒介融合以用户需求的变迁为指引；从长期来看，媒介的形态、媒介系统的结构和运行逻辑也反作用于人口特征和社会结构。

三、媒介融合与社会治理

在诸多关于"治理"的概念中，全球治理委员会的界定具有一定的权威性和代表性，它认为"治理"是指各种公共的或私人的个人或机构管理其共同事务的诸多方式的总和，它是使相互冲突的或不同的利益得以调和、并且采取联合行动的持续过程。③ 英国学者提出了良好的社会治理的八个特征和要求：参与性、协商性、责任性、透明性、回应性、有效性、公正性与包容性、法治精神。④ 媒体作为服务社会主体的重要传播载体，在社会治理结构中扮演着至关重要的角色。而"媒介治理"这一概念是在《全球媒介治理引论》一书中首先提出的，爱尔兰学者肖恩认为："媒介的善治存在于三个层面：媒介对于公民社会的自我治理与完善；媒介对于国家权力机关（政府）的监管与共治；媒介对于超国家机构或组织的跨文化治理。"⑤

当媒介融合进入了一个新的历史阶段，互联网空间成为公民新的活动场所，社会治理的主体和方式也发生着翻天覆地的变化。媒体融合发展正在对社会治理产生积极而深远

---

① Golding P, Murdock G. Culture, Communications and Political Economy[J]. *Mass Media & Society*, 1997.
② Edelman. Engaging The New Influencers: Third Annual New Media Academic Summit[R/OL]. Washington, D.C.: Georgetown University, 2009. [2021-05-13]. https://edelman-italia.blogs.com/files/2009-nmas-white-paper---engaging-the-new-influencers-final-3.pdf.
③ Commission on Global Governance. *Our Global Neighborhood*[M]. Oxford, UK: Oxford University Press, 1995: 2-3.
④ [美]詹姆斯·N.罗西瑙.没有政府的治理[M].张胜军,刘小林,等译.南昌：江西人民出版社,2001：5.
⑤ Ó Siochrú Seán, Girard Bruce, Mahan Amy. *Global Media Governance: A Beginner's Guide*[M]. Lanham, MD: Rowman & Littlefield, 2002: 149-150.

的影响,它既能为党政机关创新社会治理提供方法和路径,又能为基层群众参与社会治理解决渠道支撑。与此同时,对媒介平台的治理、对虚拟空间的治理、对网络舆情的疏导和治理都生为社会治理的重要内容。

在西方学术界,社会治理的概念更强调突出"公民身份",主要是以媒体人的影响以及依托数字媒体的优势、以公民个人的声音放大为社会治理中的意见,强调个人权利的影响叠加。马克·斯科瑞克(Marko M. Skoric)认为,随着通信技术的发展,作为个体身份的公民在参与社会治理时有了更便捷的通道,对政治产生了更加深远的影响。哈贝马斯提出的"公共空间"概念也至关重要,在公共空间里,新兴的资产阶级对公共事务进行自由讨论,不仅不受权力机关的干涉,还会形成一些批判性的公共舆论,从而对权力机关构成变革的压力[①]。

在媒介融合的语境中,技术为公民赋权,社交媒体、自媒体等平台给社会治理带来新的发展方向。新媒体的出现极大地增强了公民的话语权,并从网络公共空间的塑造、利益相关群体的重聚和政府公民互动沟通机制创新等方面推动公民利用新媒体参与社会治理。但同时,新媒体助推公民参与社会治理,也面临着公共空间失序、利益群体失控,以及政府协商失信等诸多问题。因此,探索新媒体推动公民参与社会治理的实现路径具有重要的现实意义[②]。不少学者就上述几个层面展开研究,对于媒介融合背景下公民参与、传统媒体与新媒体互动、政府公民互动等内容做出回应,在宏观层面就理论基础、社会条件等问题给予关照。其中,喻国明提炼了互联网作为"高维媒介"的特点与属性,认为个人的赋权与激活是互联网对于社会的最大改变,并在此基础上论述了"个人"被激活之后,媒介生态的重构及政府角色的转换[③]。王国华和骆毅提出"互联网+"时代社会治理面临着由"线下"向"线上"扩展,以及由"线上"向"线下"延伸的两种不同趋势,应从社会治理理念的变革、政府的职能转变、信息化建设与信息安全防护、利用大数据驱动社会治理创新和着力推进"互联网+"时代的法治新常态五个方面来推进社会治理改革[④]。微观层面则聚焦于微博、微信等社交媒体,以个案探究不同主体在媒介融合时代的社会治理,伴随中国互联网的快速发展,网络问政也成为社会治理的一个新窗口。

自 2018 年以来,"媒体融合"从中央下沉至基层,县级融媒体建设已成为国家战略部署,从中央、省级到基层,自上而下地全面开展融媒体建设,成为当前"媒体融合"重要的核心任务,并且深刻地影响着基层主流媒体的地位和社会治理。推进国家治理体系和治理能力现代化,既是媒体的职责使命,也是媒体发声发展的重要机遇、媒体融合的重要把握方向。近年来,媒介融合的发展,为社会治理带来了机遇和挑战,网络治理、网络舆论场、公共危机传播、政务新媒体、县级融媒体成为研究热点,新技术(5G、大数据等)的应用,为媒介融合+社会治理带来新的研究方向。

---

① [德]尤尔根·哈贝马斯.公共领域的结构转型[M].曹卫东,王晓珏,刘北城,等译.上海:学林出版社,1999:86.
② 朱江丽.新媒体推动公民参与社会治理:现状、问题与对策[J].中国行政管理,2017(06):49-53.
③ 喻国明,马慧.关系赋权:社会资本配置的新范式——网络重构社会连接之下的社会治理逻辑变革[J].编辑之友,2016(09):5-8.
④ 王国华,骆毅.论"互联网+"下的社会治理转型[J].人民论坛·学术前沿,2015(10):39-51.

第三节 媒介融合相关社会问题

一、信息茧房与回声室效应

"信息茧房"(Information Cocoon)最早由哈佛大学法学院教授凯斯·桑斯坦(Cass R. Sunstein)在其2006年出版的著作《信息乌托邦》(*Infotopia*)一书中提出,其内涵是指,我们(信息传播中的用户)只关注自己选择的内容、使自己感到安慰和愉悦的传播世界,如同作茧自缚。桑斯坦在其系列论述中常常交替使用"信息茧房"和"回声室"(Echo Chamber),而"过滤气泡(Filter Bubble)"则是由伊莱·帕理泽(Eli Pariser)于2011年提出[1]。这几种说法指向同一概念[2],用以描述在信息超负荷时代公众出现的信息偏食现象,英文学术界更常使用的是后两者。需要注意的是,信息茧房最早只是作为一种比喻提出,而非事实陈述。

桑斯坦的这一概念引发了西方学界各个领域的研究热潮。关于信息茧房的形成原因,西方学者的研究主要分为两种思路:一种关注信息技术的作用,一种关注用户自身的信息选择行为,即分别从信息平台和信息接收者两个层面展开研究。

贝歇尔(T. Bücher)通过对脸书的EdgeRank算法进行分析,认为算法会根据过往的偏好让人们接触到相似内容,这会使得用户更可能选择与自己喜好相似的内容,加重用户对周围世界的特定认知、强化固有偏见[3]。然而,用户自身的作用不可忽视。早在互联网出现以前,拉扎斯菲尔德等人关于政治选民的研究中就显示出了选择性接触的现象[4]。

然而,近年西方大部分研究都显示,使用社交媒体和算法推荐App的人,并没有明显出现视野变窄的现象,大多数人阅读的内容依然有相当的多样性。

首先,"社交媒体和算法推荐机制导致回声室效应"这一判断成立的一个重要前提是,我们只会点击我们熟悉的、赞同的内容,但在现实中,这个前提过于简化。因为人并不是机械呆板的工具,除了接触自己认同的内容,我们还会注意到那些新颖奇特、超出预料的内容。杜布瓦、布兰克(Dubois & Blank)认为,人们对于信息回声室效应的担忧被夸大了,他们通过实证研究发现,那些对政治感兴趣的读者,实际上会受到好奇心的驱使,去消费更多样的内容,视野并不会受限[5]。另有研究发现,用户在社交媒体上的新闻消费呈现怀疑主义和日常实用主义结合的悖论[6]。这呼应了亨利·詹金斯(Henry Jenkins)提出的

---

[1] Eli Pariser. The Filter Bubble: What The Internet Is Hiding From You[M]. London: Penguin, 2011.

[2] 彭兰.人人皆媒时代的困境与突围可能[J].新闻与写作,2017(11):64-68.刘凯.破解政策传播的"回声室效应"[J].青年记者,2018(13):4.

[3] Bücher T. Want to Be on the Top? Algorithmic Power and the Threat of Invisibility on Facebook[J]. *New Media & Society*, 2012, 14(7): 1164-1180.

[4] 参考:Lazarsfeld Paul F, Bernard Berelson, Hazel Gaudet. *The People's Choice: How the Voter Makes Up His Mind in a Presidential Campaign*[M]. New York: Columbia University Press, 1948.

[5] Dubois E, Blank G. The Echo Chamber is Overstated: The Moderating Effect of Political Interest and Diverse Media[J]. *Information, Communication & Society*, 2018, 21(5): 729-745.

[6] Fletcher R, Nielsen R K. Generalised Scepticism: How People Navigate News on Social Media[J]. *Information, Communication & Society* 22.12 (2019): 1751-1769.

"积极受众"和"参与式文化"等理论,即使在各种复杂的环境下,仍然存在着积极、主动的受众,他们仍在创造性地表达自己的意愿,希望能够以批判性的姿态与外部世界相连。

其次,算法作为信息茧房背后的重要机制,有多种类型,并在不断地更新迭代。常见的有"基于内容过滤"(Content-Based Filtering)和"协同过滤"(Collaborative Filtering)两种①。基于内容过滤是基于用户兴趣与内容特征的相似度的匹配,推荐结果往往与用户过去喜欢的内容具有相关性。协同过滤也被称为最小邻域算法(Nearest Neighborhood Algorithm)②,是一种利用群体智慧的推荐方式,可细分为两类,一种是基于用户的(user-based),也即计算用户之间的相似性,如果用户 A 和用户 B 的行为类似或兴趣相近,那么 A 喜欢的内容,B 很有可能也喜欢。另一种是基于事物的(item-based),也即计算事物之间的相似性,如果事物 C 和事物 D 总是被同一个用户阅读,则默认二者之间有更大的相关性,那么喜欢 C 的人,可能也会喜欢 D。

2014 年,明尼苏达大学计算机系的几位研究者发表了第一篇针对算法推荐系统在用户层面的过滤气泡效应的实证研究。研究发现,基于内容过滤的算法可能会比较严重地窄化用户的视野,但协同过滤算法则不会,因为它依据的不是你之前看了什么,而是和你相似的其他人喜欢什么,这反而有助于用户打开视野,探索更多样的内容③。另一项 2018 年的研究通过分析 1000 名丹麦脸书用户在 14 天内的时间线数据发现,算法排序的社交媒体平台上并不存在很严重的回声室现象④。至少现在,人们还不可能生活在一个绝对的信息茧房中,因为人们很难完全避免观点不一致的内容⑤。加勒特(Garrett)认为,回声室的说法的某些方面是确实的,但是研究者更多是夸大了基于政治观点选择信息的程度。2019 年,他基于现实论据,论证了尽管信息的个人化程度越来越高,但大多数美国人仍然接触到了各种各样的信息,包括与自己的政治观点相冲突的信息。⑥ 但有学者认为,目前的个性化推荐算法的确会在一定程度上以正反馈形式强化选择性心理。在需要公共对话的时候,人们会缺乏共同的"视角",共识难以形成。同时,信息环境的封闭与狭隘,也可能会进一步固化人们的某些观点与立场。⑦

此外,也有学者提出研究中存在对"信息茧房"的误解和滥用。陈昌凤等强调,尚未有

---

① Maruti Techlabs. How Do Recommendation Engines Work? What are the Benefits? [EB/OL].[2021-05-13]. https://marutitech.com/recommendation-engine-benefits.

② Jonathan Leban. Essentials of Recommendation Engines: Content-based and Collaborative Filtering[EB/OL]. (2020-05-11)[2021-05-13].https://towardsdatascience.com/essentials-of-recommendation-engines-content-based-and-collaborative-filtering-31521c964922.

③ Nguyen T T, Hui P-M, Harper F M, et al. Exploring the Filter Bubble: The Effect of Using Recommender Systems on Content Diversity[C]// Proceedings of the 23rd international conference on World wide web. New York: Association for Computing Machinery, 2014: 677-686.

④ Bechmann A, Nielbo K L. Are We Exposed to the Same "News" in the News Feed? An Empirical Analysis of Filter Bubbles as Information Similarity for Danish Facebook Users[J]. *Digital Journalism*, 2018: 1-13.

⑤ Zuiderveen Borgesius F J, Trilling D, Möller J, et al. Should We Worry about Filter Bubbles? [J]. *Internet Policy Review*, 2017,5(1): 1-16.

⑥ Garrett R K. Echo Chambers Online? Politically Motivated Selective Exposure among Internet News Users [J]. *Journal of Computer-Mediated Communication*, 2019,14(2): 265-285.

⑦ 彭兰.假象、算法囚徒与权利让渡:数据与算法时代的新风险[J].西北师大学报(社会科学版),2018,55(05):20-29.

足够经验研究证实信息茧房的存在,信息茧房是一个虽有衍生空间却仍然似是而非、缺乏科学证据的概念。① 林爱珺、刘运红的研究同样提出信息茧房不具有客观性和必然性。② 还有学者认为算法的不断优化和其自身纠错能力都利于打破"茧房"效应。③

喻国明等人认为,算法推荐在满足用户的特定需求时,不可避免地会限制用户信息的接触面;但在未来随着算法不断优化与迭代,"信息茧房"的问题会得到弱化或解决。④ 基于公共领域的本质特性,新闻传播学对信息茧房的隐忧和批判明显多于其他领域,但同时也存在着相当的误解。信息茧房是海量信息差异化的必然结果,是"独异性"社会的外在表现之一。算法推送是有效内容传播的大势所趋,但算法推送在不断优化和学习的过程中正在因遵循"工程传播"的逻辑而遭遇伦理困境,须从更复杂的"人类传播"层面优化设计,不断探索算法模型的复杂性与系统性可能⑤。

二、虚假信息泛滥与信息治理

虚假信息(Disinformation)与其他有害信息具有一定差别。学者费泽(Fetzer)指出,"错误信息"(Misinformation)可以被简单定义为错误或误导性信息,而"虚假信息"指的是以误导、欺诈、迷惑他人为目的,故意、有的放矢地发布、传播错误或误导性信息。⑥ 哈佛大学肯尼迪政府学院的学者克莱尔·沃德(Claire Wardle)从信息的危害性和虚假性两个维度,区分了错误信息(Misinformation)、虚假信息(Disinformation)和恶意信息(Malinformation)。他认为,错误信息是无意中被分享的失实信息,恶意信息指通过分享真实信息而造成"二次伤害"的情况,通常发生在个人隐私被暴露在公共空间的情况下,而虚假信息是指故意编造的具有潜在危害性和误导性的信息。虚假信息因其传播的广泛性、危险性和伤害性被称为"有毒的后真相",因而备受关注。⑦ 具体而言,虚假信息的典型案例包括:欺骗性广告(商业或政治领域)、政府宣传、合成照片(doctored photographs)、伪造文件、假地图、网络欺诈、虚假网站以及操纵过的维基百科条目(manipulated Wikipedia entries)等。⑧ 法里斯(Fallis)总结归纳了虚假信息的三个特征:第一,虚假信息也是一种信息,它具有信息的基本特质;第二,虚假信息是一种误导性信息,它有可能造成人们认知上的错误;第三,虚假信息是被刻意制造出来的,而正是这个特征将其与错误信息区别开来。⑨

---

① 陈昌凤,仇筠茜."信息茧房"在西方:似是而非的概念与算法的"破茧"求解[J].新闻大学,2020(01):1-14+124.
② 林爱珺,刘运红.智能新闻信息分发中的算法偏见与伦理规制[J].新闻大学,2020(01):29-39+125-126.
③ 孙少晶,陈昌凤,李世刚,等."算法推荐与人工智能"的发展与挑战[J].新闻大学,2019(06):1-8+120.
④ 喻国明,韩婷.算法型信息分发:技术原理、机制创新与未来发展[J].新闻爱好者,2018(04):8-13.
⑤ 喻国明,曲慧."信息茧房"的误读与算法推送的必要——兼论内容分发中社会伦理困境的解决之道[J].新疆师范大学学报(哲学社会科学版),2020,41(01):127-133.
⑥ Fetzer J H. Information: Does it Have to Be True? [J]. *Minds and Machines*,2004,14(2):223-229.
⑦ Wardle C, Derakhshan H. Information Disorder: Toward an Interdisciplinary Framework for Research and Policy Making[J]. *Council of Europe report*,2017,27:1-107.
⑧ Fallis D. What is Disinformation? [J]. *Library Trends*,2015,63(3):401-426.
⑨ Fallis D. What is Disinformation? [J]. *Library Trends*,2015,63(3):401-426.

虚假信息不是新生事物,早在古罗马时期我们就可以瞥见虚假信息的雏形,正如那句名言所说。"假新闻让屋大维一劳永逸地窃取了共和制"。混合着部分事实或者完全失实的虚假信息制造出了"人为的信息融合"①,而数字时代虚假信息的与众不同之处在于,新的信息科技使得人们制造和传播虚假信息变得更为容易。② 这种信息失序(Information Disorder)的传播速度和所波及范围更是前所未有的。③ 数字媒介尤其是社交媒体使人们能够更快地通过分布式网络制造和传播不实信息。④ 黑客们借由雅虎新闻和《纽约时报》这样的新闻服务网站发布虚假新闻报道。⑤ 此外,还有些投资者被那些"冒充"有着良好声誉的信息来源——比如彭博新闻社——所欺骗。⑥ 而 2016 年的美国大选,更是成为虚假新闻泛滥的重灾区。据统计,在大选期间共有 1.59 亿人次浏览了 65 个涉嫌发布大量虚假信息的网站。⑦

　　虚假信息泛滥毫无疑问会带来毁灭性的影响。在政治方面,从合法宣传到选举操纵,各个环节泛滥的虚假信息将会带来的严重后果。一份发布于嗡嗡喂(Buzzfeed)的新闻研究发现,在美国总统竞选期间,脸书上的盛行的虚假选举报道的传播效果要强于新闻机构所发布的新闻内容。⑧ 而库森(Kusen)和斯特伦贝克(Strembeck)的研究⑨揭示了在 2016 年澳大利亚总理选举期间虚假信息令人警觉的扩散情况。在社会领域,不确定性、恐惧和种族主义的蔓延只是虚假信息带来的部分后果。在德国的研究⑩表明,通过社交媒体传播的虚假信息与针对少数族群的仇恨犯罪事件存在关联。在英国,人们错误地将欧洲移民与医疗服务系统质量下降和犯罪率失业率的提升联系在一起。⑪ 在恐怖主义和国土安

---

① Rojecki A, Meraz S. Rumors and Factitious Informational Blends: The Role of the Web in Speculative Politics[J]. *New Media & Society*, 2016, 18(1): 25-43.
② Hancock J T. Digital Deception[J]. *Oxford Handbook of Internet Psychology*, 2007: 289-301.
③ Niklewicz K. Weeding out Fake News: An Approach to Social Media Regulation[J]. *European View*, 2017, 16(2): 335-335.
④ 参考: Benkler Y, Faris R, Roberts H. *Network Propaganda: Manipulation, Disinformation, and Radicalization in American Politics*[M]. Oxford, UK: Oxford University Press, 2018.
⑤ Fiore F, Francois J. Unwitting Collaborators, part 12: Disinformation Changing Web Site Contents[EB/OL]. (2002-09-06)[2021-06-17]. http://www.informit.com/articles/article.aspx?p=29255.
⑥ Fowler B, Franklin C, Hyde R. Internet Securities Fraud: Old Trick, New Medium[EB/OL]. (2001-02-28)[2021-06-17]. http://dltr.law.duke.edu/2001/02/28/internet-securities-fraud-old-trick-new-medium.
⑦ Hawk T. Infographic: Breaking Down the Numbers Behind "Fake News"[EB/OL]. (2018-02-28)[2021-06-17]. https://ivn.us/2018/02/27/infographicbreaking-numbers-behind-fake-news.
⑧ Silverman C. This Analysis Shows How Viral Fake Election News Stories Outperformed Real News on Facebook[EB/OL]. (2016-11-16)[2021-06-17]. https://www.buzzfeednews.com/article/craigsilverman/viral-fake-election-news-outperformed-real-news-on-facebook.
⑨ Kušen E, Strembeck M. An Analysis of the Twitter Discussion on the 2016 Austrian Presidential Elections[J]. *arXiv preprint* arXiv:1707.09939, 2017-07-31.
⑩ Müller K, Schwarz C. Fanning the Flames of Hate: Social Media and Hate Crime[J]. *Journal of the European Economic Association*, 2020, jvaa045.
⑪ King's College, Ipsos MORI, UK in a Changing Europe. Brexit misperceptions[R/OL]. London: King's Collgeg London, 2018.[2021-06-17]. https://ukandeu.ac.uk/wp-content/uploads/2018/10/Brexit-misperceptions.pdf.

全方面,臭名昭著的"披萨门"事件表明,虚假信息威胁的不仅是民主,还有人的生命。①
2020年4月,趋势警报(Trend Alert)报告显示恐怖分子散布有关COVID-19的虚假信息试图煽动暴力。② 伪科学信息的传播极大地影响了人们的日常生活。在最近的新冠肺炎疫情大暴发期间广泛传播的虚假信息声称,封锁条例和保持社交距离的措施对防治疫情并没有什么帮助。③ 虚假信息泛滥同样对经济增长和个人利益造成了负面影响。根据路透社报道,将5G技术与新冠肺炎疫情联系起来的阴谋论已经导致了超过140起纵火案和袭击。④ 还有研究调查了广泛传播的金融新闻、谣言和股价变化之间的紧密联系。⑤ 虚假信息也会对企业主和消费者的利益带来威胁。虚假的评论信息正在损害前者的可信度,并影响了消费者的购买流程。⑥

虚假信息泛滥不只是技术催生的现象,它可能还与目前尚不完全清楚的社会心理因素有关。查德维克(Chadwick)等学者的报告指出,那些喜欢分享小报新闻的读者更容易转发夸大或编造的新闻。⑦ 认知心理学家的实验表明,人类在识别真假方面并没有什么优势——识别出虚假对象的成功率刚刚过半(54%)。⑧ 回声室效应也认为人类更倾向于接受与他们先前认知更为相近的信息。⑨ 除了这些流行的观点之外,学者彭尼库克(Pennycook)指出,人们之所以被假新闻俘获,是因为他们没有思考。⑩ 情绪和重复也在欺骗信息消费者的过程中发挥了作用。⑪ 罗斯林(Rosling)等人确定了10种"本能",如恐

---

① Aisch G, Huang J, Kang C. Dissecting the #PizzaGate Conspiracy Theories[EB/OL].(2016-12-10)[2021-06-17].https://www.nytimes.com/interactive/2016/12/10/business/media/pizzagate.html. Starbird K, Maddock J, Orand M, et al. Rumors, False Flags, and Digital Vigilantes: Misinformation on Twitter after the 2013 Boston Marathon Bombing[J]. *iConference* 2014: 655-662.
② Wallner C, White J. The Far-right and Coronavirus: Extreme Voices Amplified by the Global Crisis[EB/OL].(2020-04-30)[2021-06-17]. https://rusi.org/commentary/far-right-and-coronavirus-extreme-voices-amplified-global-crisis.
③ Lynas M. COVID: Top 10 Current Conspiracy Theories—Alliance for Science[EB/OL].(2020-04-20)[2021-06-17].https://allianceforscience.cornell.edu/blog/2020/04/covid-top-10-current-conspiracy-theories.
④ Chee F. Combat 5G COVID-19 Fake News, Urges Europe[EB/OL].(2020-06-03)[2021-06-17]. https://www.reuters.com/article/us-eu-telecoms-5g/combat-5g-covid-19-fake-news-urges-europe-idUSKBN2392N8.
⑤ Bollen J, Mao H, Zeng X. Twitter Mood Predicts the Stock Market[J]. *Journal of Computational Science*, 2011, 2(1): 1-8.
⑥ Valant J. Online consumer reviews: The Case of Misleading or Fake Reviews[J]. *European Parliamentary Research Service*, 2015(10): 1-10.
⑦ Chadwick A, Vaccari C, O'Loughlin B. Do Tabloids Poison the Well of Social Media? Explaining Democratically Dysfunctional News Sharing[J]. *New Media & Society*, 2018, 20(11): 4255-4274.
⑧ Bond Jr C F, DePaulo B M. Accuracy of Deception Judgments[J]. *Personality and Social Psychology Review*, 2006, 10(3): 214-234.
⑨ Dutton W H, Reisdorf B, Dubois E, et al. Social Shaping of the Politics of Internet Search and Networking: Moving Beyond Filter Bubbles, Echo Chambers, and Fake News[J]. *Quello Center Working Paper* No.2944191, 2017.
⑩ Pennycook G, Rand D G. Lazy, Not Biased: Susceptibility to Partisan Fake News is Better Explained by Lack of Reasoning than by Motivated Reasoning[J]. *Cognition*, 2019, 188: 39-50.
⑪ Pennycook G, Cannon T D, Rand D G. Prior Exposure Increases Perceived Accuracy of Fake News[J]. *Journal of Experimental Psychology: General*, 2018, 147(12): 1865.

惧、紧迫感和消极性等,这些本能会导致人们相信虚假信息,并形成扭曲的世界观。①

2020年2月,世界卫生组织警示了可能暴发的"信疫"(infodemic):过量真假难辨的信息会使得人们在真正需要的时候很难找到可信任的信息来源和可依赖的决策指南。对于信疫,世卫组织的应对策略的是将技术部门与社交媒体运营团队对接,及时回应各种谣言与虚假信息。②

虚假信息的治理将是一个长期而复杂的过程,有赖于多个方面的合力。一是政府对相关制度体系的完善;二是平台对于虚假信息治理技术、治理能力的提升;三是用户媒介素养和信息素养的提高;四是更多的专业媒体、机构加入到事实核查的队伍中来。

三、平台资本主义与数字劳工

平台和平台化是当代信息社会不可回避的现实议题,作为社会科学和人文学科新阵地的平台研究(Platform Studies)试着将技术可供性(technical affordances)和人的动态关系理论化③,探讨这些要素如何塑造了各个社会的平台化进程。较之先前的互联网政治经济学研究,平台研究更强调平台依赖数据、依赖算法等技术特征。但平台本身并非单纯技术发展的结果,平台的发展紧密镶嵌于全球资本流通的脉络,是资本主义在当代扩张的新手段。

2016年,当代左翼加速主义(Accelerationism)的奠基者尼克·斯尔尼塞克(Nick Srnicek)在《平台资本主义》(*Platform Capitalism*)中创造了这一全新概念,他认为数字资本主义正通过平台开展新的剥夺,平台成为数字时代资本主义攫取权力和利润的堡垒。斯氏将平台定义为"数字的基础设施,它可以让两个或更多的群组发生互动。因此,平台将自己作为中介,让不同的用户汇集在一起:顾客、广告商、提供服务的商家、生产商、供应商,甚至物质对象。平台往往还有一些工具,让用户可以建造他们自己的产品、服务和市场"。他认为,平台构成的数据网络实际上具有社会性和公共性,但由于其被少数的资本主义企业垄断性占有,于是就演变成为平台资本主义。④

平台资本主义(Platform Captialism)被普遍认为是资本主义更加深入集约化的体现,它直接依赖于两个方面:数字基础设施的性质和网络的本质。具体而言,它可以被理解为一种新的数字经济流通形式,这种流通形式在许多数字经济生态中显而易见。兰利(Langley)和莱森(Leyshon)归纳了五种平台资本主义的表现形式:在线交易市场、社交媒体和UGC平台、共享经济、众包平台以及众筹和P2P借贷平台。⑤ 平台资本主义由稳

---

① 参考:Rosling H,Rosling O,Rönnlund A R. Factfulness:Ten Reasons We're Wrong About the World—and Why Things Are Better Than You Think[M]. New York:Flatiron Books,2018.

② World Health Oraganization. Novel Coronavirus(2019-nCoV) Situation Report - 13[EB/OL].(2020-02-02)[2021-06-17].https://www.who.int/docs/default-source/coronaviruse/situation-reports/20200202-sitrep-13-ncov-v3.pdf.

③ Gillespie T. The Politics of 'Platforms'[J]. *New Media & Society*,2010,12(3):347-364. Langlois G,Elmer G. The Research Politics of Social Media Platforms[J]. *Culture Machine*,2013.

④ Srnicek N. *Platform Capitalism*[M]. Hoboken:John Wiley & Sons,2017.

⑤ Langley P,Leyshon A. Platform Capitalism:The Intermediation and Capitalization of Digital Economic Circulation[J]. *Finance and Society*,2017,3(1):11-31.

定的中介平台(如脸书和谷歌)为他人提供存储、导航和传播数字内容。这些中介——数字平台——可以被看作是提供杠杆的、持久性的和可见性的技术和物质阶段。施瓦茨(Schwarz)认为,平台资本主义是资本主义在数字经济时代的一种发展趋势,其具有本质性的垄断控制的倾向。① 学者帕斯夸里(Pasqual)总结了当前学界存在的两种关于平台资本主义的叙事模式(见表 7.2)。② 帕斯夸里认为,由新自由主义经济学家主导的过度简化的传统叙事扭曲了平台资本主义的真实样貌,反叙事为我们提供了全面认知的新路径:数字平台在日益分层的经济中再次发挥了资本积累的作用。③

表 7.2 学界关于平台资本主义的叙事模式

传统叙事(Conventional Narrative)	反叙事(Counternarrative)
平台通过使服务提供商能够以较低的成本进入这些市场来促进更公平的劳动	平台通过减少工作者的议价能力和雇佣关系的稳定性,固化了现有的不平等和不稳定的劳工市场
通过增加交通、住房以及其他市场的服务提供者,平台减少了就业歧视带来的影响	通过可以揭示使用者种族的基于图片的个人资料以及姓名,对客户进行识别,平台强化了歧视现象。评级和打分系统同样会加深偏见
由于现有供应商的政治联系,平台监管机构可能会反映这些供应商的偏向与兴趣(如出租车和酒店)	大平台现在拥有非常多的资源,它们可以通过自己的游说轻易瓦解掉支离破碎且彼此不协调的供应商们
大平台能够获取如此大的市场份额是由于其自身的服务质量	大平台能够获取如此大的市场份额是因为运气、先发优势、互联网的影响、政治游说、战略缺乏监管以及量化宽松政策带来的低投资成本
通过将未就业及未充分就业者引入劳动力市场,平台促进了经济增长	平台通过降低工资来破坏经济增长,因为工人们通过索取比竞争对手更低的工资来争抢平台提供的临时工作
平台将工作细分为任务模块,增加了灵活性,使得工人能够按照自己的节奏工作	低酬劳的临时工作和计件工作迫使工人为了防止错失工作机会不断地处于"等待任务"的状态之中
通过使用数据驱动的用户配置文件,平台可以迅速为用户匹配最合适的工作人员。	当偶然或不可预测的选择被有效地隐藏或遮蔽时,用户或许会经历平台中介所带来的损失

针对平台资本主义带来的挑战,斯尔尼塞克指出④,平台的商业模式基于对数据的贪求,而这种贪欲只能通过无视隐私权(通常是工人的权利)和不断地向外扩张来满足。斯尔尼塞克以谷歌、脸书和亚马逊为例,认为在提取数据的激烈竞争压力下,完全不同领域的公司正聚合在一起,最终的结果就是形成了一个横跨众多领域的巨无霸平台;由于平台营造网络效应的能力,一个平台的用户越多,该平台的价值也倍增。平台的垄断性质使得

---

① Schwarz J A. Mastering One's Domain: Some Key Principles of Platform Capitalism [R/OL]// Tinius Trust. Tinius Trust Annual Report 2015: Future Platforms for Independent Journalism. Oslo: Tinius Trust: 2016.[2021-06-17].https://tinius.com/wp-content/uploads/2017/07/Tinius-Trust-Annual-Report-2015.pdf.
② Pasquale F. Two Narratives of Platform Capitalism[J]. *Yale L. & Pol'y Rev.*,2016,35:309.
③ Pasquale F. Two Narratives of Platform Capitalism[J]. *Yale L. & Pol'y Rev.*,2016,35:309.
④ Srnicek N. The Challenges of Platform Capitalism: Understanding the Logic of a New Business Model[J]. *Juncture*,2017,23(4):254-257.

竞争对手几乎无法挑战——无论这些平台是由政府支持还是劳工所有的合作式平台。也有学者更为务实地提出了"平台合作主义"(Platform Cooperativism)①的概念。平台合作主义者认为,全面抵制平台化的发展趋势是不现实的,更为可行的方案是通过改变所有权、建立民主治理、振兴团结秩序等方式来逐步解决平台资本主义的种种弊病。

作为数字资本主义的新形式,平台资本主义从诞生伊始就与数字劳工概念紧密联系在一起。有研究认为平台媒介是一种以数据为资源、以"数字劳动"为生产力,以及以互联网"价值网"为结构的新的利益循环网络模式。② 也有学者通过对脸书的实证研究发现,社交平台从用户自由劳动(Free Labour)生成的信息中提取租金。③ 传播政治经济学派认为,为了解决自身的结构性危机,全球发达资本主义从传统制造业转向信息业和服务业,数字媒体在此过程中成为核心驱动力。数字时代的到来,极大改变了资本主义的生产方式和劳动方式,"数字劳工"(Digital Labour)问题也成为学界研究的重点。

对于数字劳工概念还没有公认的定义。当前学界讨论的"数字劳工"议题主要包含以下两类范式:第一类"数字劳工"概念主要指模糊了产消者界限的自由劳动者或"玩工"(Playbour)。蒂兹纳·特拉诺瓦(Tiziana Terranova)是较早关注"数字劳工"问题的学者之一④,他借用巴布鲁克(Barbrook)提出的"高科技礼品经济"的概念,即人们"出于寻求与人合作的劳动乐趣"⑤进行网络信息的生产与传播,批判性地提出"自由劳动"这一双关概念并对"数字劳工"进行了初步的定义和阐释。此后一大批国外学者聚焦互联网媒体用户的无偿劳动,并对其冠以了不同的名称,如"玩工"⑥"影子工作"(Shadow Work)等。⑦ 乔纳森·波斯顿(Jonathan Burston)等学者认为,"数字劳动"是一个模糊了劳动和生活、工作和玩乐界限的范畴,它可以用于分析数字媒体用户日常生活中诸多不同的方面,因此也是一种模糊了"工人、作者和公民"不同社会角色界限的劳动。⑧ 肖尔茨(Scholz)提出,对于数字劳工而言,互联网既是游乐场也是工厂,除了传统的工资劳动外还有无规律的自由免费劳动,如个体消耗在社交网络上的创造性工作。⑨

布莱斯·尼克松(BriceNixon)在《数字时代"受众劳动"的政治经济学》(*Toward A*

---

① Scholz T. Platform Cooperativism [J]. *Challenging the Corporate Sharing Economy*. New York: Rosa Luxemburg Foundation, 2016.

② 蔡润芳.平台资本主义的垄断与剥削逻辑——论游戏产业的"平台化"与玩工的"劳动化"[J].新闻界,2018(02):73-81.

③ Fumagalli A, Lucarelli S, Musolino E, et al. Digital Labour in the Platform Economy: The Case of Facebook [J]. *Sustainability*, 2018, 10(6): 1757.

④ Terranova T. Free Labor: Producing Culture for the Digital Economy[J]. *Social Text*, 2000, 18(2): 33-58.

⑤ Barbrook, Richard, Cameron A. Californian Ideology[C]//Ludlow Peter. *Crypto Anarchy, Cyberstates, and Pirate Utopias*. Cambridge, MA: MIT Press, 2001: 363-387.

⑥ Kücklich J R. Precarious Playbour: Modders and the Digital Games Industry[J]. *The Fibrec Ulture Journal*, 2005(5).

⑦ [美]克雷格·兰伯特.无偿:共享经济时代如何重新定义工作[M].孟波,李琳译.广州:广东人民出版社,2016.

⑧ Burston J, Dyer-Witheford N, Hearn A. Digital Labour: Workers, Authors, Citizens [J]. *Ephemera: Theory & Politics in Organization*, 2010, 10(3/4): 214-221.

⑨ 参考:Trebor Scholz. *Digital Labor: The Internet as Playground and Factory*[M]. New York: Routledge, 2012.

Political Economy of 'Audience Labour' in the Digital Era)①中指出，今天的数字媒体平台的利润来源于受众劳动，但是受众劳动的产品不仅仅是非物质的"文化意义"，更是所谓"大数据"的生产者，它使得每一位受众都能够被精准画像而出售给广告商。从这个角度出发，达拉斯·斯迈思(Dallas Smythe)的经典阐述"受众商品论"依然对数字时代的媒介消费方式有着强劲的说明力。文森特·曼泽洛尔(Vincent Manzerolle)②强调了斯迈思对"意识产业"制度联合体阐述的意义，正是这一产业联合体让受众实现了自我商品化。互联网驱动的移动设备通过对日常生活的殖民化，成为雇佣劳动和无酬劳动之间的"物质表达"，并生产出区别于传统大众传媒受众的"产消者商品"，"闭合了信息生产和消费之间的循环"，实现了"产消合一"。作为互联网政治经济学派颇具代表性的人物，克里斯蒂安·福克斯(Christian Fuchs)总结了商业资本剥削"数字劳工"的三种方式：其一，强迫性：随着日常交流与社会关系的网络化和数字化，人们对互联网逐渐形成了媒介依赖；其二，异化：互联网公司而非用户自身占有平台，并从中获取利润；其三，产消者的双重商品化：使用者本身是一种商品，使用者产生的信息也成为商品。③

第二类关于"数字劳工"概念的讨论，基本围绕着桑多瓦尔·马里索尔④的定义展开，指将信息与通信技术(ICTs)和数字技术作为生产资料的脑力和体力劳动者、生产者和使用者。姚建华认为，"劳心"和劳力两类劳动并不存在完全对立的关系，两者同等适用于数字劳动的分析；从更广阔的人类劳动的视角出发，数字劳动者不仅涵盖了数字信息技术的使用者，同时也包括了活跃于"生产后端"的劳动者们，包括富士康流水线上的工人、网约车司机、进行软件开发的程序员等。⑤ 邱林川从"i奴"这一概念出发，对中国电子制造业的劳工进行了民族志的考察分析，揭示了以苹果公司为代表的跨国数字资本主义的资本积累与循环体系。⑥ 也有学者将视线投射到被长期忽视的女性从业者身上，通过对多名女性信息传播技术工作者的问卷调查和深度访谈，卡伦娜·穆尔(Karenza Moore)等学者指出，虽然信息传播技术的外包实践和全球再定位、混合性/桥梁纽带成为信息传播技术职业的核心特征，客观上为女性带来了更多的就业机会，但"技术的男性化特征"却依旧顽固。⑦

---

① Nixon B. Toward A Political Economy of 'Audience Labour' in the Digital Era[J]. *tripleC*：*Communication，Capitalism & Critique*，2014，12(2)：713-734.

② Manzerolle V. Mobilizing the Audience Commodity：Digital Labour in A Wireless world[J]. *Ephemera*：*Theory & Politics in Organization*，2010，10(4)：455.

③ Fuchs C. Dallas Smythe Today-The Audience Commodity，the Digital Labour Debate，Marxist Political Economy and Critical Theory[J]. *tripleC*：*Communication，Capitalism & Critique*，2012，10(2)：692-740.

④ Sandoval M. Foxconned Labour as the Dark Side of the Information Age：Working Conditions at Apple's Contract Manufacturers in China[J]. *tripleC*：*Communication，Capitalism & Critique*，2013，11(2)：318-347.

⑤ 姚建华，徐偲骕.全球数字劳工研究与中国语境：批判性的述评[J].湖南师范大学社会科学学报，2019，48(05)：141-149.

⑥ 邱林川.告别i奴：富士康、数字资本主义与网络劳工抵抗[J].社会，2014，34(04)：119-137.

⑦ Moore K，Griffiths M，Richardson H，et al. Gendered Futures? Women，the ICT Workplace and Stories of the Future[J]. *Gender，Work & Organization*，2008，15(5)：523-542.

此外,脸书对使用者的剥削与劳动异化①、博客网站的吸纳机制②、亚马逊与Mechanical Turk 等网站的商业运作③、中国网络字幕组的无偿劳动④,以及众包(Croedsourcing)等结构型变革对软件开发工作的改变⑤等问题,也是媒介融合背景下的"数字劳工"现状。

四、信息资源配置失衡与数字鸿沟

信息资源的概念出现于 20 世纪 70 年代末,可分为核心信息资源与支持性信息资源两方面。核心信息资源是指有序组织的信息集合;支持性信息资源是指信息在交流、处理和传输过程中不可缺少的相关要素,包括信息工具、设备和网络等⑥。

1980 年,联合国教科文组织(UNESCO)的"国际传播问题研究委员会"发布了《多种声音,一个世界》(Many Voices, One World)报告,这份报告基于对世界信息基础组织结构和传播资源的调查研究,提出了全球范围内的信息传播不平衡现象,认为个别传播大国对世界信息传播系统的支配是推行文化帝国主义的过程,而发展中国家的牵制和反抗是抵制文化侵略的过程,并强烈呼吁建立国际信息新秩序。⑦。

信息资源配置失衡正是形成数字鸿沟(Digital Divide)的一个重要原因。数字鸿沟是在全球数字化进程中,不同国家、地区、行业、企业、人群之间,由于对信息、网络技术的占有和应用程度不同所造成的"信息落差""知识分隔"和"贫富分化"问题。⑧该领域研究属于对数字时代信息通信技术(Information and Communications Technology,ICT)接入和使用不平等的研究,经历了三代发展。⑨

第一代研究的核心内容是拥有者(Haves)和缺乏者(Have-nots)⑩在接入 ICT 方面存在的鸿沟,即"接入沟"。学者们认为数字鸿沟是关于信息拥有者和信息缺乏者之间的区隔,是一种非此即彼的概念,要么能接入 ICT,要么不能接入。⑪。

---

① Fisher E. How Less Alienation Creates More Exploitation? Audience Labour on Social Network Sites[J]. tripleC:Communication, Capitalism & Critique,2012,10(2):171-183.

② Dean J. Whatever Blogging[M]// Trebor Scholz. Digital Labor:The Internet as Playground and Factory. New York:Routledge,2012:135-154.

③ Aytes A. Return of the Crowds:Mechanical Turk and Neoliberal States of Exception[M]// Trebor Scholz. Digital Labor:The Internet as Playground and Factory. New York:Routledge,2012:87-105.

④ 胡琦珍.中国字幕组与新自由主义的工作伦理[J].新闻学研究,2009(101):177-214.

⑤ Bergvall-Kåreborn B,Howcroft D. "The Future's Bright, the Future's Mobile":A Study of Apple and Google Mobile Application Developers[J]. Work, Employment and Society,2013,27(6):964-981.

⑥ 周毅.论信息资源配置的理想状态及其控制[J].图书情报工作,2003(11):36-41.

⑦ International Commission for the Study of Communication Problems. Many Voices, One World:Towards a New More Just and More Efficient World Information and Communication Order[R]. Paris:UNESCO,1980.

⑧ 胡延平.跨越数字鸿沟:面对第二次现代化的危机与挑战[M].北京:社会科学文献出版社,2002.

⑨ 闫慧,孙立立.1989 年以来国内外数字鸿沟研究回顾:内涵、表现维度及影响因素综述[J].中国图书馆学报,2012,38(05):82-94.

⑩ National Telecommunications and Information Administration. Falling Through the Net:Defining the Digital Divide[R]. Washington,D.C.:NTIA,1999.

⑪ O'hara K,Stevens D. Inequality.com:Power, Poverty and Digital Divide[M]. Oxford,UK:Oneworld Publications,2006.

第二代研究的话语除接入信息通信技术外,还纳入ICT素养和培训方面、ICT利用水平方面的鸿沟等,即"使用沟"①。乔尔·库珀(Joel Cooper)等人将数字鸿沟的内涵从"接入技术"扩展到利用技术的技能与培训形成的沟壑②。皮帕·诺里斯(Pippa Norris)将数字鸿沟划分为三种类型:全球性数字鸿沟,即国家之间的信息技术不平等;社会鸿沟,即同一国家内信息富有者和贫穷者之间接入信息技术的差异;民主鸿沟,即在网络社区中利用信息资源参与公共生活的差异。③

第三代研究重点从接入沟和使用沟拓展到效果层面的"知识沟"。韦路,张明新等研究指出数字技术的接入和使用差异会导致公众在政治知识上的鸿沟。④ 关于数字时代信息资源和知识的鸿沟,超越了信息通信技术的分析层面。赖茂生指出数字鸿沟不仅是信息技术发展和应用方面的差距,更是"信息与知识获取和利用能力的差距"⑤。

需要注意的是,数字鸿沟是一个结果而非原因。影响数字鸿沟的因素有很多,从宏观角度来看,数字鸿沟反映的是全球区域性发展不平衡导致的信息技术接入与使用等差距,其影响因素涉及政治、经济、社会、文化等层面。从社会分化、社会排斥、社会不平等的角度来看,数字鸿沟是这些传统两极化问题在数字时代的延续。简·斯图亚特(Jan Steyaert)将社会分层引入数字鸿沟研究中,在他看来,数字鸿沟就是信息技术所反映的社会分层现象。⑥

从中微观角度来看,数字鸿沟的影响因素则集中在与用户自身相关的人口统计因素⑦。范·戴克、哈克(Van Dijk, Hacker)通过对美国和欧洲的社会调查数据进行纵向研究,发现收入是影响互联网访问的最关键因素,但收入对互联网使用没有显著影响;此外,年龄和性别是影响互联网技能和互联网使用的两大关键因素⑧。海特(Haight)等人针对人口统计变量对个体接受新型社交网站的差异性进行了探究,结果显示,社会收入、教育程度、地理位置及年龄的不平等,均会影响个体对社交网站的接受;且随着社交网站的使用及个体在线活动形成差异,数字鸿沟问题不仅不会消失,甚至呈现逐渐扩大的趋势。⑨ 柯惠新等人认为数字鸿沟不仅是国际穷国和富国之间的差异,也是城市与农村之间、不同

---

① Attewell P. The First and Second Digital Divides[J]. *Sociology of Education*, 2001, 74(3): 252-259.
② Cooper J, Weaver K D. *Gender and Computers: Understanding the Digital Divide*[M]. Mahwah: Lawrence Erlbaum Associates, Inc., 2003.
③ 参考: Norris P. *Digital Divide: Civic Engagement, Information Poverty, and the Internet Worldwide*[M]. Cambridge, UK: Cambridge University Press, 2001.
④ 韦路,张明新.第三道数字鸿沟:互联网上的知识沟[J].新闻与传播研究,2006(04):43-53+95.
⑤ 赖茂生.信息化与数字鸿沟[J].现代信息技术,2000(12).
⑥ Steyaert J. Inequality and the Digital Divide: Myths and Realities[M]//Hick S F, Mcnutt J G. *Advocacy, Activism, and the Internet: Community Organization and Social Policy*. Chicago: Lyceum Books, Inc., 2002: 199-212.
⑦ 朱莎,杨浩,冯琳.国际"数字鸿沟"研究的现状、热点及前沿分析——兼论对教育信息化及教育均衡发展的启示[J].远程教育杂志,2017,35(01):82-93.
⑧ Van Dijk J, Hacker K. The Digital Divide as a Complex and Dynamic Phenomenon[J]. *The Information Society*, 2003, 19(4): 315-326.
⑨ Haight M, Quan-Haase A, Corbett B A. Revisiting the Digital Divide in Canada: The Impact of Demographic Factors on Access to the Internet, Level of Online Activity, and Social Networking Site Usage[J]. *Information, Communication & Society*, 2014, 17(4): 503-519.

社群之间的差异①。数字鸿沟关注点已不再局限于国家和地区之间,而是观照到不同社群在信息资源上的失衡现象。

例如,男女识字率的巨大差距,是造成当今时代两性不平等的原因之一,而信息资源配置的不平等又加深了这份差距②。希尔伯特(M. Hilbert)对12个拉丁美洲国家和13个非洲国家的女性使用互联网的情况进行调查分析,结果发现:由于工作、收入、教育程度等因素的影响,女性很少访问并使用互联网;然而,当这些因素被控制后,女性比男性更积极地使用信息技术工具。③ 国内的一项实证研究发现,我国东北农村地区在性别维度上存在数字接入鸿沟,男性数字接入平均水平显著高于女性,这反映了当地"男主外女主内"的家庭权力结构④。数字鸿沟中的性别因素越来越受到重视,2012年国际电信联盟(International Telecommunication Union,ITU)将世界电信日活动主题定为"信息通信技术中的女性"。时任联合国秘书长潘基文在致辞中呼吁各界为弥合数字鸿沟和性别差距而努力。⑤

老年人作为信息弱势群体中的代表,在全球社会数字化进程中愈发受到关注。国际电信联盟2021年5月发布的一份报告 Ageing in a Digital world—from Vulnerable to Valuable 指出,尽管社会整体越来越精通科技(tech-savvy),但老年人和年轻人之间仍然存在明显的数字鸿沟;报告还论述了两个相互促进的全球大趋势——数字技术的涌现和人口老龄化,预计这两个趋势将在世界范围内带来重要的社会经济变化⑥。有学者提出"数字代沟"概念,作为数字鸿沟的一个分支,即存在较大年龄差距的群体之间的数字鸿沟,或称作代际数字鸿沟。⑦ 年长者通常很难像年轻人那样"自然而然"地接受和使用新技术。⑧ 在社会层面,数字接入、使用和素养随年龄依次递减的趋势清晰且一致;但是深入到家庭内部,却可以发现子代、亲代和祖代的差异并非简单递减,家庭关系与家庭身份微妙地干预着人们的数字接入、使用和素养。⑨ 个体特征上处于弱势(年龄大、教育程度低、女性、自我效能感低、心理障碍多)但在家庭结构中位居核心(与家人互动频繁深入且关系亲密)的人更有可能接受数字反哺。⑩

---

① 柯惠新,王锡苓.亚太五国/地区数字鸿沟及其影响因素分析[J].现代传播,2005(04):88-94.

② Raveesh S. Digital Divide - "Haves" and "Have-Nots": A Modern Inequality of 21st Century[J]. *European Academic Research*,2013,1(7):1753-1769.

③ Hilbert M. Digital Gender Divide or Technologically Empowered Women in Developing Countries? A Typical Case of Lies, Damned Lies, and Statistics[J]. *Women's Studies International Forum*,2011,34(6):479-489.

④ 刘思酉,葛东坡,张华麟.东北农村地区"数字鸿沟"层次结构及弥合策略[J].黑龙江社会科学,2021(02):53-60+127.

⑤ International Telecommunication Union. Theme 2012: "Women and Girls in ICT"[EB/OL].(2012-05-17)[2021-05-13]. https://www.itu.int/en/wtisd/2012/Pages/theme.aspx.

⑥ International Telecommunication Union. Ageing in a digital world - from vulnerable to valuable[R/OL]. Geneva: ITU,2021.[2021-06-02].https://www.itu.int/pub/D-PHCB-DIG_AGE-2021.

⑦ 吴士余.解读数字鸿沟——技术殖民与社会分化[M].上海:上海三联书店,2003.

⑧ Loges W, Jung J. Exploring the Digital Divide. Internet Connectedness and Age[J]. *Communication Research*,2001,28(4):536-562.

⑨ 周裕琼,林枫.数字代沟的概念化与操作化:基于全国家庭祖孙三代问卷调查的初次尝试[J].国际新闻界,2018,40(09):6-28.

⑩ 周裕琼,丁海琼.中国家庭三代数字反哺现状及影响因素研究[J].国际新闻界,2020,42(03):6-31.

思 考 题

1. 举例说明媒介融合与未成年人发展之间的关系。
2. 试说明媒介融合对成年人发展产生的影响。
3. 如何理解媒介融合对社会互动的影响?请举例说明。
4. 媒介融合对社会治理会带来哪些改变?请结合实例说明。
5. 如何理解媒介融合与信息治理之间的关系?请举例说明。
6. 为什么说信息资源配置失衡会产生数字鸿沟?面对数字鸿沟请谈谈你的看法。

主要参考文献

1. [美]安德鲁·查德威克.互联网政治学:国家、公民与新传播技术[M].任孟山译.北京:华夏出版社,2010.
2. [美]保罗·莱文森.手机挡不住的呼唤[M].何道宽译.北京:中国人民大学出版社,2004.
3. [美]彼得·伯格,托马斯·卢克曼.现实的社会构建[M].汪涌译.北京:北京大学出版社,2009.
4. [美]C.赖特·米尔斯.社会学的想象力[M].李康译.北京:北京师范大学出版社,2017.
5. 何威.网众传播:一种关于数字媒体、网络化用户和中国社会的新范式[M].北京:清华大学出版社,2011.
6. 胡延平.跨越数字鸿沟:面对第二次现代化的危机与挑战[M].北京:社会科学文献出版社,2002.
7. [英]库尔德利.媒介、社会与世界:社会理论与数字媒介实践[M].何道宽译.上海:复旦大学出版社,2014.
8. [美]克雷格·兰伯特.无偿:共享经济时代如何重新定义工作[M].孟波等译.广州:广东人民出版社,2016.
9. [美]罗伯特·费尔德曼.发展心理学[M].苏彦捷,等译.北京:机械工业出版社,2017.
10. 赖茂生.信息化与数字鸿沟[J].现代信息技术,2000(12).
11. [美]尼古拉斯·克拉斯塔基斯,詹姆斯·富勒.大连接:社会网络是如何形成的以及对人类现实行为的影响[M].北京:中国人民大学出版社,2012.
12. [英]尼克·库尔德里.媒介仪式[M].崔玺译.北京:中国人民大学出版,2016.
13. [美]唐·伊德.技术与生活世界[M].韩连庆译.北京:北京大学出版社,2012.
14. 韦路,张明新.第三道数字鸿沟:互联网上的知识沟[J].新闻与传播研究,2006(04).
15. 吴士余.解读数字鸿沟——技术殖民与社会分化[M].上海:上海三联书店,2003.
16. [美]约翰·V.帕夫利克.新闻业与新媒介[M].北京:新华出版社,2005.
17. 乐国安,曹晓鸥.K.W.Schaie 的"西雅图纵向研究"——成年人认知发展研究的经典模式[J].南开学报,2002(04):79-87.
18. 闫慧,孙立立.1989 年以来国内外数字鸿沟研究回顾:内涵、表现维度及影响因素综述[J].中国图书馆学报,2012,38(05).
19. 姚建华,徐偲骕.全球数字劳工研究与中国语境:批判性的述评[J].湖南师范大学社会科学学报,2019,48(05).
20. 周笑,傅丰敏.从大众媒介到公用媒介:媒体权力的转移与扩张[J].新闻与传播研究,2009,16(05).
21. Benkler Y, Faris R, Roberts H. *Network Propaganda*: *Manipulation*, *Disinformation*, and

Radicalization in American Politics[M]. Oxford University Press, 2018.
22. Eli Pariser. *The Filter Bubble: What The Internet Is Hiding From You*[M]. London: Penguin, 2011.
23. Henry Jenkins. *Textual Poachers: Television Fans and Participatory Culture*[M]. New York: Routledge, 1992.
24. Langley P, Leyshon A. Platform Capitalism: The Intermediation and Capitalization of Digital Economic Circulation[J]. *Finance and Society*, 2017, 3(1).
25. Loges W, Jung J. Exploring the Digital Divide. Internet Connectedness and Age[J]. *Communication Research*, 2001, 28(4).
26. Norris P. *Digital Divide: Civic Engagement, Information Poverty, and the Internet Worldwide*[M]. Cambridge: Cambridge University Press, 2001.
27. O'Siochru, Sean & Girard. *Global Media Governance*[M], Oxford: Rowman and Littlefield, 2002.
28. O'hara K, Stevens D. *Inequality.com: Power, Poverty and Digital Divide*[M]. Oxford: Oneworld Publications, 2006.
29. Srnicek N. *Platform Capitalism*[M]. John Wiley & Sons, 2017.
30. Tarpley, T. Children, the Internet, and Other New Technologies. In D. G. Singer & J. L. Singer (Eds.), *Handbook of Children and the Media*[M]. Thousand Oaks, CA: Sage, 2001.

CHAPTER 8 第八章

媒介融合的未来指向

第一节 媒介融合与技术

一、媒介融合与技术演进

（一）技术演进与媒介融合

"技术"在人类社会的发展历史中扮演着重要的角色。早期的"技术"在人们有目的的劳动中不断被发现、积累，并与特定的劳动工具结合在一起。标志性技术更作为划分人类历史的依据（如，旧石器时代、新石器时代、青铜器时代等）。进入近代社会以后，接踵而至的两次技术革命，推动人类由农业时代发展到机械化时代，继而快步进入电气时代。20世纪中叶，以信息技术为核心的技术革命兴起，微电子技术、计算机软硬件技术、远程通信技术、新能源材料技术、数字技术、互联网技术等一系列新兴复杂技术迅速发展起来，并得到广泛应用。今天，这些技术正不断介入并改造着社会生产、管理和生活的各个领域，成为新兴产业崛起、传统产业升级的核心驱动力，引领着我们向信息化社会迈进的方向。

信息技术的应用与扩散是媒介融合和产业融合的原动力，并首先表现为对不同媒介和产业原有技术的替代。替代成本与替代收益之间的比值关系，决定了信息技术应用与扩散的速率。随着计算机技术和网络技术的成熟与普及，媒介融合的范围和趋势更加明显。正如约翰·帕夫利克所描述的，"所有媒介都向电子化和数字化形式靠拢，这个趋势是由计算机技术驱动的，并在网络技术的推动下变得可能。"[①]媒介形态的融

[①] [美]约翰·帕夫利克.新媒体技术——文化和商业前景[M].周勇等,译.北京：清华大学出版社,2005：126.

（二）媒介融合与作为历史力量的技术

在媒介融合的发生、发展过程中，各类数字化、信息化技术。在媒体机构、互联网企业、通信网络运营商、硬件制造商的"研发——应用——推广"过程中实现着持续创新与扩散。从行业和市场的角度来看，新技术的应用带来了呈现方式、传播手段、媒体应用、媒介形态的极大丰富以及商业模式的转换、市场规模的扩大。从媒介与社会的关系来看，融合化的媒介系统功能更加丰富，与社会系统运行和个人日常生活的嵌入程度进一步加深。从技术的发展规律来看，媒介融合的过程可视为媒介系统与信息技术所构建的秩序、体系不断结合、内化的过程。这种秩序和体系又在融合化的媒介系统与社会系统互动的过程中介入、改变、创造着社会生活方式和运行方式。

弗里德里希·德韶尔（Friedrich Dessauer）在对技术本质进行哲学探索时强调，技术是作为历史力量的技术，或者说是技术的客观形式（objective formen），包括技术产品和操作程序。技术客体一旦被发明者和生产者制造出来，就能以客观形式保留下来，长久地发挥作用。德韶尔强调，技术并不是某架机器或单个技术，而是技术的整体概念。技术作为一种历史现象，它发挥力量的形式也是独特的，它的产生和存在作为一种客观力量介入历史并发挥作用。[1] 刘易斯·芒福德（Lewis Mumford）在论及机器体系的影响时，亦有类似的论述：机器体系所完成的最有深远意义的征服并不在某台设备本身——因为一种设备总是会很快过时；也不在于它所生产的产品——因为产品总是很快被消费掉了。最具有深远意义的影响在于通过机器所创造的、机器体系本身所体现的全新的生活方式……当机器体系向人们展示秩序、体系和智慧能在何种程度上超越原始自然界的时候，任何原始的环境、任何以往的社会习俗都不再会被人们不假思索地接受了。[2] 凯文·凯利（Kevin Kelly）进一步提出，技术元素的巨大力量并非来自其规模，而是来自其自我增强的天性。一项突破性的发明能够引起更深刻的突破性发明，接下来这些进步又引起其他突破性发明，每一步都在保留此前发明的大部分优点的同时增加了更多力量。[3]

在当前的媒介系统中，从内容生产分发传输，到用户接收存储使用，再到传播效果和商业价值的实现，信息技术已经像空气、水源一样不可或缺、无处不在。从长期来看，技术创新提供了更多的差异性、多样性、可能性、可选择性，媒介系统便在这一过程中发展和进步。但需要警惕的是，技术本身并不是理想国。如凯文·凯利所言，每一个新发明所带来的问题几乎与其带来的解决方法一样多，当今世界的大多数问题都是由之前的技术造成的，明天世界的大多数问题也将由我们今天仍在发明创造中的技术引起。[4] 从这个意义上来说，技术不仅是媒介融合发生、发展的原动力，也是理解媒介融合深层逻辑、历史走向，探索媒介融合过程中出现问题的解决方案，探知媒介系统，乃至社会系统发展走向和

---

[1] 乔瑞金,牟焕森,管晓刚.技术哲学导论[M].北京:高等教育出版社,2009:33.
[2] [美]刘易斯·芒福德.技术与文明[M].陈允明、王克仁等,译.北京:中国建筑工业出版社,2009:283.
[3] [美]凯文·凯利.技术元素[M].张行舟、余倩等,译.北京:电子工业出版社,2012:10.
[4] [美]凯文·凯利.技术元素[M].张行舟、余倩等,译.北京:电子工业出版社,2012:65.

未来秩序的"钥匙"。

二、技术研究的历史主义与媒介融合

（一）技术与社会发展的基本逻辑

刘易斯·芒福德的代表性成果《技术与文明》建构了以技术史为逻辑的技术哲学研究路径。芒福德认为技术体系可以作为历史分期的标准，即人类的某个特定历史时期都以一个特定的技术体系作为特征，并依此将机器体系和机器文明的发展历史划分为三个相互重叠、相互渗透的阶段，即始生代技术阶段（The Eotechnic Phase，1000—1750 年）、古生代技术阶段（The Paleotechnic Phase，1750—1900 年）和新生代技术阶段（The Neotechnic Phase，1900 年至今）。技术体系的每个部分都表征着该技术体系内的各种关系，包括特定的资源、原材料、能源、能源利用方式、生产方式、特殊类型的劳动者及他们的训练方式和开发的资质。例如，按照能源和使用的典型材料来看，始生代技术时期是"水能—木材"的体系，古生代技术时期是"煤炭—钢铁"体系，新生代技术时期是"电力—合金"体系。①

伊尼斯也曾按照传播媒介的发展进行世界历史分期：从两河流域苏美尔文明开始的泥版、硬笔和楔形文字时期；从埃及的莎草纸、软笔、象形文字和僧侣阶级到希腊—罗马时期；从苇管笔和字母表到帝国在西方退却的时期；从羊皮纸和羽毛笔到 10 世纪或中世纪的时期，在这个时期，羽毛笔和纸的使用相互交叠，随着印刷术的发明，纸的应用更为重要；印刷术发明之前中国使用纸、毛笔和欧洲使用纸、羽毛笔的时期；从手工方法使用纸和印刷术到 19 世纪初这个时期，也就是宗教改革到法国启蒙运动的时期；从 19 世纪初的机制纸和动力印刷机到 19 世纪后半叶木匠木浆造纸的时期；电影发展的赛璐珞时期；最后是 20 世纪三四十年代到现在的电台广播时期。② 这些不同时代的传播媒介亦与制笔、造纸、印刷、电子技术紧密关联在一起。

芒福德和伊尼斯在历史逻辑下展开的技术哲学和传播研究共同表明，在人类社会的每一个阶段，技术和媒介形态都不是单独地、自动地发展演进，任何技术体系都不可能从其起源和发展的社会环境中剥离出来，也只有在特定的历史环境之中才有可能对技术体系的价值进行讨论。如马克思所说，这些发明和生产都有其自身的历史使命……一定的生产方式或一定的工业阶段始终是与一定的共同生活方式或一定的社会阶段联系着的，而这种共同活动方式本身就是"生产力"；由此可见，人们所达到的生产力的综合状况决定着社会状况，因而，始终必须把"人类的历史"同工业和交换的历史联系起来研究和讨论。③

（二）历史视角下理解媒介融合的几个维度

媒介融合发生于信息技术引领的新一轮技术革命背景之下。信息技术渗透了人类活

---

① [美]刘易斯·芒福德.技术与文明[M].陈允明，王克仁等，译.北京：中国建筑工业出版社，2009：101-102.
② [加]哈罗德·伊尼斯.传播的偏向[M].何道宽，译.北京：人民大学出版社，2003：1.
③ 中央编译局.马克思恩格斯全集（第 3 卷）[M].北京：人民出版社，1960：33-34.

动的全部领域,形塑新的经济、社会和文化复杂状态。生产方式的信息化、生活方式的信息化、全球资本主义重建成为在历史视角下理解媒介融合的三个基本维度。

从生产方式上来看,通过前文(第二章、第三章)的梳理我们已经能充分理解,媒介融合的实现过程即是媒介系统生产方式信息化改造的过程。更重要的是,融合化的媒介系统又成为其他产业领域生产方式信息化的基础,并成为信息化时代社会生产力的重要来源之一。曼纽尔·卡斯特(Manuel Castells)延续芒福德按照能源和典型材料进行历史分期的思路,对不同时代发展方式及其生产力来源进行了抽象归纳:在农业发展方式里,剩余的增加源自于生产过程中劳动与自然资源(特别是土地)的数量增加,以及这些资源的天然性质。在工业发展方式里,生产力的主要来源在于引进新能源,以及将能源的使用传散于整个生产与流通过程中的能力。在新的信息发展方式(informational mode of development)中,生产力的来源在于产生知识、信息处理与象征沟通的技术。知识与信息无疑是一切发展方式的关键因素,因为生产过程总是奠基于某个水准的知识,以及信息处理的过程;然而,信息发展方式的特殊之处在于:针对知识本身的知识行动,就是生产力的主要来源。信息处理便集中于提高信息处理的技术,以之作为生产力的来源,达到技术的知识根源,以及应用技术来促进知识生产和信息处理这两方彼此互动的良性循环。①

以社交媒体的发展为例,脸书、推特、YouTube、Instagram、Tik Tok、Clubhouse 等层出不穷的社交媒体平台都诞生于具有知识密集特征的互联网公司,日益成为全球范围内知识生产、信息处理和象征沟通的平台提供者和规则制定者。随着各类社交媒体在农业、能源、制造、运输、商业、政治等不同行业从业人员的工作沟通中广泛应用,工作场景被延展至非工作时间和非工作场所,不同行业的工作场景相互交织,生产活动的时间边界和空间边界趋于消失,并衍生出各种各样的网络化工作和合作方式,从而导致一系列涉及工作地点、时间、方式以及劳动关系的变化。

从生活方式上来看,新的传播系统日趋使用全球化的数码语言,既将我们文化的言辞、声音与意象之生产与分配在全球层次整合,又按个人的心情和身份品位量身定制。互动式电脑网络(network)呈指数增长,并创造传播的新形式与频道,它既塑造生活,同时也为生活所塑造。② 互联网的广泛连接和个人电脑、传真机、打印机等办公设备的家庭化普及使 SOHO(Small Office and Home Office)这一具有代表性的信息化时代工作生活方式变得可能。

媒介系统在创新、融合的过程中,在用户规模的增长和用户使用时长、场景、方式的变换过程中,已远远超出传统媒介系统的边界。例如,尽管在移动应用商店内"微信"被定位为社交通信类应用,但随着其功能的不断丰富以及数亿用户的参与使用,"微信"已经成为一种生活方式。它关联着个人的日常工作、社交、信息获取、生活消费、金融理财,也兼容着个人传播、大众传播、组织传播、国家传播、商业传播、政治传播等不同主体、维度和层级的传播活动,成为网络舆情监测、社会信息治理工作中不容忽视的重要平台。2020 年初新冠肺炎疫情发生以来,世界范围内的空间移动被大幅限制,由现代交通网络构筑的国内

---

① [美]曼纽尔·卡斯特.网络社会的崛起[M].夏铸九,王志弘,译.北京:社会科学文献出版社,2001:20-21.
② [美]曼纽尔·卡斯特.网络社会的崛起[M].夏铸九,王志弘,译.北京:社会科学文献出版社,2001:3.

和国际地理连接陷入停滞。与此同时,社会运行对由信息技术、通信网络、互联网、物联网和信息传播体系构筑的信息网络体系的依赖程度则空前增加,融合化的媒介系统在疫情信息采集、虚假信息治理、生活物资调配、社会运行维持和国内/国际沟通的实现中发挥了巨大作用,也将随着疫情对世界各国人们生活方式的改变而与不同民族、文化背景下的不同群体生活方式进一步相互塑造。

从世界格局和发展逻辑来看,80年代以来,信息技术革命已成为资本主义系统进行再结构基本过程的手段。在这个过程中,技术革命本身的发展和展现,为先进资本主义的逻辑和利益所塑造,但并未简化为这种利益的表现。我们尝试重新定义达成其结构性目标的手段,同时保持其目标的本质:这就是再结构(restructuring)的意义。[①] 曼纽尔·卡斯特将信息技术所带来的新的技术—经济体系称为信息化资本主义/信息资本主义(informational capitalism)。他同时指出,信息化社会在文化与制度上具有多样性,但世界各国的知识产生、经济生产力、政治—军事权力以及媒体传播过程都已经被信息化范式深刻影响,并连接上依此逻辑运作的财富、权力与象征的全球网络。因此,所有社会都受到资本主义与信息主义的影响,其中许多社会则早已信息化了。[②]

信息革命诞生于美国,信息资本主义形成于美国。以互联网为例,互联网起源于美国军方设计的阿帕网。现在全球互联网的13台根服务器中,1台为主根服务器,设置在美国弗吉尼亚州的杜勒斯,由美国 VeriSign 公司负责运营维护;其余12台全部为辅根服务器,9台在美国[③];美国的"互联网名称与数字地址分配机构"(The Internet Corporation for Assigned Names and Numbers, ICANN)是全球互联网的最高管理机构,主导着互联网技术的取舍、网络通信协议的制定、域名和 IP 地址的分配、域名登记与出售以及相关政策的制定。美国,在信息化社会、信息经济运作最为基础的层面——互联网网络结构中居于中心位置,是国际互联网的实际控制者。任何一个接入互联网的国家、机构、个人,任何一种依托互联网形成的生产关系、商业模式或生活方式都将直接或间接地受到美国的影响。

因此,若将媒介融合的进程置于资本主义的再结构和信息资本主义形成的背景之下,便能够更好地理解欧美国家为何在信息化和媒介融合的初始阶段给予如此之大的自由度和推动力,也能够更加清晰地看到20世纪80年代以"放松管制"为特征的西方国家传媒业制度变革背后的国家逻辑。今天,虽然传统大众媒体的部分权力和影响力让位于新媒体、新平台,但影响全球信息和知识生产流通的主要机构(国际通讯社、超大型社交媒体平台、人工智能信息生产系统、学术/信息资源数据库、大学/研究院)和核心生产力依然聚集于美国和欧洲。如赫伯特·席勒所指出的,美国在媒体、文化领域的优势地位依旧毫发未损。

---

① [美]曼纽尔·卡斯特.网络社会的崛起[M].夏铸九,王志弘,译.北京:社会科学文献出版社,2001:16.
② [美]曼纽尔·卡斯特.网络社会的崛起[M].夏铸九,王志弘,译.北京:社会科学文献出版社,2001:24-25.
③ 另外3台分别设置在英国、瑞典和日本。

三、技术研究的整体主义与媒介融合

（一）共时态维度下的技术与社会

芒福德的技术研究同时提供了一种整体主义的框架,提示我们对共时态维度的技术应用和外部影响进行考察。他在《技术与文明》中提出,尽管某些单个的技术发明会出现在各个时代,但是,如果不是所有的主要技术都已经组装成一个整体,那么这个技术时代是不可能运作起来的。机器体系不可能从大的社会环境中剥离开来,因为只有在这个环境中机器体系才有意义,才有价值。每个文明时代都会在某种程度上否定过去的技术,同时也蕴含着未来重要技术的萌芽。但是,每个时代的成长核心还是在其体系的内部。①

卡特对印刷术在全球范围内的发明、传播、应用进行了清晰的梳理:从造纸术、木版印刷、活字印刷在中国的发明,到日本、印度的应用,土耳其人将印刷术从亚洲带到欧洲,在德国完善了活字印刷的发明,并由它传布到全世界。②伊尼斯的研究表明,印刷术能在哪个国家和地区真正由一项技术发展为庞大的产业体系,对宗教、君主权力体系产生影响,并在更大范围内作用于文化、科学、艺术的传播乃至帝国的兴衰,与不同国家的文字语言形态、国家社会制度、经济发展方式和水平、生活方式乃至地理自然资源有着密不可分的联系。③

埃吕尔将技术作为社会的决定因素的观点,尽管被许多学者质疑陷入技术决定论或技术主义的狭隘视野,但他在《技术社会》中有关现代技术的分类和梳理着重突出了"技术"的社会学意义,反映了技术在社会系统中关系网络的广泛和深入。埃吕尔认为现代技术主要包括:(1)机械技术,这是一个非常宽泛的术语。包括那些严格说起来不属于机械技术的技术,如计算机技术等。技术与机器不同,机器是作为方法的技术的一个结果,而技术主要不是物质手段而是一种控制事物和人的理性方法。(2)经济技术,它几乎完全从属于生产,包括从劳动的组织到经济计划的广大领域;经济技术的对象与目标不同于其他技术,但是它与其他技术活动处理的问题是相同的。(3)组织技术,包括大量的技术内容,这些技术不仅应用于大量的工业事务和商业事务(它们由始至终都受到经济制约),还应用于国家事务、行政事务和司法活动中。组织技术还应用于战争,以确保武器和军队的安全。法律事件也都有赖于组织技术。(4)人类技术,有多种形式,涉及医学、遗传学和宣传的广大领域,在这里人自身成为技术的对象。④

（二）非本质主义工具化理论与媒介融合

芬伯格在对海德格尔、埃吕尔、哈贝马斯等学者提出的技术本质主义及技术建构论思想的批判、借鉴基础之上,提出了技术实践过程中非本质主义的工具化理论/两级工具化理论(instrumentalization theory),试图整合关涉技术客体、主体及所处环境的种种途径。

---

① [美]刘易斯·芒福德.技术与文明[M].陈允明,王克仁等,译.北京:中国建筑工业出版社,2009:102.
② [美]卡特.中国印刷术的发明和它的西传[M].吴泽炎,译.北京:商务印书馆,1991.207
③ [加]哈罗德·伊尼斯.帝国与传播[M].何道宽,译.北京:人民大学出版社,2003:154-180.
④ 乔瑞金,牟焕森,管晓刚.技术哲学导论[M].北京:高等教育出版社,2009:103.

生活在信息化时代的芬伯格将技术客体和主体的功能构造过程称为初级工具化（primary instrumentalization），将客体与主体在现实网络和装置中的实现过程称为次级工具化（secondary instrumentalization）。初级工具化概括了日常社会中各种技术的共性：尽管在不同条件下，技术的应用和重要性是非常不同的，但技术的本质确实由这些共性所构成，而且这些共性确实在历史进化中组合成"次级工具化"，其中包括技术的许多社会方面。次级工具化的重点在于说明在实际的技术网络中，技术的功能是如何实现的，包括系统化、中介化、职业化和主动性四个环节。（参见表 8.1）①

表 8.1 技术实践的两级工具化理论

初级工具化	第一环节： 去背景化 （decontextualization）	把自然对象从各种背景中抽象出来构造成技术客体，并体现出技术上的有用形式。
	第二环节： 还原论（reductionism）	将去背景化后的对象所显现的再技术上的无用特性剥离掉，使之能够进入技术网络，并使之对技术规划来说不可或缺。
	第三环节： 自主化（autonomization）	技术行为主体尽可能地把其自身从客体的影响中隔离开来。
	第四环节： 定位化（positioning）	技术行为主体依据其客体的规律而控制对象。
次级工具化	第一环节： 系统化（systematization）	将去背景化的技术客体组合起来，使之彼此协调，并重新进入一个新的环境中。
	第二环节： 中介化（mediation）	使被简化的技术客体获得紧密嵌入新的社会语境的次要性质，即美学、伦理学在技术社会化过程中发挥中介作用。
	第三环节： 职业化（vocation）	技术主体与客体紧密联系在一起。通过职业化，技术客体与主体相互"卷入"，从而使技术世界与生活世界密切相关。
	第四环节： 主动性（initiative）	用户通过创造性地以多种方式使用既有的技术，甚至赋予技术以其设计者始料未及的功能与意义。

借助芬伯格的两级工具化理论，将视线再次转回媒介融合最为重要的技术基础——网络，可以从其诞生和发展的轨迹中抽象出一条明确的技术实践和技术社会化路径，也可由此对媒介融合的未来走向探知一二。曼纽尔·卡斯特在《网络星河》中详细呈现了他对互联网发展的观察：1969 年 9 月，美国军方的高级研究计划局（ARPA）创建了名为阿帕网的计算机网络，其目的在于使为高级研究计划局服务的计算机中心与研究组织实现计算机在线共享，其中使用到了一种革命性的通信传输技术——包交换。随后，阿帕网的节点随着越来越多大学研究中心的接入而不断增加，并确立了沿用至今的传输控制协议（TCP/IP）。网络技术的初级工具化阶段发生于 20 世纪八九十年代：1983 年美国国防部担心可能发生安全问题，单独建立了用于特殊军事用途的 MILNET，1984 年美国国家科学基金会建立了自己的计算机通信网络，并于 1988 年开始使用阿帕网作为其主干网。1990 年 2 月，阿帕网因技术过时而退出历史舞台，互联网技术真正从军事用途中解放出

---

① 乔瑞金，牟焕森，管晓刚. 技术哲学导论［M］. 北京：高等教育出版社，2009：171-174.

来；1995年,美国国家科学基金会网络(NSFNET)停用。① 与此同时,20世纪70—90年代的民间计算机网络实践(电子布告栏系统BBS、调制解调器MODEM)和UNIX操作系统、新闻组(USENET News)计算机通信系统、万维网的研发为承接互联网的次级工具化进程做好了充分准备。

各种因素在20世纪90年代中期汇流——互联网完成了私营化,其技术的、开放的架构能够允许世界上所有的计算机联网,万维网可以有效地发挥作用,在此期间也出现了几种用户容易掌握使用的浏览器②——网络技术步入次级工具化阶段,也由此开启了遍及全世界、全产业的网络化进程。也正是在这一时期,世界主要国家的信息化发展规划相继出炉(美国国家信息基础设施计划,1993年;英国《传播的新未来》白皮书,2000年;日本《IT国家基本战略》,2000年),面向信息化时代的法律体系调整相继完成(美国《1996年电信法》《1998年数字千年版权法》;英国《通信法2003》;日本《高度信息通信网络社会形成基本法2001》)。在技术和制度的同时推动下,也在巨大的市场收益吸引下,新兴网络媒体蓬勃发展。其中最具代表性的美国门户网站和在线服务提供商美国在线(America Online,AOL)就是20世纪90年代中期互联网资讯、邮件、即时消息等服务的开拓者。2000年,业务鼎盛时期的美国在线收购时代华纳媒体集团,成为美国历史上最大规模的并购案。

这一被称为"蛇吞象"式的世纪大并购对观察媒介融合的进程同样具有标志性意义——媒介融合发生于网络技术的系统化过程中,媒介系统是其重新进入的、首先进入的新环境系统的一部分。这不是技术或功能的简单相加,而是在媒介美学(颜色、镜头、符号、语言、音乐等)、媒介伦理(信息真实、隐私保护、儿童保护、多样性保护)等因素影响下的网络技术与媒介系统实现协调的过程。虽然,美国在线最终在2009年与时代华纳剥离开来,但此时的互联网与媒介系统早已经密不可分,由互联网企业运营的社交媒体平台权力随着用户规模的增长持续增加。

在全球化背景下,网络技术与印刷技术、电子技术相比,其在全球范围内的"职业化"进程的周期大幅压缩。第三世界国家建立全球信息传播新秩序的呼声与美、英等国信息资本主义的扩张需求的叠加,促进了信息通信基础设置和互联网的全球普及。全球电信资本支出在2014—2016年间增长了4%,从2014年的3400亿美元增至2016年的3540亿美元。对发展中经济体的投资在很大程度上推动了这种增长,资本支出在此阶段增加了2350亿美元。③ 到2018年一个由地面和海底基础设施共同构成的、包括固定宽带网络和移动通信网络的全球信息高速网络基本建设完成。到2019年,发展中国家互联网用户规模已经超过30亿,占全球互联网用户总数的73%,是发达国家互联网用户数量的2.73

---

① [美]曼纽尔·卡斯特.网络星河——对互联网、商业和社会的反思[M].郑波、武炜,译.北京:社会科学文献出版社,2007:10-13.

② [美]曼纽尔·卡斯特.网络星河——对互联网、商业和社会的反思[M].郑波、武炜,译.北京:社会科学文献出版社,2007:10-19.

③ Measuring the Information Society Report-2018 Volume 1.[EB/OL].[2020-02-12].https://www.itu.int/en/ITU-D/Statistics/Pages/publications/misr2018.aspx.

倍。① 正因如此,尽管不同国家的国情各有不同,媒介融合的具体进度有所差异,但从整体来看世界范围内媒介形态、商业模式、行业结构的路径和方向则是基本一致的。互联网已与世界政治、经济、文化紧密相连,融合化的媒介系统既是连接方式,也是连接的内容。

从发展趋向上来看,互联网和融合化的媒介系统将进入被用户创造性地使用和在使用过程中被用户赋能的新阶段。技术发展的历史证明了用户才是技术的关键,他们通过自己的使用与价值观,最终改变了技术本身。② 相较于大众媒介时代,信息化时代的媒介用户的身份和属性更加多元,包括个人、企业、媒体、政府组织、非政府组织甚至机器人。这也意味着受不同主体利益取向、文化习惯、国家制度的影响,不同主体将创造出日益差异化的媒介使用方式,并将媒介融合引向完全不同的发展方向。芬伯格将其归纳为:技术选择是"待确定的"(underdetermined),对可选择事物的最终决定,归根到底取决于它们与影响设计过程的不同社会集团的利益和信仰之间的"适应性"(fitness)。③

第二节 媒介融合与认知

一、认知科学与认知技术

认知科学起源于 20 世纪中后期,形成于 70 年代后期,以 1977 年《认知科学》(*Cognitive Science*)杂志的创设和 1979 年认知科学学会(Cognitive Science Society)的建立为标志,由哲学、心理学、计算机科学、神经科学、人类学和语言学 6 个传统学科交叉形成,又产生了许多新兴的学科分支(如图 8.1 所示)。④

诺尔曼将认知科学的研究方向归纳为 12 个主题:信念系统(belief systems)、意识(consciousness)、成长(development)、感情(emotion)、互动(interaction)、语言(language)、学习(learning)、记忆(memory)、知觉(perception)、施行(performance)、技能(skill)、思考(thought)。⑤

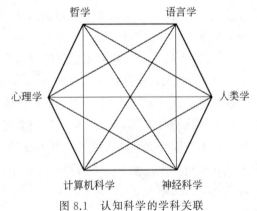

图 8.1 认知科学的学科关联

具体来看,(1)信念系统类似于常说的思维定式或思维定式的集合与结构,其中包括由基因决定的部分和由文化决定的部分。认知科学不仅关注对信念系统的静态结构

---

① 数据来源:[2020-02-12].https://www.itu.int/en/ITU-D/Statistics/Pages/stat/default.aspx.
② [美]曼纽尔·卡斯特.网络星河——对互联网、商业和社会的反思[M].郑波,武炜,译.北京:社会科学文献出版社,2007:32.
③ [美]安德鲁·芬伯格.可选择的现代性[M].陆俊,严耕等,译.北京:中国社会科学出版社,2003:4.
④ Miller G A. The Cognitive Revolution:A Historical Perspective[J]. *Trends in Cognitive Sciences*,2003,7(3):141-144.
⑤ Norman D A. *Perspectives on Cognitive Science* [M]. Norwood,NJ:Ablex Publishing Corp. 1981.

分析,也考察在学习的过程中信念系统是怎样被建立起来的。(2)意识的议题之下包括有意识与无意识思考、自我意识、注意、认知的控制机制、意图的形成等问题,还包括意识现象学的各种状态的问题。(3)成长着重于对人类成长周期的研究,从人类行动的视角理解人类认知的动态发展。(4)感情研究的重要意义在于感情在人类行动之中扮演着决定性的角色,生物学研究也证明了对于感情很重要的神经组织和被认为对于记忆很重要的神经组织之间存在密切关系。(5)互动重点考察人类在社会相互作用、利用环境过程中的认知变化,以及在创造人造物品的过程中实现的职能部分外化。(6)语言与(7)知觉是最先得到重视的两个领域,在语言学、神经科学研究中产生了丰富的成果。(8)学习研究涉及人类自身的知识重构、理解重构、技能与理解的磨合协调,还包括输入(知觉)、输出(施行)等理解的表现问题。(9)记忆是人认知的核心,记忆系统是认知系统的中心部分。有关记忆的研究涉及记忆的发生和带回(提取)原理、记忆的结构/分布、记忆系统的功能特性等问题。(10)施行的各种问题需要将其作为与知觉和思考过程在基础层次上具有互动的问题来考虑。人类关于世界的知识大部分是以应该与世界之间保持什么样的互动这样的手续型知识的形式存在,"知觉—认知—运动图式"是统合的记忆结构。(11)技能是学习与施行的结合,是知识和施行的特殊化子系统,技能的熟练程度又会带来完全不同的判断(难易程度)和感觉差异(操作机器或是机器完成意图)。(12)关于思考的研究不仅要关注与具体知识和特定机制分离的、作为纯粹抽象活动的思考,还要关注不同环境中、思考与世界相互作用下的思考方式和过程。人类文化在很大程度上依存于与思考过程有关的技术辅助手段。[①]

认知技术是指为了理解、评价、改变认知和实现认知目的的技术,包括与认知相联系的技能、手段、方式、方法和特定的知识体系。认知技术的一部分直接来自认知科学;另一部分来自认知科学的转化,即间接来自认知科学。广义上,它是指改善或提高人的认知状态、过程或能力的技术。狭义上它是指直接参与、评价、改善或提高人的认知状态、过程或能力的技术。[②] 当代认知技术正在扩展人的身心和感觉器官,通过认知技术手段,人的主体能接受到层次更加丰富的信息。虚拟实在、虚拟复原、增强现实等虚拟技术,能够在一定程度上对认知对象、认知环境进行模仿和建构,让认知主体获得沉浸感,增强代入感;虚拟现实技术还能够突破真实世界的基本逻辑,建构并不实际存在的情境,从而给予认知主体不同的认知体验。随着技术的创新与应用,认知技术正在将外在经验转化为内在经验、将外部技术内化到人的身体,技术成为认知的一部分。

二、媒介系统与人类认知

传播是人类最普遍、最重要的活动,媒介系统因人类传播需求而产生。丹尼斯·麦奎尔提出过几个关于媒介的比喻:媒介是窗口,让我们看到了周围环境以外的东西;媒介是翻译员,帮助我们理解自身的体验;媒介是传递信息的平台或载体;媒介是包括受众反馈的互动式传播;媒介是路标,为我们提供教导和指南;媒介是过滤器,筛选掉体验中的某些

---

① 赵南元:认知科学与广义进化论[M].北京:清华大学出版社,1994:24-40.
② 吴国林等.当代技术哲学的发展趋势研究[M].北京:经济科学出版社,2019:402.

方面,让我们关注另一些方面;媒介是镜子,把我们的形象反射给自身。乔舒亚·梅罗维兹又补充了几种比喻——媒介是导管、语言和环境。① 这些比喻虽然没有给出"媒介"的准确定义,但清晰地描述了媒介与人类认知的密切关系。

保罗·莱文森在《思想无羁——技术时代的认识论》中从技术发展的角度出发,也论述了媒介与认知的关联:一切技术,无论是否有意指向认知,都是由知识的技术体现构成。而传播媒介对于知识生产具有极其重要的意义——没有语言,我们就没有人的智能特征;没有文字,我们在19世纪之前就不会积累抽象的知识。② 但是,传播媒介服务认知时,在许多层次上成为双刃剑:(1)它们辅助(言语还允许)认识过程的后两个阶段(批评和传播);(2)其功能本身依靠一个以上的人参加(传播媒介的这个社会本质,使之成为理想的社会批评媒介和传播媒介);(3)它们既服务于智力的领域又服务于非智力的领域;(4)和超认知装置一样,传播媒介在结构和内容中传递不同的信息。电脑这种关键的超认知技术,又成了核心的传播媒介。③

在传播学各个流派、不同理论中亦广泛分布着有关"媒介与认知"(如,效果研究、使用与满足理论等)或"媒介、社会、认知"(媒介功能理论、社会系统理论、议程设置理论)相互影响的讨论和思考。其中,媒介环境学派的学者尤其强调媒介之于人类认知,乃至人类文明的重要意义。伊尼斯指出,传播媒介是人类文明的本质所在;历史就是每个时代占主导地位的媒介形式所引领的。麦克卢汉认为,人们可以通过获得感觉上的某种比例或平衡来适应他们所处的环境;某一时代的主要媒介能够带来这种特定的感觉比例,以此来影响人们的知觉;由此提出了他最著名的论断之一——媒介是人体的延伸。唐纳德·艾里斯(Donald Ellis)继承了伊尼斯和麦克卢汉的理论,进一步提出任何一个时代的主导性媒介都会塑造行为和思想。人类的思维方式、管理信息的方式和人际关系都会随着媒介的变化而变化。④

学者的研究同时也提示,媒介系统对人类认知的意义并不总是正向的、积极的。例如,丹尼斯·麦奎尔指出媒介也是阻挡我们获得真理的障碍,保罗·莱文森在研究中反复强调媒介对认知的"双刃剑"作用,麦克卢汉提示要通过教育防御媒介的"回降污染"(fallout)。因此,在观察和讨论媒介系统与人类认知的关联、互动方式时,还需要关注到媒介发展过程中可能对人们思想、行为和思维方式形成的阻碍和负面影响,并在更加宏观的、整体性的视域之下思考这种负面作用可能对社会结构、运行方式、发展方向发生的影响。

三、媒介融合与认知发展

媒介发展总是与人类认知的发展相互交织。伊尼斯曾提出,一种媒介经过长期使用之后,可能会在一定程度上决定它传播的知识的特征。一种新媒介的长处将导致一种新文明的产生。⑤ 而新的媒介技术、媒介应用方式以及相应的媒介运营、监管思路都是人类

---

① [美]斯蒂芬·李特约翰.人类传播理论(第七版)[M].史安斌,译.北京:清华大学出版社,2004:353.
② [美]保罗·莱文森.思想无羁——技术时代的认识论[M].何道宽,译.南京:南京大学出版社,2004:184.
③ [美]保罗·莱文森.思想无羁——技术时代的认识论[M].何道宽,译.南京:南京大学出版社,2004:136.
④ Ellis D G. *Crafting Society: Ethnicity, Class, and Communication Theory*[M]. London: Routledge, 1999.
⑤ [加]哈罗德·伊尼斯.传播的偏向[M].何道宽,译.北京:人民大学出版社,2003:28.

认知发展的结果。

麦克卢汉指出,每种媒介都可以看作是人类感官的延伸,媒介对人类的感觉起到了放大的作用。从认知能力的角度来看,人工智能、物联网、大数据、VR 等技术在媒介系统的应用产生了认知增强的效果。例如,借助 VR 技术,美联社推出了对美国肯塔基州世界港口作业的 360 度全景观察的虚拟现实产品和有关法国加来移民难民营的第一份虚拟现实报告,为人们提供了立体化、沉浸式的视觉认知途径。波士壮(N. Bostrom)和森德保(A. Sandberg)从信息系统角度来考察认知能力的增强,把"认知增强"定义为通过改善或放大内部或外部的信息处理系统来扩大或延展治理的核心能力。在他们看来,在一个有机体用来组织信息的过程中,其智力的核心能力包括"获取信息的能力(感知力)、选择信息的能力(注意力)、描述信息的能力(理解力)和保存信息的能力(记忆力),以及用信息来指导行为的能力(运动输出的推理和协调能力),改善认知功能的干预可在这些核心能力的某一方面进行"。① 对于有认知缺陷的人来说,认知增强技术可以改进和提高人的认知水平,使那些处于认知劣势的人获得更多的认知优势。

借鉴上述定义的思路可以发现,融合化的媒介系统对人类认知能力的增强体现在智力相关的多个核心能力方面。特别是传感器、物联网等非典型性媒介技术的应用,改变了信息感知、获取的方式、途径,数据挖掘、人工智能等技术在信息选择、呈现阶段的影响力日益突出,数据库技术、云计算和存储技术的发展则持续改变着信息的存储能力、方式、位置。这些技术在媒介融合的过程中与媒介系统有机结合,并一同对人们的行为发生影响。从长期来看,媒介融合带来的这些认知能力变化也改变着人们对技术、媒介、社会体系的认知,进而影响人们的技术创新、媒介实践和更大范围内的社会行为。正如麦克卢汉所表述的,我们用新媒介和新技术使自己放大和延伸。这些新媒介技术构成了对社会机体的集体大手术。②

但是,媒介融合过程中认知能力的增强所带来的并不总是正向、积极的影响。与认知能力同步增长的还有媒介系统的"渗透性"。一方面,高渗透性的信息收集、获取来源(个人终端、摄像头、传感器)极大丰富了媒介系统获取信息的形式、内容和数量,也使得媒介系统给人们呈现的信息更加庞杂;另一方面,媒介系统通过高渗透性的信息传播(碎片化时间、碎片化场景)方式,使人们时刻处于被动的信息接受状态之中。在此背景下,信息过载成为机构和个人越来越普遍的困扰。IT 业发展的三大定律(摩尔定律、贝尔定律、吉尔德定律)表明,随着信息化进程的深入,媒介的信息生产、存储、分发能力将继续增强,信息过载的问题不仅不会得到自然缓解还将日趋严重。③

对个人而言,媒介融合在带来了视觉、听觉等感官认知能力增强的同时,也形成了对个体思维空间的大幅挤压。凯文·凯利在研究中发现"默认设置"掌管着复杂系统,默认设置的内容和特征取决于设置的设计者,而系统的使用者又常常因为改变默认设置所需

---

① 吴国林等.当代技术哲学的发展趋势研究[M].北京:经济科学出版社,2019:403.
② [加]马歇尔·麦克卢汉.理解媒介——论人的延伸[M].何道宽,译.北京:商务印书馆,2000:100.
③ 摩尔定律:微处理器的速度每 18 个月翻一番。贝尔定律:微处理器的价格和体积每 18 个月减小一半。两大定律互相补充,意味着同等价位的微处理器的速度会越变越快,而同等速度的微处理器则会越来越便宜。吉尔德定律:在未来 25 年,主干网的带宽每 6 个月增长一倍,其增长速度是摩尔定律预测的 CPU 增长速度的 3 倍。

要的成本(知识、时间、精力等)而放弃修改。这也就意味着默认设置是预设设置的人用于操纵系统和影响使用者的工具。① 在媒介融合的过程中,多样化传播模式、终端形态与移动互联网、物联网深度结合,媒介系统的运行与通信系统、交通系统、公共服务系统、电子商务系统交织、共生,媒体终端出现在车站、住宅、学校、医院、餐厅、写字楼、车厢/机舱/船舱、建筑工地、田间地头等几乎所有的生活场景之中,媒介系统的传播和推送渗透到人们从早到晚的工作、学习、休息、用餐、社交、在途甚至睡眠的全部日常之中。充满了生活空间和时间缝隙的媒介系统,不间断的声、光、电刺激以及源源不断的信息,推动不断压缩着个人的思考时间和空间,使他们出现一种因信息接受疲劳而产生的被动、沉默的认知懒怠,逐渐形成了在媒体、平台、应用设计者/算法预设下的、以默认设计为主导的认知惯性。在记忆方面,人们也更加依赖硬盘、云存储、数据库等外部记忆方式。从这个意义上来说,媒介融合时代,人们认知的主动性和主导性并不是随着数字技术对感官认知能力的增强一同增强,而是陷入被应用和服务提供方更加深度的操控之中,对算法、机器、设备的依赖也使个人的独立记忆、信息处理能力不断减弱。如布罗尼斯拉夫·马林诺夫斯基所言"我们正淹没在信息中",或许我们是"信息巨人",但可能变成"知识侏儒"。

从另一个角度来看,无处不在的技术、无处不在的媒介正在成为人类认知发展的新障碍。人类理解力的最大障碍和扰乱来自感官的迟钝性、不称职以及欺骗性;这表现为那些能打动感官的事物能压倒不直接打动感官的事物,纵然后者更为重要。因此,思考一般总是随着视觉的停止而停止,以至于对看不见的事物很少有所观察或完全无所观察。② 今天,社交媒体庞大的用户规模和不断增长网络用户数量正在造就一种错觉——各民族、国籍、阶层、身份的人们都已经被整合在这个庞大的、融合化媒介系统所形成的共同认知模式里。无论是在社会、文化领域,还是经济、科技领域,只有那些能被"转译"成媒介话语、能够满足信息化传播规律和数字化终端呈现特征的话题、内容才会被注意到。在人们进行社会认知和判断过程中,以"网络社会"替代"社会"、"网络热点"替代"社会热点"、"网络舆情"替代"舆情"的情形正在悄然而普遍地发生。而实际上,国际电信联盟的报告显示,截至2018年年底,全球互联网用户数量为39亿,约占全球人口的51.2%。③ 这就意味着,若不能有效区分融合化媒介系统所构筑的"虚拟"和"真实"环境,将对社会运行的真实状态认知、社会发展态势的研判、社会治理思路探索带来巨大的误导风险。

四、智能传播时代的到来

2014年3月,《洛杉矶时报》的机器人记者Quakebot仅用时3分钟便完成的地震新闻写作和发布,引起传媒业的震动,也由此开启了以"智能化"为特征的媒介融合新阶段。不断创新的人工智能技术(Artificial Intelligence,AI)成为改变媒介运作方式和传播逻辑的新动因。

---

① [美]凯文·凯利.技术元素[M].张行舟,余倩等,译.电子工业出版社,2012:241.
② [英]培根.新工具[M].许宝骙,译.北京:商务印书馆,2005:27.
③ Measuring the Information Society Report-2018 Volume 1. [EB/OL]. [2021-2-12]. https://www.itu.int/en/ITU-D/Statistics/Pages/publications/misr2018.aspx.

麦克卢汉认为,电子技术的发展使人类的中枢神经系统得到了延伸,以至于能拥抱全球。就我们这个行星而言,时间差异和空间差异已不复存在。我们正在迅速逼近人类延伸的最后一个阶段——从技术上模拟意识的阶段。在这个阶段,创造性的认识过程将会在群体中和在总体上得到延伸,并进入人类社会的一切领域,正像我们的感觉器官和神经系统凭借各种媒介而得以延伸一样……每一种文化、每一个时代都有它喜欢的感知模式和认知模式,所以它都倾向于为每个人、每件事规定一些受宠的模式。[①] 计算机延伸了人类的大脑,人工智能技术探索由机器表达的智能。从本质上来说,人工智能属于认知技术的范畴,它是相对于自然智能(Natural Intelligence)而言的。今天人工智能技术已经发展为一个庞大的学科领域,包括代替人类实现对问题的求解、效仿人类进行推理和证明、对人类自然语言进行解读、计算机专家系统、机器自主学习、人工神经网络、各种模式识别、机器视觉感知、智能控制、智能决策、智能指挥系统、大数据挖掘、新知识发现、人工生命等。人工智能技术的创新和应用已经在新一轮的工业发展规划(如,德国工业4.0、中国制造2025)中占据重要位置。

　　如前面章节所述(第二章、第三章、第四章),在传媒领域,人工智能技术已经被广泛地应用到信息采集(人工智能传感器)、生产和编辑(写作机器人、智能编辑)、分发(智能分发、AI主播)、受众分析(用户画像)、广告投放、效果评估、内容存储与调用、用户服务等几乎所有运行环节。人工智能技术正在越来越多的传媒业运行流程环节上对"人工"形成替代,也引发了有关传媒业职业危机的广泛争论。近年来,对机器人的研发和训练已经成为传媒业的前沿竞争领域。路透社基于多年积累的数量庞大的多元化、多语种信息,提供人工智能机器训练服务。2019年8月26日,新华智云[②]一次性发布自主研发的25款媒体机器人,初步形成覆盖新闻信息采集、报道、编辑、后期制作、数据挖掘、新闻热点追踪的新闻信息生产全过程的媒体机器人矩阵(如表8.2所示),并将它们集中应用于"媒体大脑·MAGIC"平台。新华智云也因此成为中国最大的媒体机器人生产商和服务商。

　　但是,传媒业在热情拥抱人工智能的同时,仍然需要对技术发展的局限、技术依赖的边界保持足够的冷静。20世纪70年代,休伯特·雷德福斯(Hubert Dreyfus)在《计算机不能做什么:人工智能的极限》中提出,要用计算机解决某种问题有三个基本前提:一是,必须把问题形式化;二是,问题必须是可计算的;三是,问题必须有合理的复杂度,计算机能够用算法解决某种问题,而不会发生指数爆炸。但事实上,所有形式的智能行为中都包含着不可能程序化的人类能力。[③] 因此,人工智能通常只能在某一个方面模仿或超越个人的能力。棋弈、语言翻译、问题求解和模式识别都依赖人类"信息加工"的特殊模式,而这种特殊形式的人类"信息加工"反过来又取决于人类在世界中的存在方式。对这种处于

---

　　① [加]马歇尔·麦克卢汉.理解媒介——论人的延伸[M].何道宽,译.北京:商务印书馆,2000:20-23.
　　② 新华智云,全称新华智云科技有限公司,2017年6月由新华网与阿里、新媒文化、中经社以及数问云共同设立,新华网持股比例为40.8%。
　　③ [美]休伯特·雷德福斯.计算机不能做什么:人工智能的极限[M].宁春岩,译.北京:生活·读书·新知三联书店,1986:293.

表 8.2　新华智云媒体机器人矩阵①

新闻资源"采集"机器人	新闻资源"处理"机器人
1. 突发识别机器人 2. 人脸追踪机器人 3. 安全核查机器人 4. 文字识别机器人 5. 数据标引机器人 6. 内容搬运机器人 7. 多渠道发布机器人 8. 热点机器人	1. 智能会话机器人 2. 字幕生成机器人 3. 智能配音机器人 4. 视频包装机器人 5. 视频防抖机器人 6. 虚拟主播机器人 7. 数据新闻机器人 8. 直播剪辑机器人 9. 数据金融机器人 10. 影视快剪机器人 11. 体育报道机器人 12. 会议报道机器人 13. 极速渲染机器人 14. 用户画像机器人 15. 虚拟广告机器人 16. 一键转视频机器人 17. 视频转 GIF 机器人

某一局势之中的方式,原则上无法用现在能想象到的技巧加以程序化。② 20 世纪 80 年代,学术界出现两种不同的人工智能理念:一种是希望人工智能能借鉴人类解决某一类问题时表现出的智能行为,研制出更好的工具,用来解决特定的智力问题,即"专用人工智能"(Applied Artificial Intelligence)或"弱人工智能"(Weak Artificial Intelligence);另一种是希望能够模仿人类思维,研制出在各方面都可以与人类智能比肩的人造智能体,甚至是最终能够超越人类智慧水平,根据自己的意图开展行动,即"通用人工智能"(General Artificial Intelligence)或"强人工智能"(Strong Artificial Intelligence)。至今所取得的人工智能技术成就几乎都属于弱人工智能领域。2017 年 10 月,美国康奈尔大学发表的《人工智能的智商测评与智能等级研究》表明,人工智能技术在过去几年中取得大幅进步,在图像、文字、声音、常识、计算、翻译、排列、创作、挑选、猜测、发现等某一项或几项技能中有可能超越人类,但在将这些能力结合在一起的通用智力模型测评下,得分最高的谷歌公司人工智能产品的智力水平(智力值 26.5)离 6 岁人类儿童的智力水平(55.5)尚有明显差距。③

从现阶段的人工智能技术发展来看,机器的稳定性、学习能力尚不能满足人们对媒介系统在社会认知功能(呈现、转译、教育、传承、引导)方面的期待,其以"量化"为特征的运行方式也还不能完全匹配人类社会认知和传播实践的多样性需求。如图灵所说,我们或许期待着,有一天,机器能够在所有纯智能的领域中同人类竞争……我们的目光所及,只

---

① 王润珏.资讯重塑:世界性通讯社数字化转型研究[M].北京:知识产权出版社,2020:103.
② [美]休伯特·雷德福斯.计算机不能做什么:人工智能的极限[M].宁春岩,译.北京:生活·读书·新知三联书店,1986:309.
③ 周志明.智慧的疆界:从图灵机到人工智能[M].北京:机械工业出版社,2018:326-329.

能在不远的前方,但是可以看到,那里有大量需要去做的工作。[①] 而人类智慧与人工智能的辩证关系则是在"更远"处需要关注和深思的问题。没有充分的理由证明人类水平的智能水平代表了人工智能能力的上限。当拥有强大能力的超智能系统有可能依据存在缺陷的动力系统指挥未来时,将构成一系列严重的安全问题。事实证明,解决这些问题通常比预期要困难得多。[②] 可以肯定的是,新技术、新工具的应用绝不意味着对"人才"价值的替代,也不意味着算法规则对传媒业职业道德和伦理规范的替代。总体来看,建立一个更加值得信任的媒介系统、建构能够更好地服务于人类社会发展需求的信息生态系统才是媒介融合的未来指向和远景目标。

第三节 媒介融合相关的伦理问题

一、内容规制的伦理问题

媒体内容规制是媒介制度的重要构成,世界各国都建立了自己的法律制度、伦理价值观、职业规范、行业自律体系等。媒介融合使媒介内容生产主体、传播模式、呈现平台、接收主体发生一系列变化,互联网属性深度嵌入其中。

从基础层面来看,互联网提供的是一个技术性的虚拟空间架构,互联网架构的开放性是其自我净化的力量源泉。无中心化的信息自由流动是其代表性特征之一,麦特卡尔夫定律[③]也揭示了用户数量与网络价值的正相关关系。因此,对网络平台内容进行监管的主张也常常遭到各利益主体的反对,对互联网"自由"特征、网络表达自由的维护,被上升至维护民主自由的文化精神层面。1997 年,美国知名网络媒体评论人乔纳森·卡茨(Jonathan Katz)写道,"我在网络媒体中看到了对自由热爱的重燃……在主流媒体中已经被极少提及的自由,在网络上得到捍卫,并每天都在行使……世界的信息正在被解放,因此我们也正在被解放"。[④]

近年来,互联网、社交媒体平台的发展在带来信息获取方式多样性、便捷性的同时,也日益面临真假难辨、良莠不齐的各类信息充斥其中的问题,其中还夹杂着仇恨、恐吓、憎恶等各类负面情绪,成为社会情绪煽动、社会运动发动的渠道。面向儿童的暴力、血腥内容通过 YouTube 平台广泛传播,教唆自杀的论坛和社区悄然滋生,从"布拉格之春"到"法国黄背心运动",再到"黑人的命也是命",庞大的用户群体、高黏性的使用模式及其不断显现的舆论影响和社会动员能力使得社交媒体、网络空间已成为超国家边界的特殊社会系统,"自由"传播带来的负面效应日益突出,加强对互联网和社交媒体监管的呼声也不断高涨。

---

① [英]A. M. 图灵.计算机器与智能.转引自:[英]玛格丽特·A.博登.人工智能哲学[M].刘希瑞,王汉琦,译.上海:上海译文出版社. 2006:72.
② Armstrong S, Sandberg A, Bostrom N. Thinking Inside the Box: Controlling and Using an Oracle AI[J]. *Minds and Machines*,2012,22(4):299-324.
③ 麦特卡尔夫定律(Metcalfe's Law):网络的价值同网络用户数量的平方成正比。
④ Jonathan Katz. Birth of a Digital Nation[EB/OL]. (1997-04-01)[2021-04-16]. https://www.wired.com/1997/04/netizen-3/.

对互联网的干预和管控已经成为各国政府在维护本国信息安全、公共安全时普遍采用的手段之一，而这种直接干预方式也受到全球大多数网络用户的认可。Statista 对全球互联网用户的调研表明，全球 60% 的成年用户支持在危机发生期间暂时关闭社交媒体，以阻止虚假信息的传播；其中，印度用户对这一举措的支持率高达 88%；52% 的用户认可当危机发生时，由政府决定何时及何种情况下中断社交媒体。① 然而，在逆全球化思想的影响下，以"内容规制"为借口的直接干预也更加频繁，事件背后的政治因素往往更加明显。例如，在 2020 年中美贸易摩擦发生的过程中，Tik Tok 在美国市场的运营先后遭遇来自总统和政府的禁用、剥离、暂停剥离等一系列直接干预。

当前，多数国家的政府和学者都对内容规制持肯定态度。普遍的观点是，在承认自由表达权的重要性同时，也强调生命、尊严、隐私、知识产权、社会稳定、公共利益等其他权利得到维护的必要性。在全球范围内形成的共识是，宣扬种族仇恨和恐怖主义的言论、色情、诽谤、憎恨、不适合未成年人的内容应该受到严格规制，与之相关的立法工作也世界各国广泛展开。具有代表性的包括美国的《爱国者法案》《通信内容端正法》《儿童在线保护法案》，韩国的《不当互联网站点鉴定标准》《互联网内容过滤法令》，我国的《中华人民共和国反恐怖主义法》《中华人民共和国网络安全法》《互联网视听节目服务管理规定》《互联网新闻信息服务管理规定》《互联网信息服务算法推荐管理规定》等。

由于价值观、文化传统、社会制度、宗教习俗的巨大差异，不同国家对于内容规制的重点偏向、对不同内容的判断标准，以及在国际、国内社会环境下形成的规制思路有着明显差异，也直接反映在了各个国家对规制手段和规制模式的选择、对规制主体权责的认定以及对规制边界和规制目标设定。大卫·奥斯威尔（David Oswell）、艾琳·尼姆斯（Irene Nemes）的研究都表明，关于互联网内容规制，形成世界范围内通用的协议几乎是不可能的。即使是对于普遍认为属于犯罪的那些对儿童具有危害的内容，美国宪法第一修正案也可能成为监管实施的绊脚石；当内容涉及"仇恨"言论时，达成共识性判断则更加困难。对于明确禁止在互联网发表仇恨言论的德国、法国而言，当内容来自外国司法管辖区、被告不是本国公民时，也面连着执法的重重困难。②

在数字化、信息化不断深入的背景下，一个较为有代表性的趋势是越来越多的国家运用代码和技术手段来实现自动化的内容规制，包括防暴力芯片、过滤软件、图像识别、开发儿童模式等，以此应对融媒体系统中仍在高速增长的海量信息的甄别、预警、处理需求。但这一方式仍然有其难以回避的问题。莫妮卡·巴拉特（Monica J.Barratt）等人的研究提出，技术过滤器会将一些涉及毒品相关内容（科普类、公益类）的公共网站强制过滤掉，却无法对那些通过丝路（Silk Road）这样的黑市网络开展的毒品讨论发挥作用。③ 理查德·

---

① Social Media Usage Worldwide[EB/OL].（2021-02-25）[2021-03-29]. https://www-statista-com.uow.idm.oclc.org/study/12393/social-networks-statista-dossier/.

② Oswell D. The Dark Side of Cyberspace: Internet Content Regulation and Child Protection[J]. *Convergence*. 1999, 5(4): 42-62. Irene Nemes. Regulating Hate Speech in Cyberspace: Issues of Desirability and Efficacy[J]. *Information & Communications Technology Law*, 2002. 11(3), 193-220.

③ Monica J. Barratt, Simon Lenton & Matthew Allen. Internet content regulation, public drug websites and the growth in hidden Internet services[J]. *Drugs: Education, Prevention and Policy*, 2013; 20(3), 195-202.

史宾奈罗(Richard Spinello)以互联网内容选择平台为例,将运用技术手段开展内容控制的伦理问题归纳为以下几个方面:自动控制技术的可靠性缺乏;审查标准的不透明;内容标签道德问题;技术依赖导致审核权力私有化;过度审查,将互联网平台变为审查机器等。①

同时,随着人们对内容规制的接受程度的增加,对内容审核、规制权力的争夺也日趋激烈。国家、国际组织、行业协会、媒体平台不断尝试提高自己在规则制定、规制实施过程中的影响力。可见,有关内容规制的一系列问题仍然有待探索和回答,包括:是否应该对网络空间的内容进行规制?哪些内容应该规制?规制的主体是谁?规制的边界在哪里?在不同的时空下,在媒介和社会持续变迁的进程中,这些问题也可能有不同的解答方式。

二、知识产权的伦理问题

技术方案、作品的本质都是信息。信息具有自由流动的特征,同时又极易被复制和再传播。这也决定了信息一旦被传播,提供信息的主体就无法依靠自己的力量实现对信息的排他性控制。在近代欧洲,科学技术在经济发展和社会进步中的巨大作用让各国意识到,如果不通过法律强制性地将发明创造成果规定为创造者在法律上的财产,任其被他人自由仿制、使用,则将使人们失去发明、创新的积极性,也会导致国家人才的流失,从而使本国在科技创新引领的社会发展中处于不利地位。作品的创作需要作者付出极大的心血和创造性劳动,每一次传播技术的进步都会带来作品复制和传播难度的降低,如果不强制性地将作品界定为作者法律意义上的财产,如果不能通过法律的相应变更对新环境下的作品财产权利进行保护,使作者能够通过创作劳动获得合理的报酬,就难以促进文艺创作的繁荣。对发明创造、文艺作品等由信息构成的成果进行法律上的保护,是推动科技发展、社会进步,保护某些特定利益的公共政策需要。② 知识产权保护的对象实际上就是信息。专利是反映发明创造深度的技术信息,商标是贸易活动中使人认明产品标志的信息,版权是信息的固定的、长久的存在形式。③

信息是媒介系统运行的核心,媒介融合所带来的一系列变化也是围绕信息展开,涉及信息生产、复制、传输、接收、反馈、存储、分析、经营等不同环节。对知识产权的保护也就天然地与传播技术、媒介系统发展有着密切关联。在数字化、网络化的融媒体传播环境下,内容的复制、编辑、传输更加便捷,信息侵权的发现、界定和处罚难度却在增加。能否对知识产权进行准确界定和有效保护也是关系传媒业能否实现健康、可持续发展的核心问题。以1994年世界贸易组织成员国正式缔结《与贸易有关的知识产权协定》(TRIPS Agreement)为标志,涵盖了绝大多数知识产权类型的多边条约正式形成,全方位提高了全球知识产权保护要求,其中包括有关电影、电视、表演等内容产品录制、复制、转播、传播

---

① Spinello, Richard. *Cyberethics: Morality and Law in Cyberspace*[M]. Jones & Bartlett Learning, 2010: 62-64.
② 王迁.知识产权法教程[M].北京:中国人民大学出版社,2007:2-4.
③ 陶鑫良,袁真富.知识产权法总论[M].北京:知识产权出版社,2005:60.

的知识产权效力、范围和使用标准。"认识到知识产权属私权"是该协定形成的基本前提之一。① 各国政府也充分认识到知识产权对于传媒业发展的重要意义,美国的 DMCD、欧盟的《数据库指令》对版权保护的范畴已经远远超过 TRIPS;从传媒集团、互联网企业到个人用户,知识产权的保护意识也不断增强,传媒业有关新闻稿件、剧本、音乐、图片、视频、音频、文字、服装造型的知识产权诉讼案件屡见不鲜。

但值得注意的是,随着有关融媒体内容、技术的知识产权保护的不断细化、强化,相关的问题也开始显现。

首先,知识产权的"私权"属性与信息自由权形成冲突。人类社会正处于信息化的过程之中,"信息"已经成为社会运行的基本要素和重要资源。信息自由是一项公民的基本权力。《世界人权宣言》第 19 条写明,人人有权享有主张和发表意见的自由;此项权利包括持有主张而不受干涉的自由,和通过任何媒介不论国界寻求、接受和传递消息和思想的自由。② 其中,版权与信息自由的冲突最为直接。彼得·达沃豪斯(Peter Drahos)指出,版权创造了表达的财产权,而这种表达的财产权与表达自由之间存在明显的紧张关系。因为从表达的财产权中所获得的经济收益必然超越表达自由,从而使表达自由受挫。③ 这就意味着知识产权相关法律能够使产权人享有某种具有排他性的独占权,也不可避免地与公众的信息自由权形成冲突。

其次,知识产权的排他性特征在一定程度上强化了信息、知识垄断。对融媒体平台中知识产权进行确认和保护的基础逻辑,在于通过对信息所有人使用和传播排他权利的保护,激励创新、鼓励创作,促进前沿媒体应用的研发和高质量内容的生产,从而为公众提供更好的媒体服务,使更多的人能从媒介系统的使用中受惠。但是,这种排他权利的确认意味着获得这些信息和服务必须支付相应的费用,恰恰在一定程度上限制了信息的获取和传播,加强了信息和知识的垄断,与促进文化繁荣的初衷相背离。特别是对于那些经济水平、信息基础设施相对落后的地区被贫穷、饥饿、疾病所困扰的人们,对于那些重债穷国、被占领国家和领土、正在从冲突中恢复的国家以及具有特殊需要的国家和地区的人民而言,他们没有足够的版权支付能力,也无法通过融媒体终端获得在线资讯、教育等内容资源带来的数字福利。知识产权不是造成这一问题的根源,却对这一问题的解决形成了阻碍作用。彼得·达沃豪斯提出,如果仅从某个知识产权人的层面来思考知识产权带来的危险,可能会造成误解。导致集中控制和丧失自由危险的,并不是某个知识产权权利人对知识产权的所有权,而是知识产权在世界范围内的无情扩张。正是这种不断扩张的知识产权制度,使得少数大公司聚集起巨大的知识产权组织。④ 他用"信息封建主义"形容可能由此产生的风险。

2003 年,联合国日内瓦信息社会世界首脑会议发布的会议成果——《建设信息社会:

---

① 与贸易有关的知识产权协定[EB/OL].[2021-04-19]. http://ipr.mofcom.gov.cn/zhuanti/law/conventions/wto/trips.html.

② 联合国.世界人权宣言[EB/OL].[2021-04-19]. https://www.un.org/zh/universal-declaration-human-rights/.

③ Drahos P. A Philosophy of Intellectual Property[M]. New York:Routledge, 2016.

④ [美]彼得·达沃豪斯,约翰·布雷斯韦特.信息封建主义[M].刘雪涛,译.北京:知识产权出版社,2002:5.

新千年的全球性挑战》(也称《日内瓦宣言》)写道:知识产权保护对于鼓励信息社会的创新和创造力很重要;同样,广泛传播,传播和共享知识对于鼓励创新和创造力也很重要。通过全面的意识和能力建设,促进所有人有意义地参与讨论知识产权问题和知识共享,这是包容性信息社会的基本组成部分。① 因此,在以知识产权保护促进内容创新的同时,有必要从面向贫困地区、贫困人口的版权捐赠和数字媒介援助,扩大内容的合理使用范围、调整保护期限,增加与公共图书馆、公共广播电视机构的授权许可等方面着手,寻求知识产权保护与社会发展现实的平衡。

三、有关隐私的伦理问题

随着媒介融合进入智能化发展的阶段,基于用户习惯、偏好、身份、位置、使用历史的算法推送、智能推荐、个性化定制已经成为媒体服务的常规操作方式,用户隐私泄露的风险也与日俱增:一方面,微信、微博、脸书、新闻客户端等各类媒体应用都以用户授权同意基本个人信息、位置、社交关系信息等数据被收集作为其获得服务的前提,从而在用户使用过程中收集和沉淀了大量用户个人信息和使用数据。另一方面,媒体账号与用户手机号、电子邮箱关联,媒体应用与金融、出行、购物、运动健康等各类应用在智能手机终端集成、登录账号联通,使得媒体机构有机会收集到更多类型的用户个人信息,从而酝酿着巨大的用户隐私泄露风险。例如,2018 年 3 月中,美国《纽约时报》和英国《卫报》同时发文揭露了英国政治咨询公司剑桥分析公司在未经用户同意的情况下收集了脸书至少 5000 万用户的信息,并用于 2016 年美国大选广告的精准投放。同年 9 月,脸书自行披露一个安全漏洞,超过 3000 万用户数据受到影响,其中 1400 万人涉及名字、联系方式、性别、情感关系等敏感信息。

总体来看,国家、企业、用户在隐私信息保护方面已经形成共识,即媒体和平台有责任通过改进技术、加强自律等方式保护用户隐私。法律制度体系对用户隐私的保护力度也在不断加强,并赋予用户更多进行自我信息保护的权力。其中,欧盟 2018 年 5 月开始实施的《通用数据保护条例》(General Data Protection Regulation,GDPR)因其严苛程度引发全球关注。该条例尤其注重对用户信息隐私权、数据转移权、被遗忘权的保障。《通用数据保护条例》的适用范围不仅涵盖欧盟全境,而且针对与欧盟相关的第三国企业和机构同样具有法律效力,这就意味着该条例对机构并不设在欧盟境内的互联网信息服务企业同样具有约束力。受此影响,包括《洛杉矶时报》和《芝加哥论坛报》在内的多家美国知名新闻网站宣布自条例实施之日起(2018 年 5 月 25 日),暂停面向适用《通用数据保护条例》的欧洲地区的服务。

但是,在具体的实践过程中,对用户隐私的保护面临着两个存在冲突和矛盾的情境:一是国家和政府的监管需求;二是用户的个人知悉权。

首先,国家和政府的监管需求常常与用户的隐私权保护出现冲突。例如,2002 年,韩国就开始着手引入网络实名制制度,目的在于减少网上的语言暴力、诽谤以及传播虚假信

---

① 联合国信息社会世界高峰会议.建设信息社会:新千年的全球性挑战[EB/OL].[2021-04-19]. http://www.itu.int/net/wsis/documents/doc_multi.asp? lang=en&id=1161|1160.

息等行为。2005年,韩国相继出台了《促进信息化基本法》《信息通信基本保护法》等法规,为网络实名制提供了法律保证,明确规定了相应的监督、制约、处罚等具体机制。[1] 2008年10月2日,韩国女星崔真实因不堪网络谣言折磨而自杀身亡的事件,更坚定了韩国政府和执政党推行网络实名制的决心,《信息通信网法修正案》被迅速提交国会审议,这一法案也被称为"崔真实法"。实名制也带来了巨大的用户和隐私信息泄露风险。2011年7月,韩国门户网站"Nate"和社交网站"赛我网"遭到黑客攻击,约3500万名用户的信息外泄,引发了社会和政府部门的高度关注。2011年12月29日,韩国通信委员会在2012年业务计划中提出了有关重新检讨网络实名制的方案。

在全球恐怖主义形势依然复杂的背景下,用户的隐私权则需要让位于国家安全需要。例如,2001年"9·11"事件后仅一个月,时任美国总统布什签署《爱国者法案》[2],这是美国历史上第一部专门针对恐怖主义的法律。该法确立了政府对网络传播内容、私人信息资料等进行监控和收集的合法性。例如,第212款规定,允许电子通信和远程计算机服务商在为保护生命安全的紧急情况下,向政府部门提供用户的电子通信记录;第217款规定,特殊情况下窃听电话或计算机电子通信是合法的。[3] 2010年以后,蓬勃发展的社交媒体成为恐怖主义思想、图片、视频、言论传播甚至是成员招募的新平台,防止社交媒体成为恐怖主义的帮凶成为国际共识。2019年5月,多国政府和科技企业共同签署了旨在制止社交媒体恐怖主义的"克赖斯特彻奇呼吁"。随后,脸书、谷歌、推特、微软等企业将社交媒体使用条款更新为"明确禁止传播恐怖主义和暴力极端主义内容",并投资用于涉恐内容追踪和用户溯源的"数字指纹"技术。但是,这种联合反对恐怖主义的共识也为部分国家和政府向科技公司索取用户信息提供了便利。仅2019年上半年,联邦机构或政府要求脸书提供用户数据的次数高达数万次,其中美国50 741次、意大利22 684次、英国7721次、德国7302次、法国5782次、巴西5683次。[4]

其次,用户的隐私权与自由知悉权之间的冲突。知悉权也被称为"知情权""获知权",是指一个人知道其应当知道的事情的权利,主要包括:知悉国家机关的活动、国家机关工作人员活动及其背景资料的知政权;知道其感兴趣的各种社会现象和事务的社会知情权;了解有关自己各方面信息的个人信息知悉权。知悉权是社会自由的重要标志,隐私权是自由社会的基础。[5]

在通常情况下,人们的知悉权所指的是对于公共信息的知悉,隐私权所保护的是个人信息。在融媒体环境下,媒介系统具有了更多崇尚自由共享的互联网特征,公众的媒介使用也呈现移动化、社交化、多向关联的特征。媒体融合带来的用户在媒体空间自由发表观

---

[1] 张凤杰.网络实名制:让虚拟网络实起来?[J].出版发行研究,2010(01):65-67.
[2] 《爱国者法案》全称为《通过为拦截和阻止恐怖主义犯罪提供适当手段来团结和加强美利坚合众国法》(Uniting and Strengthening America by Providing Appropriate Tools Required to Intercept and Obstruct Terrorism Act)。
[3] 王靖华.美国互联网管制的三个标准[J].当代传播,2008(03):51-54.
[4] Facebook[EB/OL].[2020-01-20]. https://www-statista-com.ezproxy.westminster.ac.uk/study/9711/facebook-statista-dossier/.
[5] 王前.技术伦理通论[M].北京:中国人民大学出版社,2011:99.

点、发布内容、获取信息的权利尤其得到公众的珍视。但是，与专业记者、编辑不同的是，个人用户在媒体中的信息发布行为是相对随意的，既不受职业道德的约束，也没有专业人员的指导和审核。这导致了公共信息和隐私信息界限的模糊，使更多的个人信息在这一过程中转变为公共信息。例如，人们发布在微博、推特、抖音这类社交媒体上的照片、位置、情绪等许多个人信息原本属于个人隐私的范畴。但一经在公开平台发布后，这些信息就进入了公共视野，可以在当事人毫无察觉的情况下被他人或机构知悉，甚至是采集、分析、使用。使用主体无须征得本人的同意，但当事人却无法知悉这些信息被谁知悉、用于何处；而个人在社交媒体中发布的内容还经常涉及图片、视频、文字中所出现的其他相关或无关公众(包括儿童)的隐私信息，这些也被呈现在公众平台上。

较为常见的做法是运用权利克减原则和知情同意原则协调两种权利之间的冲突。隐私权和自由知悉权都属于可克减的权利。尊重他人隐私权、自由知悉权是自明的义务，但不是不允许有例外的绝对义务，在特定场合，需要服从和让位于更高层的权利，或在特定情境中通过相互让步，实现权利协调。

但是也要防止以权利的克减性为借口随意伤害隐私权或知悉权，这就是知情同意原则存在的必要性。知情同意原则是指隐私权主体在充分知晓自己个人信息被利用的范围，方式和后果之后，自主做出如何处理自己个人信息的决定。知情同意原则包括明示的知情同意原则和暗含的知情同意原则。明示的知情同意原则要求收集和使用他人个人信息必须征得当事人的同意，当事人能够对这些个人信息可能的用途和被使用的方式等情况有充分的了解，然后明确做出授权的同意表示或否定表示。暗含的知情同意原则指公司应通知消费者有关他们个人数据的所有用途，如果当事人拒绝同意使用，公司就不得使用其数据；如果没有收到当事人的回应，则推定当事人默认同意；知道当事人做出否定同意时，公司就不能再使用其个人数据。①

但在实践过程中，这两项原则的实现仍然面临困境：一是，在融媒体环境中对隐私信息的边界认知有所差异，除了法律规定的最基本的内容之外，权利克减情境的认定也存在困难；二是，社会的信息化进程强化了个人对媒体应用的依赖，用户要使用媒体应用的服务，就需要先授权同意个人信息收集和使用，在这种媒体与用户的关系中，知情同意原则常常形同虚设；三是，需要具备相当的专业素养、投入大量的时间和精力才能够理解授权同意书中专业、复杂的各项条款。多数用户并不具有这样的能力；四是，这两种原则主要适用于处理个人与机构的关系，对于个人信息被其他个人收集、使用的情况的适应性不强。因此，随着融合化媒体系统与个人生活结合日益紧密，应当如何划分个人信息和公共信息的边界？个人如何拥有对媒体空间中个人信息的控制权？如何寻求隐私保护与网络自由之间的平衡？这一系列问题值得深思。

---

① [美]理查德·A.斯皮内洛.世纪道德：信息技术的伦理方面[M].刘钢译.北京：中央编译出版社，1998：178-180.

思 考 题

1. 刘易斯·芒福德的著作《技术与文明》对我们理解媒介融合有什么启示？
2. 如何在技术研究的历史主义视角下理解媒介融合？请结合实例说明。
3. 技术实践的两级工具化理论的主要内容是什么？
4. 如何理解媒介融合与人类认知之间的关系？请举例说明。
5. 人工智能技术的发展和应用将对媒介融合产生什么影响？请谈谈你的看法。
6. 媒介融合涉及的伦理问题有哪些？请谈谈你的看法。

主要参考文献

1. [德]阿明·格伦瓦尔德.技术伦理学手册[M].吴宁译.北京：社会科学文献出版,2017.
2. [美]安德鲁·芬伯格.可选择的现代性[M].陆俊,严耕等,译.北京：中国社会科学出版社,2003.
3. [加]哈罗德·伊尼斯.传播的偏向[M].何道宽译.北京：人民大学出版社,2003.
4. [加]哈罗德·伊尼斯.帝国与传播[M].何道宽译.北京：人民大学出版社,2003.
5. [美]保罗·莱文森.思想无羁——技术时代的认识论[M].何道宽译.南京：南京大学出版社,2004.
6. [澳]彼得·达沃豪斯,约翰·布雷斯韦特.信息封建主义[M].刘雪涛译.北京：知识产权出版社,2002.
7. [法]贝尔纳·斯蒂格勒.技术与时间[M].裴程译.南京：译林出版社,2012.
8. [美]凯文·凯利.技术元素[M].张行舟、余倩等译.北京：电子工业出版社,2012.
9. [美]卡特.中国印刷术的发明和它的西传[M].吴泽炎译.北京：商务印书馆,1991.
10. [美]刘易斯·芒福德.技术与文明[M].陈允明,王克仁等译.北京：中国建筑工业出版社,2009.
11. [美]理查德·A.斯皮内洛.世纪道德：信息技术的伦理方面[M].刘钢译.北京：中央编译出版社,1998.
12. [加]马歇尔·麦克卢汉.理解媒介——论人的延伸[M].何道宽译.北京：商务印书馆,2000.
13. [英]玛格丽特·A.博登.人工智能哲学[M].刘希瑞,王汉琦译.上海：上海译文出版社,2006.
14. [美]曼纽尔·卡斯特.网络社会的崛起[M].夏铸九,王志弘译.北京：社会科学文献出版社,2001.
15. [美]曼纽尔·卡斯特.网络星河——对互联网、商业和社会的反思[M].郑波、武炜译.北京：社会科学文献出版社,2007.
16. 乔瑞金,牟焕森,管晓刚.技术哲学导论[M].北京：高等教育出版社,2009.
17. [美]乔舒亚·B.弗里曼.巨兽：工厂与现代世界的形成[M]李珂译.北京：社会科学文献出版社,2020.
18. 吴国林等.当代技术哲学的发展趋势研究[M].北京：经济科学出版社,2019.
19. 吴国盛.什么是科学[M].广州：广东人民出版社,2016.
20. 王迁.知识产权法教程[M].北京：中国人民大学出版社,2007.
21. 王前.技术伦理通论[M].北京：中国人民大学出版社,2011.
22. [美]休伯特·雷德福斯.计算机不能做什么：人工智能的极限[M].宁春岩译.北京：生活·读书·新知三联书店,1986：309.
23. [美]希拉·贾萨诺夫.发明的伦理：技术与人类未来[M].尚智丛,田喜腾,田甲乐译.北京：中国人民大学出版社,2018.

24. [美]约翰·帕夫利克.新媒体技术——文化和商业前景[M].周勇等译.北京：清华大学出版社，2005.
25. [美]约翰·杜翰姆·彼得斯.对空言说：传播的观念史[M].邓建国译.上海：上海译文出版社，2017.
26. [美]约书亚·梅罗维茨.消失的地域：电子媒介对社会行为的影响[M].肖志军译.北京：清华大学出版社，2002.
27. 周志明.智慧的疆界：从图灵机到人工智能[M].北京：机械工业出版社，2018.
28. Armstrong S, Sandberg A, Bostrom N. Thinking inside the box: Controlling and using an oracle AI[J]. Minds and Machines, 2012, 22(4): 299-324.
29. Jonathan Katz. Birth of a Digital Nation[EB/OL]. (1997-04-01) [2021-04-16]. https://www.wired.com/1997/04/netizen-3/.
30. Spinello, Richard. Cyberethics: Morality and Law in Cyberspace[M]. Jones & Bartlett Learning, 2010.
31. Drahos P. A philosophy of intellectual property[M]. New York: Routledge, 2016.